時を漂う
感染症

国際法とグローバル・イシューの系譜

新垣 修
Osamu Arakaki

慶應義塾大学出版会

はじめに

ウイルスや細菌などの病原体は人体に侵入して寄生・増殖し、やがて症状を引き起こす。それが、感染症という病である。結核菌や麻しんウイルスといった感染症の病原体は、飛沫核（飛沫から水分が蒸発した小さな粒子）となっても感染性を失わず、空間を漂って移動する。ただし、感染症が漂うのは空間だけではない。コレラ、ペスト、HIV／エイズ、重症急性呼吸器症候群（SARS: Severe Acute Respiratory Syndrome）、エボラ出血熱、新型インフルエンザ、COVID-19（新型コロナウイルス感染症）。入れ替わり立ち替わり登場し、あるいはその姿を変えながら再登場する感染症が、悠久の時の流れから消えたことはない。時間軸という名の気流に乗り、過去から現在、未来へと間断なく移り動く様は、さながら、「時を漂う感染症」である。

本書は、第1回国際衛生会議（第1回会議）がパリで開催されてからちょうど170年目の年に出版された。本書の目的は、感染症と国際法の関係の170年にわたる系譜を辿ることにより、その変化の様相を可視化することである。つまり、感染症と国際法がどのように交わり、変化し、次の世代にどう継承されていったのかを明らかにすることが本書の企図である。本書の関心は、どの主体（国家や非国家主体）が、いつ、どのように、なぜ、感染症をめぐる国際法に変化をもたらした（そう試みた）のかという点にある。そこで、国際体制の変容や、国益・脅威に関する認識の（再）構成、科学・医学の発展といった、変化の背景にあった諸要因にも意識を向ける。さらに、感染症と国際法に関するいくつかのグローバル・イシューを取り上げ、これらについてもまた系譜により整理することで、その史的変化を探る。

本書の射程であるが、感染症をめぐる国際法の全領域の系譜を示すわけではなく、国際環境法や（知的所有権以外の）国際貿易法などは扱っていない。しかし本書では、国際衛生条約とそれを基礎に成立した国際衛生規則、そこから展開した国際保健規則を軸に据えている。これを外して、感染症をめぐる国際法の系譜を語ることはできない。また本書は、国際人権法や安全保障といった領域も含んでおり、感染症をめぐる国際法の系譜を辿る上で、主要な課題は概ね網羅していると考える。

本書は、全4編・全16章から構成される。まず、第1編から第3編では、国際衛生条約や国際保健規則、国際人権法などと感染症の関係史を時系列で綴る。各章の第1節では、特定の感染症や国際関係のテーマを選び、解説する。これらは、その章が扱う時代の感染症と国際法の関係（の変化）を理解する上で、予備知識の位置付けにある。また各章には「背景・経緯」の節があるが、そこでは、その章で検討する時代の国際法の形成・展開の事情を理解するために必要な内容を簡潔に記す。第4編では、グローバル・イシューを三つ取り上げる。また最終章では、レジーム論の観点から、感染症をめぐる国際法の系譜を俯瞰し、本書のまとめとする。

本書の概要を先に記しておこう。まず、1851年から1940年代中頃までの時代（第1編）の系譜についてだが、第1回会議の開催から40年以上の時を経て、1890年代には計四つの国際衛生条約が採択・締結された。20世紀に入りこれらの条約は統合され、その後も、1940年代中頃までに幾つもの関連の条約・協定・議定書が採択され、発効した。当初、条約などの成立を推進した主体の中心は、欧州の列強であった。そのため、感染症をめぐる国際法の歴史は、これら諸国が中心となって構成した脅威や国益の観念を基礎に始まった。つまり、東方から侵入する感染症を脅威と定めた欧州諸国は、植民地交易などから得られる経済的利益を保護するため、協調行動の基準や内容を国際衛生条約で明示するようになった。その際、利益調整の支点となったのは、後に生まれる関連の条約・規則で目的となった「最小限の制約による最大限の保護」であった。ただし、20世紀に入って国際体制が変容すると、感染症をめぐる国際法の内容を欧州の列強だけで決定することはできなくなった。それから第二次世界大戦直後まで、国際法は、感染症の世界的状況の変化、国際体制の変容や科学の発展に合わせて上書きされ、補足された。

1940年代後半から1970年代の時代（第2編）は、感染症をめぐる国際法の系譜上、新たな時代区分となる。この時代、国際規範の中核となったのは、世界保健機関憲章を根拠に採択された1951年「国際衛生規則」と、これを改正した1969年「国際保健規則」（1969年規則）であった。国際衛生規則と1969年規則により、感染症をめぐる国際法は形式上・実態上、欧州中心主義から脱し、より国際化した。ただしこれらの規則は、国際衛生条約で形成された原則や枠組みを基本的に継承し、「最小限の制約による最大限の保護」の目的を明確化する内容だった。このような内容を持つ1969年規則は、しかし、現実世界からやがて乖離していった。原因は複数ある。例えば、同規則が対象とした感染症は、過去に発生したいくつかの感染症に限定されており、それ以外とは接点をほぼ持つことがなかった。同規則の不遵守も横行していたが、「感染症の時代は終わった」と言われた風潮の中で、国際法よりも政策を重視して感染症に対応するようになっていた各国が、現実世界と同規則との間の乖離を埋めるために本格的な動きを見せることはなかった。

1980年代から2020年までの期間（第3編）、感染症をめぐる国際法の射程は拡大し、新たな展開を見せた。1980年代に世界を震撼させたＨＩＶ／エイズに、1969年規則はほとんど関与できなかった。これに代わり、この感染症に人権保護の視角から対峙するようになったのは国際人権法であった。また1990年代には、硬直化した1969年規則の改正が模索され始め、世界がＳＡＲＳの脅威を経験した後、2005年「国際保健規則」（2005年規則）が成立した。過去の国際衛生条約や1969年規則とは異なり、2005年規則は、特定の感染症を一覧化して限定することはない。のみならず、化学・放射性物質に起因した疾患の国際的拡散もその対象となった。さらに、サーベイランスが制度化され、NGOや個人といった非国家主体も、情報提供者としてこれに参加することが認められた。2010年代には、安全保障レジームが、感染症への国際的対応に関わりを持つ新たな動きがあった。2014年の「国連エボラ緊急対応ミッション」(UNMEER: United Nations Mission for Ebola Emergency Response)の創設がそれである。そして、2020年、COVID-19のパンデミックは、世界を混乱に陥れた。この時、中国の国家責任と、感染の拡がる船舶の処遇が、感染症にまつわる国際法の新たな課題として浮上した。

感染症は様々な分野や事柄に影響を及ぼすが、そこに国際法が関与する(し得る)余地がある。第4編では、いくつかのグローバル・イシューを取り上げる。まず第13章では、感染症医薬品(エイズの治療・延命に必要な医薬品)に関する国際法の系譜を記す。特に、特許権との関連で、どのような主体が関連の国際法の創出や変化を主導したのかという問題意識を持ちつつ検討する。もって、感染症医薬品へのアクセスについて学び、国際人権法の関わりについても知る。ところで、途上国による医薬品へのアクセスの問題は、2000年代になると、ワクチンで顕在化した。第14章ではこれについて説明する。ワクチンの平等な分配などを直に定めた条約は不在である。しかし、国際人権法や正義の言説は、感染症をめぐる国際法との接点を示すものである。第15章では、「感染症の武力化」とも言える生物兵器と、その制限について論ずる。ここで系譜の対象になるのは、第一次世界大戦後の国際人道法から第二次世界大戦後の生物兵器の禁止にかかる条約の採択・実施である。さらに、冷戦終結以降は、生物兵器の使用を含む行為が犯罪化され、個人を処罰する動きもある。そして第16章では、レジーム論の観点から感染症をめぐる国際法の系譜を鳥瞰し、本書の結びに代える。

目次

凡　例

主要国際条約等略式名一覧

（採択年度順・「　」内正式名称）

1892年条約：1892年「国際衛生条約」
1893年条約：1893年「国際衛生条約」
1894年条約：1894年「国際衛生条約」
1897年条約：1897年「国際衛生条約」
1903年条約：1903年「国際衛生条約」
ローマ協定：1907年「公衆衛生国際事務局のパリにおける設立に関する国際協定」
1912年条約：1912年「国際衛生条約」
1925年ジュネーブ議定書：1925年「窒息性ガス、毒性ガス又はこれらに類するガス及び細菌学的手段の戦争における使用の禁止に関する議定書」
1926年条約：1926年「国際衛生条約」
1933年条約：1933年「航空国際衛生条約」
1938年条約：1938年「1926年国際衛生条約を修正するための条約」
1944年海陸条約：1944年「1926年国際衛生条約を修正するための条約」
1944年航空条約：1944年「1933年航空国際衛生条約を修正するための条約」
1946年議定書：1946年「1926年国際衛生条約を修正するための条約を延長するための議定書」及び1946年「1933年航空国際衛生条約を修正するための条約を延長するための議定書」
社会権規約：1966年「経済的、社会的及び文化的権利に関する国際規約」
自由権規約：1966年「市民的及び政治的権利に関する国際規約」
1969年規則：1969年「国際保健規則」
生物兵器禁止条約：1971年「細菌兵器（生物兵器）及び毒素兵器の開発、生産及び貯蔵の禁止並びに廃棄に関する条約」
TRIPS協定：1995年（発効）「知的所有権の貿易関連の側面に関する協定」
2005年規則：2005年「国際保健規則」
北京条約：2010年「国際民間航空についての不法な行為の防止に関する条約」

主要欧文略語一覧

（略語アルファベット順）

（機関・組織）

CDC：Communicable Disease Center, National Communicable Disease Center, Center for Disease Control　米国疾病予防管理センター
ICAO：International Civil Aviation Organization　国際民間航空機関
ICJ：International Court of Justice　国際司法裁判所
ILO：International Labour Organization　国際労働機関
IOM：Institute of Medicine　米国医学研究所

LNHO：League of Nations Health Organization　国際連盟保健機関
OIHP：*Office International d'Hygiène Publique*　公衆衛生国際事務局
PASB：Pan American Sanitary Bureau　汎米衛生局
UNAIDS：Joint United Nations Programme on HIV/ AIDS　国連合同エイズ計画
UNICEF：United Nations Children's Fund　国連児童基金
UNMEER：United Nations Mission for Ebola Emergency Response　国連エボラ緊急対応ミッション
UNMIL：United Nations Mission in Liberia　国連リベリア・ミッション
UNRRA：United Nations Relief and Rehabilitation Administration　連合国救済復興機関
WHO：World Health Organization　世界保健機関
WIPO：World Intellectual Property Organization　世界知的所有権機関
WTO：World Trade Organization　世界貿易機関

（その他）
COVAX：COVID-19 Vaccine Global Access Facility
GISRS：Global Influenza Surveillance and Response System　グローバル・インフルエンザ・サーベイランス対応制度
GOARN：Global Outbreak Alert and Response Network　世界的感染症発生警戒・対応ネットワーク
PHEIC：Public Health Emergency of International Concern　国際的に懸念される公衆衛生上の緊急事態
PIP：Pandemic Influenza Preparedness Framework　パンデミックインフルエンザ事前対策枠組み

第1編

1851年―1940年代中頃

第1章

1851年—1890年代 ——国際衛生会議と国際衛生条約

第1節　コレラとペスト

1　コレラ

コレラとペストは、本章で検討する19世紀の国際衛生会議と国際衛生条約が対象として扱った感染症である。人類史においても馴染み深いこの2種の感染症について、本節では、歴史や病症、予防・治療、現況などの観点から簡潔に整理しておきたい。このような概要の把握は、感染症にまつわる国際法の起源を理解する上で前提となる。

まず、コレラである。コレラ患者には重度の脱水症状が引き起こされ、彼らは嘔吐と下痢を繰り返し、肝・腎機能低下によって死に至る。1日に何リットルもの脱水が続き、体重が半分まで減少して「干からびた」患者もいる。水中で独立して活動できるコレラ菌は、汚染された食物や水を通じて体内に侵入する（経口感染）。コレラ菌は、腸に達すると毒素を分泌する。そのため、腸内を覆う水分を吸収するはずの腸の働きは一変し、水分を放出し始めるのである。*1

インドの古代書物にも記載されているコレラだが、伝染する病だと科学的に認識されたのは19世紀に入ってからのことである。１８００年代初め、ガンジス川のデルタ地帯が発生源となってインドで大流行したコレラは、瞬く間に世界を呑み込んだ。このパンデミックの背景には、インドと英国の交易の始まりがあった。南アジアに出入りするようになった英国の船舶が、コレラ菌を外に持ち出したのがパンデミックの一因であった。英国では、1日で20人から30人の死者を政府が確認してからわずか数週間で、1万人が命を落としている。[*2]

擬人化された恰幅のいい英国紳士の「ジョン・ブル」（John Bull）が登場する石版画に、コレラを風刺したものがある。右手に棍棒を持ち、擬人化されたコレラの首を左手で掴みながら、フェンス越しの侵入を防ごうとするブルの様子が描かれている。この画の中で、コレラが身にまとっているのがターバンであり、「インド出身」であることが示されている。「どこに行くんだ？」とのブルの問いに、「もう一度、戻るんだ」とのコレラの返答が添えられている。流行が、19世紀に繰り返し欧州で起こった（6回のパンデミックのうち5回は欧州に及んだ）ことが分かる。そのため、コレラはペストとともに、欧州では「アジア型の病」の典型に位置付けられていた。

この時代、感染症の原因に関して支配的だったのが「瘴気説」である。瘴気説とは、人が「悪臭」を吸い込むことによって、それが気管から肺へ行き、肺から血液の中へ入って体液を悪化させ、病に至るという考えである。当時のロンドンは、社会基盤が整っていないのにも拘らず急速に人口が増加し、下水処理も十分にできない状況だった。排泄物や汚物はすべて川に垂れ流され、環境は悪化の一途を辿っていた。このようなことから、コレラも、「瘴気」が原因であると考えられていた。[*3]

しかし、コレラの原因としての瘴気説に異議を唱える人物がいた。それは、医師のジョン・スノウ（John Snow）だった。彼は批判主義者であったため、コレラの現象をめぐって多くの敵をつくり対立したが、最終的に瘴気説を覆すのである。コレラはランダムに発生していたように見えたこともあって、感染の仕組みは分かっていなかった。1849年、スノウは、飲料水を原因としてコレラが蔓延していると確信した。感染していない隣人との生活の違い、特に利用された井戸に着目し、コレラに感染した12人を調査したのである。その結果、調査対象者が使用していた井戸は、下水道の漏れによって汚染されていたことが判明した。しかし、医学会の権威が瘴気説に固執していたこともあり、コレラが水系感染症だとする彼の説はなかなか受け入れられなかった。

1848年から翌年にかけての英国での大流行は、ロンドン南部に大きな被害をもたらした。この地域で飲料水を管理・供給していたのは、二つの会社だった。そのうち一つの会社の取水地はコレラ流行時に移設され、取水の地点が変わっていた。そこでスノウは徹底した現地調査を行った。取水地が移設されていない会社の飲料水を口にしていた住民は変わらずコレラに感染したのに対し、移設した会社の飲料水を飲んでいた住民の被害は極端に少なかった。また、1854年にソーホー地区でコレラが発生したケースでは、地区の家を一軒一軒訪ね回って死者数のデータを収集し、地図にそれを丹念にプロットしていった。これが、後の世で伝説と評される「感染地図」である。感染拡大状況を追跡するその発想は、未だ現役である。その後、コレラが流行している地域の井戸を閉鎖したところ、感染者が急速に減少した。これを契機に、欧州各国では下水道が整備され、人々の衛生観念が変化した。以上を通じ、コレラが水を媒介とした病原体であることが証明され、瘴気説に疑問が投げかけられるきっかけとなった。[*4]

このように、コレラの感染原因は飲料水にあることがスノウによって1854年には証明された。それでも、このことがすぐに世界に浸透することはなかった。だが1883年、ドイツ人医師のロベルト・コッホ（Robert Koch）によりコレラが細菌であることが顕微鏡で確認され、病原体説の妥当性が立証された。同年、予防接種も行われた。現在では、コレラの治療薬として抗菌剤が使用されているが、下痢による脱水には十分な注意が必要なため、補液や点滴も使われる。[*5]

2017年、WHOは、2030年までにコレラの死者数を90%減少させる戦略を公表した。これに基づき、

2018年までの5年間にコレラが流行したホットスポットを中心に、感染防止のための経口ワクチンが1500万人に投与されるなどしている。だが現在のところ、経口補水液の使用は推奨されているものの、発展途上国では十分な治療が施されておらず、人類はコレラを制圧していない。途上国だけでなく、先進国であっても地震などの災害によってインフラが崩壊した場合、コレラが流行する可能性は十分にある。そして、全世界で毎年、推定で2万1000−14万3000人がコレラが原因で死亡している。例えば、ソマリアでは2017年に大流行があり、感染者7万9172人、死亡者1159人が確認された。[*6]

2 ペスト

ペストとは、ペスト菌感染に起因する全身性の侵襲性感染症である。これに感染すると、治療を受けない限り、4日以内に死に至る。首やわきの下などに腫れと痛みを伴う腫瘍ができ、ショック症状や発熱、手足の壊死が起こる。血液の働きが阻害されるため、それが血管で凝固し、患者の皮膚の大部分に紫の斑点が現れる。[*7] ペストの媒介害虫はノミであり、げっ歯類（ねずみ目）に寄生する。寄生先の生物が死ぬと、ノミは宿主を変える。その過程で人にも寄生するようになり、感染は人類に拡がった。また、ねずみは成長すると生まれ育った巣穴を追い出され、新しく穴を作り家族を増やす。通常、家族を含む共同体内での繁栄を試みるが、稀に何キロも旅をして別の共同体に加わることがある。生物・種として生き残るためである。ペスト大流行時代、ねずみのこの習性は、ペスト菌にとっても、新たな場所で生存し続けるためのまたとない機会となった。汽船の航路網が開拓され、長路を行き交う船にねずみが乗りこむことが多くなると、感染拡大に拍車がかかった。[*8] なお、かなり後になってから分かってきたことだが、ペスト菌に感染した猫や犬との接触や肺ペスト患者からの飛沫も感染経路である。

人類とペストの関係は古い。推定5000年前に死亡した女性の人骨から感染の痕跡が見つかっていることからも、そのことがうかがえる。[*9] 記録に残る最初の大流行は、紀元541年の東ローマ帝国においてであった。感染はコンスタンティノープルで始まり、東はペルシャ、西は南欧州へと拡散した。ペストの惨禍を目の当たりにした東ローマ帝国の歴史家プロコピオス（Procopios）は、交易路を通じてエジプトから伝播したものだと考えていた。二度目は14世紀から17世紀末にかけてのもので、欧州では「黒死病」と呼ばれ恐れられた。その始まりは、モンゴル軍によるイタリアの交易拠点の攻撃に遡る。モンゴル軍にペストが発生していたのだ。ペスト菌を保有するねずみたちが欧州の船に乗り込み、当時、急拡大していた交易ネットワークを通じ、欧州全土に急速に散らばった。[*10] 特に1300年代には欧州で多くの死者を出し、ある場所では、人口の4分の1から3分の1の生命が失われたともいわれる。このような経緯から、ペストは、欧州においては「アジア型の病」の代表格となった。

かつては、ペストの病症である紫の斑点が肌に現れ始めると、目前の死を受け入れなければならず、母親ですら我が子を捨てた。最愛の女性をペストによって失ったのは、14世紀のルネサンスを代表するイタリアの詩人・人文主義者のフランチェスコ・ペトラルカ（Francesco Petrarca）だった。彼は、弟へ向けた手紙の中でこんな言葉を残している。[*11]

　弟よ、わたしは生まれてこなければよかった、せめて、こんな時代が来る前に死にたかった……このような底知れぬ悲しみを味わわずにすみ、われわれの証言を物語と見なす後世の人々は幸せだ。

ペトラルカのこの願いに込められた予言は半分当たり、半分外れている。たしかに、アルベール・カミュ（Albert Camus）の『ペスト』（1947年出版）がそうであるように、現代人は感染症を物語にしている。しかし、我々はその悲しみから未だ逃れてはいない。

ペストと聞くと、17世紀から18世紀の欧州における、「ペスト医師」の独特な雰囲気と、なによりあの奇抜な仮面を思い浮かべる人も少なくないだろう。仮面の目にはめ込まれたガラスや長いくちばし、鳥の頭部を模したその造形は、異様な印象を与える。この形は当時、鳥が疫病の悪魔を脅かせて追い払うことができるという考えから生まれた。ペスト医師の仮面と出立ちに科学的根拠は乏しいが、できるだけ肌を露出させないようなつくりは、現代の防護服の役割と相通ずるものがあり興味深い。[*12] また仮面に細長いくちばしのようなものが取り付けられていたのは、当時、瘴気説が信じられていたからである。ペスト医師の仮面のくちばしの部分にポプリやミントなどを入れることによって臭気をかき消し、病気を防ごうとしたのだった。

1894年6月にペスト菌を最初に確認したのは、日本人研究者の北里柴三郎とスイス系フランス人細胞学者のアレクサンドル・イェルサン（Alexandre Yersin）だった。当時は、ルイ・パスツール（Louis Pasteur）の細菌説を足がかりに、伝染病を引き起こす細菌が発見されていった時代だった。イェルサンと北里は共同研究を行っていたわけではなく、総人口の1％強が感染し2500人以上の死者が出ていた香港において、ほぼ同時期に病原菌を発見していた。ペストに感染した患者は医師の手によってバラバラに解体され、新薬の開発に利用される。そんなデマが拡がる厳しい環境下で果たされた偉業だった。

ペスト菌発見後の1899年、中国を経由したペストが日本（神戸）に初めて上陸した。行政医療家としても優れていた北里は、大臣や役所をまわって伝染病の脅威を説き、ペストを事前に食い止めようと尽力した。その甲斐もあり、1897年には「伝染病予防法」が成立し、1899年には「開港検疫法」にペストが追加された。そして、1900年、当時の東京市でねずみ駆除作戦が行われた。これは、ねずみ1匹を5銭で買い上げるという、市民を巻き込んでの施策だった。[*13] なお、感染症の媒介生物の侵入を排除することでペストを予防する方法は、後述する国際衛生条約の措置でも見られるものである。

世界的規模で見ると、ペストの感染は18世紀には著しく減少した。社会の公衆衛生が管理され、衛生基準が上がったのが主な理由である。現代では抗菌薬が治療に使われており、一般に、早期に処置すれば有効性は高い。しかしながら、21世紀の今もなお、ペトラルカが表現した「このような底知れぬ悲しみ」の最中に置かれている人々がいることを忘れてはならない。ペストの発生は主にアフリカ、南北アメリカ、アジアで報告されている。2010年から2015年の間、全世界で患者は3248人、死者は584人発生しており、その大部分はアフリカ諸国で報告されている。[*14]

第2節　背景と経緯

1　前史

19世紀には初の国際衛生会議が欧州で開催され、1890年代には国際衛生条約が採択・締結された。本節では、それに至るまでの経緯の要点をかいつまんで記しておく。

世俗の政治共同体を超越する存在だったローマ教皇・教会は、中世後期には衰退に向かう。それでもキリスト教は、当時、欧州の人々に感染症の原因と対処法を教える権威であった。この時代にペストの災いに直面した人々は、感染症を、悪行に対する「神による罰」と考えた。[*15] 例えば、人々が病にかかる原因を堕落・不信仰と考えた英国の聖職者は、「馬上槍試合」(騎士が馬上で行う武術試合)や、流行の派手な服装が神の怒りを買ったのだと非難した。神からの罰や試練として与えられた病に対処する方法は、ひたすら懺悔して祈ること、そして耐え忍ぶことであった。かつてローマ教皇によって禁止されていた「鞭打ち苦行行進」が、ペストの流行が引き金となって1300年代半ばに復活した。これは、人間が犯した罪を浄化するため、聖職者の先導のもと、口々に神の許しを乞い、反省の意思を表明する行為であった。人々は広場に円陣をつくり、靴と上着を脱いで地面にひれ伏す。そして鞭で打たれる。それが終わると、各人は自分に鞭打ちながら、声に出して許しを請う。鞭には粒大の金属製の棘が取り付けられていたため、人々は血だらけ、傷だらけになった。しかし、キリスト教を淵源とした感染症の原因の説明と対処法はあまりに不十分で、むしろ人々の信仰心をぐらつかせる結果を強めるほどだった。[*16]

感染症の原因は信徒だけではなく、他者にも求められた。そのターゲットになったのはユダヤ人であった。アルザスの小さな町では、ユダヤ人たちが井戸に毒をまいたからだと非難された。そこでキリスト教徒によるユダヤ人狩りが始まり、ゲットーが焼き討ちにされ、彼らは公式・非公式に処刑された。また欧州の他の場所では、ユダヤ教からキリスト教への改宗の強要もなされた。参画したキリスト教徒はこれを「正義の行為」だと信じ、疑うことはなかった。[*17]

感染症に対する人類の対処法は、その後、欧州における領域国家の出現で変化した。この頃から、社会を感染症から守る役割は、宗教から政治・行政に移っていった。中世の封建社会制度が崩壊し、中央集権的領域主権制度に移行すると、領域単位で公衆衛生に関する規制が行われるようになった。その先駆けは、14世紀から15世紀にかけてのイタリアの都市国家であった。1377年、アドリア海のラグーサで船舶の隔離が初めて実施され、商業交通における防疫措置がこの地から発展していった。海上から船舶で襲来するペストの脅威を目の当たりにしてきたイタリアは、流行地域からの船舶の入港を30日‐40日間差し止め、その間に船内でペスト感染者が発生しないかを確認するようになった。これが、社会制度としての検疫の歴史の始まりである。当時の人々は、科学的にまだ解明されていなくとも、感染症がヒトからヒトにうつることを経験的に知っていた。また、一定の観察期間を経過すれば、以降に発症しないこともおおよそ認識していた。ちなみに、英単語の〝quarantine〟（検疫）がイタリア語の〝*quaranta*〟＝「40」に由来することはよく知られる。さらに、1450年から1470年にかけて、イタリア北部の多くの都市国家に感染症隔離病院が建設された。検疫や隔離を軸とした措置は、やがて欧州全般に拡がり、例えばフランスでは、1683年に検疫に関する立法がなされた。[*18]

欧州各国で隔離や検疫といった措置が実行されるようになると、それが自国を守る行為でありながら、国益を高める貿易や国際交通を制限するという副作用も明らかになっていった。同時に、各国が講じる措置の強度はそれぞれの政策により異なっていたため、国家間で摩擦が生まれることとなった。ただし、そのことに懸念は持たれても、国家間であえて調整するほど重大だとは欧州諸国は考えていなかった。そのため各国は、長く単独行動で感染症に対処していた。

2　感染症に対する措置——貿易と安全保障

国際的な雲行きが変わったのは19世紀に入ってからのことだった。まず、世界市場の確立を促した産業革命により貿易が急増・急加速し、欧州各国、特に多数の植民地を有する列強に大きな利益をもたらすようになった。穀物輸入を制限した穀物法が１８４６年に廃止された英国では、勢いをつけた自由貿易主義によって保護主義的障壁の削減が求められるようになった。張り合うフランスは、１８３０年のアルジェリアの支配と、地中海東岸との貿易のため、検疫を一方的に軽減していた。二大列強はともに貿易がもたらす莫大な利益をもはや軽視できず、コレラが断続的に欧州を襲った19世紀を境に、かねてより摩擦の原因となった措置を調整して標準化する道を模索し始めた。

ただ、国家間の調整が必要だった理由は、貿易や国際交通といった経済的要因だけではなかった。18世紀になると、検疫を含む公衆衛生上の措置は、国境防衛を強めるなどの軍事的機能を果たすようにもなっていた。例えば、オーストリア＝ハンガリー帝国は、オスマン帝国との国境に１６００キロにも及ぶ防疫線を張り、監視塔を建てた。警備にあたった兵士には、検疫を受けず国境を越えようとする者に対する発砲命令が下されていた。プロイセンもまた、ポーランドの領域に侵入するかのように防疫線を張った。この防疫上の措置は、プロイセンの侵略の露骨な野心を覆い隠す役割も担っていた。

19世紀になってウィーン体制が確立すると、大国間で勢力均衡を保つことで、欧州の秩序を維持することが画策された。国際問題を外交努力で解決しようとする協調の機運の中、検疫を含む防疫措置の政治利用は、欧州全般で自制に向かっていた。たしかに軍事・安全保障分野でのあからさまな利用は目立たなくなったが、それでも、防疫措置は欧州外交に緊張感をもたらし続けていた。例えば、1831年にオスマン帝国からの支配脱却を企てたエジプト総督ムハンマド・アリー・パシャ（Muhammad Ali Pasha）は、英国のエジプトへの侵入を強く警戒していた。そのためエジプトは英国の動きに敏感で、あらゆる機会を通じて英国の動向を探っていた。英国もそれを感知し、エジプト当局が講じる検疫などの措置は市民の健康のためではなく、英国の外交上の交信を傍受し遅延させるといった政治目的にあると見ていた。また英国は、ロシアに対しても、検疫担当官の役割が公衆衛生の名の下で政治的に機能し、旅行者を意のままに逮捕・釈放するとともに通信文を押収しているとの嫌疑をかけていた。検疫などの防疫措置を国際的に規則化することは、ウィーン体制下で醸成された安定を維持し、国際関係に動揺を与える要因を取り除く上でも必要であった。*19

第3節　国際衛生会議の始まり

以上の背景・経緯を受け、感染症をめぐる課題は、多国間交渉と国際法の場に移されることとなった。初の舞台となったのは、1851年国際衛生会議（第1回会議：パリ）だった。欧州の共通認識は、コレラのような「アジア型の病」の拡散は「侵略」と同じで、国単位では「防衛」できないほど「敵」は強いのだから、何らかの協力が必要だというものだった。また、英国とフランスは、厳格な防疫措置を回避するという総論で一致していた。しかし、具体的な各論では噛み合うことがなかった。さらにオーストリアは、海上での停船検疫体制の修正や陸地の防疫線の撤廃を提案した英国案にことごとく反対した。結局、この会議では、コレラの伝染の性質について科学的な共通理解を得られず、準備された条約に署名したのはフランスとポルトガル、サルデーニャ王国だけで、批准まで進んだのはポルトガルのみだった。[*20]

混沌としたまま終了した第1回会議は、「失敗」の烙印を押されることもある。しかし一方で、各国の単独行為だけで感染症に挑むのは不十分であり、何らかの国際協調が必要であるとの基本姿勢を確認する場であった。そのために、欧州各国が国際標準となる衛生規則を制定すべきことや、エジプトなどで衛生監視能力を強化すべきという点で意見が一致していることも確認できた。なにより、国際衛生会議はその後も90年近くにわたり計14回開催されるが、これがその第一歩だった。その歴史的重みを知ると、この会議を「失敗」の一言で片付けることは適当ではないだろう。

1851年の第1回会議以降の国際衛生会議において、参加国の主たる関心は共通して、感染症への具体的対応策（特に検疫を含む措置の国際的標準化）やその科学的根拠に向くようになった。そして、1859年第2回国際衛生会議（第2回会議：パリ）、1866年第3回国際衛生会議（第3回会議：コンスタンティノープル）、1874年第4回国際衛生会議（第4回会議：ウィーン）、1881年第5回国際衛生会議（第5回会議：ワシントン）[*21]、1885年第6回国際衛生会議（第6回会議：ローマ）と交渉が繰り返された。しかしながらその度、条約発効に繋げることはできなかった。

そこには、法的合意に至らせない複数の要因があった。まず、それぞれの経済的・政治的立場から、検疫の厳格性をめぐって各国が対立したためである。自由貿易主義の立場を堅持し、いくつもの植民地を所有・管理するとともに、海上交易を通じて莫大な利益を得ていた英国は、それが妨害されないよう緩やかな検疫を求めた。また英国には、インドにおける植民地統治という特殊事情もあった。当時、メッカ巡礼のために多くのムスリムがインドから紅海周辺を訪れていた。コレラの発信源がインドと目されていたことから、ムスリムは厳しい防疫措置の対象となりつつあった。宗教行為の制限という微妙な性質を孕む検疫はムスリムの強い不満や反発を招きかねず、これを懸念した英国は厳格な検疫には強硬に反対した。同じくムスリム系住民を抱えるロシアとペルシャ、オスマン帝国も英国に賛同した。このようなことから、19世紀の国際衛生会議では、メッカ巡礼に対する措置が争点の一つとなっていった。

対照的に、海上支配権と覇権を持たない諸国は、厳格な検疫をさほど深刻にとらえていなかったし、状況によっては検疫を重視した。また第1回会議で英国と足並みを揃えていたフランスは、第3回会議において立場を翻した。そして、その他の欧州大陸諸国とともに、特に紅海入域地点での厳格な検疫措置の実施を主張するようになる。フランスが態度を一変したのは、コレラがエジプトを通って欧州に流入してきた経路が明らかになったためである。自国の安全に危機感を覚えたフランスは、メッカ巡礼を取り巻く状況への厳しい対応を提唱したのであった。

条約が第6回会議までに結実しなかった二つ目の要因は、英国とフランスの間の覇権をめぐる対立であった。1876年にエジプトの財政が破綻すると、英国とフランスは共同で同国を管理するようになった。しかし1882年、英国は、エジプトを軍事占領下に置いた。フランスはこれに関して英国への敵対意識を隠さず、この外交上の対立は、第6回会議における両大国の対立として先鋭化した。この会議で英国は、自国の軍艦や商船の迅速な通過を確保するため、スエズ運河での検疫免除を狙った。フランスは、防疫措置の強化を推進するとともに、感染症を植民地から欧州に持ち込んだ英国に不満を持つ多数派を率いてこれに対抗した。

条約締結を阻止した第三の要因は、感染症をめぐる科学的論争であった。前々節で述べたように、コッホがコレラの細菌を発見したのは1883年であった。しかし、このことが即座に学会で受け入れられたわけではなかった。彼の母国ドイツの科学者ですら、当初は病原体説に強い疑念を抱いていた。それだけ、瘴気説が根強く信奉されていたということなのだろう。そのため、コッホによる発見から2年後に開催された第6回会議では、彼による発見は知られていたが、この会議の結論を左右し、条約締結をもたらすことにはならなかった。

またこれも前々節で触れたように、コレラ菌は汚染された飲食物を口にすることで感染する。しかし当時、英国政府は瘴気説を支持し、コレラはヒトからヒトに感染するものではなく、空気や下水道の汚染によって引き起こされると考えていた。そこで、衛生改革によって下水道の浄化やインフラ整備を進め、身の周りから伝染病の原因となりうる不快なものを取り除くことを目的とした「不快除去及び伝染病予防法」を1848年に成立させた。瘴気説は科学的には誤っていたが、英国政府がとった衛生政策や立法は奏功し、コレラの被害の拡散の防止に貢献する結果となった。「瘴気説」対「病原体説」の決着はなかなかつかず、そのことが、検疫を含む措置の国際的標準化と条約の採択・発効を遅らせる原因となった。

ただし、法的合意には至らなかったものの、計6回の会議が不毛とか空虚であったわけではない。交渉の中には、21世紀にも引き継がれる制度の萌芽として注目すべき内容もあった。それは、2005年「国際保健規則」で本格的に制度として導入された「サーベイランス」[*22]の原型である[*23]。具体的には、第1回会議の各国代表者が起草した条約・規則案には、重要地点であったコンスタンティノープルとエジプトに派遣する欧州の医療関係者を増員し、そこの保健状況に関する研究をさせ、それぞれの出身国政府に週間報告させることが示されている。第3回会議ではメッカ巡礼を監視するための組織の設置が、第5回会議では世界各地の疫学情報を収集し共有するための組織の設置が提案された。第6回会議では、各国国内における疫学ネットワークの強化が推奨されていた。*24

第4節　国際衛生条約の誕生

1　1892年「国際衛生条約」

1890年代に入っても、植民地との交易から得られる利益を重視してできるだけ検疫を避けたい英国と、それに反対するフランスなどの対立は続いた。しかし、既述した要因は徐々に解消され、対立と譲歩の狭間で部分的に法的合意が形成されていった。結果、1890年代には四つの条約が作成・採択され発効した。

1892年には第7回国際衛生会議（第7回会議：ベネチア）が開催され、15の参加国は、海洋から侵入するコレラについて、とりわけメッカ巡礼の扱いを中心に交渉した。スエズ運河は交易に大きな利潤をもたらしたが、同時に、コレラ感染拡大の原因の一つでもあった。北アフリカの巡礼者を乗せた船舶に、特にフランスは脅威を感じていた。

この会議では、1892年「国際衛生条約」（1892年条約）[*25]が採択された。同条約が対象とする感染症はコレラのみである。また同条約は、これまでの会議で話し合われた事柄を網羅するものではなく、あくまでスエズ運河とメッカ巡礼への適用に狭く限定したものだった。よって、メッカ巡礼に起因するかもしれないコレラ発生の防止を見据え、その対処などを定めた内容となった。例えば、コレラ感染地域の港から来て入港する船舶はすべて、シナイ半島の指定施設で最低でも15日間の検疫を経なければならない。さらに、すべての巡礼船は、スエズ運河での検疫を通過して帰港しなければならない。加えて、検疫に代わる措置として英国がかねてより主張していた医療診断も、検疫と併用して使われることとなった。

条約交渉は一時、かつてのように決裂するかのようにも思われたが、英仏を中心に交渉・譲歩・調整が粘り強く続けられた。その結果、最終的には14カ国が同条約を批准した。国際衛生条約の締結・発効は、第1回会議の開催から実に41年が経過してからのことだった[*26]。

2　1893年「国際衛生条約」

アフガニスタンやペルシャで発生したコレラはロシアに侵入し、テヘランやハンブルグなどで再び猛威を振るった。これにより多くの犠牲者が出たのは、第7回会議が開催された1892年のことだった。欧州諸国は対応を検討すべく、翌年に第8回国際衛生会議（第8回会議：ドレスデン）を開催した。19カ国の代表が参加したこの会議では、再度、各国が講ずるべき統一的措置や、貿易・国際交通を害さないための措置の上限などが問われた。特に、船舶、商品、乗客のうちいずれを通じてコレラは感染するのかという議論に時間が割かれたが、それぞれに対し措置がとられるべきとの結論に達した。

第8回会議では、1893年「国際衛生条約」(1893年条約)[*27]が採択された。同条約は、20世紀に締結・改定が続けられる国際衛生条約の主たる構成要素を初めて示したものである。同条約は、系譜上、20世紀に採択される多くの国際衛生条約の原型であり、第二次世界大戦後の国際衛生規則・国際保健規則の「祖先」に位置付けられる。そこで、その概要と特徴を記しておきたい。同条約の本文はいたって簡素で、第1条(国際予防措置)、第2条(ドナウ川河口での規則)、第3条(附属書の法的地位)、第4条(5年間の有効期間とその後の改定)から成る。実質的・具体的内容は、同条約の一部として法的効果を持つ第1附属書(措置)と第2附属書(ドナウ川河口)で示されている。同条約は、最終的には1897年に11カ国によって批准された。

1893年条約では特に、一般規定に相当する第1附属書が重要である。同附属書の章立ては、第1章「通告・情報共有」、第2章「区域の感染・健康の判断にかかる条件」、第3章「措置の適用の制限」、第4章「規制対象となる商品・物品」、第5章「陸路の国境・鉄道・旅行者」、第6章「国境地帯の特別規則」、第7章「河川の交通、河川・運河・湖」、第8章「海港と措置」となっている。なお、同条約も1892年条約と同様、コレラを対象とする。

1893年条約で注目すべき点として、次の三つの特性がある。まず、措置が国際交通にもたらす影響への配慮である。同条約では、公衆衛生を保護するための措置について定めるだけでなく、それが国際取引や人の国際移動に対し不必要な妨げになってはならないことが明記された。[*28]このことは、以降の関連の国際規範において、「最小限の制約による最大限の保護」(貿易・国際交通へ干渉を最小限に抑えつつ、できるだけ国家を感染症から守る)として原則化するのである。

次の特性であるが、同条約は、通告と情報共有を締約国に義務として課している。締約国政府は、自国領域内にコレラの震源がある場合にはこのことを通告しなければならないが、それは、「極めて重要なこと」[*29]である。通告の範囲はコレラの発生地と発生日時、感染件数、死者数を含むものとし、以上を国内の在外公館に伝えなければならない。初回の通告を行った締約国政府は、その後も少なくとも週に一度、感染状況に関する情報を他国に継続して伝えなければならない。通告の中身はできるだけ詳細であるべきで、特にどのような予防措置（隔離など）が講じられ、また出港した船舶や輸出品に対してどのような措置が施されたかを示さなければならない。これに対し、他の締約国政府は、感染した国から来た人や物品に対してとった措置に関する情報を、迅速に開示しなければならない[*30]。

第三の特性は、措置の詳細化と多様化である。これは、「国際取引や人の国際移動に対し不必要な妨げになってはならない」という1893年条約の主眼に対応するものでもある。同条約は、すべての船舶や乗員乗客の行動を一括して一律に制約するようなアプローチをとらない。措置は、健康状態による分類に基づいて実施されるようになった。例えば、感染のない船舶は拘束されず、健康な乗客には上陸が認められる。つまり、健康上の問題が認められる者だけが隔離などの対象となる。また物品への対応についても、コレラの伝染を許すものとそうでないものを区別することとなった。さらに、同条約の多くの内容は港や船舶にあてられているが、陸路の一つである鉄道についても言及されている。鉄道を利用する旅行者がコレラに感染しているか、その症状が認められる場合にのみ拘束が認められ、陸上での検疫はない。検疫以外の措置はかねてより各国で実践されていたので、1892年条約でも医療診断の併用が明記されるなどした。同条約ではこの傾向が加速し、消毒のような検疫以外の措置が強調されている[*31]。

3　1894年「国際衛生条約」

１８９３年条約が巡礼を扱っていないことに不満のあったフランスは、すぐに次の会議開催に向け動き出していた。同国はコレラの流行に相当苦しんできたので、再発を防ぐため、あらゆる手段を模索していた。同国がとりわけ懸念していたのは、巡礼者の増加とともに繰り返し発生するコレラであった。それで、特にオスマン帝国内における措置の強化・改善を求めていた。トルコの措置は厳格で、コレラが発生していない船舶であっても巡礼者は下船し10日間の検疫に置かれるなどしたが、この衛生施設の環境は劣悪だった。また、メッカのあるヒジャーズの衛生施設も不十分だった。この課題は既に第７回会議と第８回会議の時期にも認識されていたが、その複雑さから合意の形成が難しいことが見込まれ、対応は先送りとなっていた。そのような事情もあって、第９回国際衛生会議（第９回会議：パリ）の開催に最も熱心だったフランスが、これを主導することとなった。

これに対しオスマン帝国は、会議の開催に反対した。アラビア半島における紅海周辺の行政という国内管轄事項に欧州列強が干渉する余地が生まれ、また宗教的行為の制約を許すことを嫌ったためである。英国は、必ずしも１８９３年条約に満足していたわけではなかった。しかし、公衆衛生能力の高さを誇り、コレラに対する自衛に自信をのぞかせる同国に、新たな条約を採択する強い動機はなかった。さらに既述した通り、植民地の安定的統治の観点から、ムスリムの宗教的行為の規制に繋がりかねない国際行動には、むしろ消極的ですらあった。このように、事前のコンセンサスはなかったものの、フランスは会議の準備を進め、同国の招聘により、１８９４年に第９回会議が開催されたのだった。会議に参加した16カ国の政府代表は、巡礼者への措置やその実施方法を中心に議論した。

以上を経て、第9回会議では1894年「国際衛生条約」（1894年条約）[*32]が採択され、13カ国がこれを批准した。同条約は全7条と四つの附属書から成る。会議開催の経緯からもうかがわれるように、同条約の関心はメッカ巡礼者の衛生の確保にあった。そのため、コレラの発生地域での封じ込めと、巡礼者の出港前や船舶での措置の改善などを主眼とし、検疫だけではない予防措置を含むものとなっている。出港前については、巡礼船が出発する港では、乗船するすべての者に対し義務的医療検査が個別に行われる。コレラ感染者やその症状がある者は、乗船を禁じられる。[*33]巡礼船の衛生措置についての定めは詳細である。例えば、100人を超える船舶には医師を乗船させなければならない。医師は船内の巡礼者の健康面での面倒を見ることになるが、食料や飲料水の配分にも注意を払う。また、衛生上の事態を日誌に記録するとともに、それを到着港の当局に提出しなければならない。その他、船舶のデッキ・収納室のあり方や荷物の取扱い、消毒に至るまで様々な規定がある。[*34]

船長が1894年条約の規定に違反した場合、その船長に罰金を科すという履行確保に資する規定が置かれたのは興味深い。金額は、違反の態様に応じて定められている。[*35]以上に加え、同条約は、カマランの衛生施設の改善を勧告する。[*36]以上のような具体的かつ詳細な規定にも拘らず、同条約の目的の達成のためには不可欠であるオスマン帝国が批准しなかったため、その効果はほとんど発揮されずじまいだった。[*37]

4 1897年「国際衛生条約」

1896年、人口過密の産業都市だったインドのボンベイでペストが急拡大し、衛生環境の悪化は深刻だった。

相当数の人々が毎日のように命を落としていた。歩み寄る危機に恐怖を感じた欧州諸国はパニックに陥り、かつてのように厳しい検疫措置をとり始めた。それは当然、貿易と人の国際移動を妨げることとなった。そこで21カ国の政府代表はこの事態に対応すべく、翌年には第10回国際衛生会議（第10回会議：ベネチア）を開催した。この会議では、1890年代に採択された三つの国際衛生条約に基づき、これを修正・調整しながらペストに適用するという戦略に合意が得られた。そのためには科学的知見が必要となり、外交官とともに著名な科学者もこの会議に参加した。

第10回会議では、1897年「国際衛生条約」（1897年条約）[*38]が新たに採択された。同条約の有効期間については批准から5年間、対象についてはペストのみに限定されていた。全5章から成り、通告、消毒などの措置やコンスタンティノープルとエジプトでの特別措置の実施といった規定を含む。この会議に参加した18カ国が同条約に署名し、その後、14カ国が批准した。ちなみに英国は同時に、1894年条約を批准した。措置の基準を示した過去の国際衛生条約に加入すれば、欧州諸国がインドに向けた過剰な検疫措置も緩やかになるとのフランスの働きかけもあってのことだった。

1897年条約には、次の4点で歴史的含意がある。まず、国際衛生条約が扱える感染症を単数から複数にした意義である。欧州各国は1890年代、コレラに関する三つの国際衛生条約で規範上の戦略を積み上げた。今回はその実績を、ペストの状況に援用した。ここに、国際的対応が必要な感染症が現出した場合、国際衛生会議を開催して合意形成を図り、既存の国際衛生条約の対象範囲にそれを加え（逆に感染症が終息した場合は対象から削除し）、条約の内容も適宜修正するという20世紀の規範変更様式の発芽を見ることができる。19世紀末に登場したこの様式は、100年以上経ってから2005年「国際保健規則」によって破棄されるまで踏襲されることとなる。[39] この様式はたしかに、過去に実際に発生した感染症を指定することで国家の義務の範疇を限定し、国際合意を形成しやすくした。反面、未来に発生するかもしれない新興感染症などに対応する柔軟性を、国際規範から奪うことにもなった。

第二に、「アジア型の病」の代表格であるペストが国際衛生条約に組み込まれたことで、外部＝東方（中東・アジア）由来の感染症からの「欧州の防衛」という構図が、国際規範に一層明確に刻まれることとなった。過去三つの国際衛生条約の交渉過程では、東方から来襲するコレラから欧州をいかに守るかという問題意識が既に共有されていた。第10回会議でも、「欧州の保護」という視座での主張が繰り返される中で１８９７年条約が構築された。

第三に、１８９７年条約の形成・採択を通じ、国際衛生条約が欧州の保護のみならず、国際交通を不必要に阻害する措置（厳格な検疫や国境閉鎖など）にかかる国家相互間の抑制をも見据えていることが再確認された。このことは、国際政治力学の見地からすれば、同条約が、貿易と植民地経済をめぐる列強間の利益の対立と譲歩を調整した産物であることを意味していた。ただし、科学的見地からすれば、疫学的証拠に照らして理にかなわない不必要な措置を同条約が制御することは、極めて合理的なことだった。

第四に、１８９７年条約を含めた四つの国際衛生条約が完成して浮かび上がった全体像が、パッチワークの作業に終始した結果であることがはっきりした。総合的かつ統一的な国際規範を望んだ第10回会議参加国代表は、その閉会にあたり、１８９２年条約と１８９３年条約、１８９４年条約、１８９７年条約を一つに統合すべきとの意思を満場一致で表明した。そして、この19世紀の意思表明は、20世紀を迎えて具現化するのであった。[40]

第1章　註――

(1) コレラの感染の仕組みや症状については次を参照。ウィリアム・H・マクニール『疫病と世界史（下）』中央公論新社、2007年、169頁。勝田吉彰『パンデミック症候群』エネルギーフォーラム、2015年、101頁。「コレラとは」国立感染症研究所〈https://www.niid.go.jp/niid/ja/kansennohanashi/402-cholera-intro.html〉(last access: 24 August 2020)。「コレラ」日本感染症学会〈https://www.kansensho.or.jp/ref/d19.html〉(last access: 24 August 2020)。

(2) 当時の状況については次を参照。サンドラ・ヘンペル『ビジュアル　パンデミック・マップ：伝染病の起源・拡大・根絶の歴史』日経ナショナルジオグラフィック社、2020年、94頁。ウィリー・ハンセン／ジャン・フレネ『細菌と人類：終わりなき攻防の歴史』中央公論新社、2004年、49-51頁。

(3) ロンドンにおける当時のコレラの流行状況や、瘴気説については次を参照。酒井弘憲「第3回：ジョン・スノウとコレラ」『ファルマシア』50(6)、2014年、559頁。

(4) ジョン・スノウについては次を参照。スティーブン・ジョンソン『感染地図』河出書房新社、2017年。ジェニファー・ライト『世界史を変えた13の病』原書房、2018年、150-164頁。ヘンペル、前掲、97-101頁。

(5) マクニール、前掲、178-179頁。ヘンペル、前掲、101頁。「日本人の『命を支える杖』でありたい：北里柴三郎」TERUMO〈https://www.terumo.co.jp/challengers/challengers/01.html〉(last access: 24 August 2020)。

(6) ペストの現況については次を参照。ヘンペル、前掲、92頁。ライト、前掲、161-162頁。「2018年03月29日更新 コレラの流行状況／ソマリア（更新）」厚生労働省検疫所〈https://www.forth.go.jp/topics/2018/03291359.html〉(last access: 16 January 2020)。

(7) ペストの症状については次を参照。ライト、前掲、38頁。

(8) ペストの当時の状況については次を参照。マクニール、前掲、15-19頁。ヘンペル、前掲、138頁。

(9) Jack Guy, "Ancient plague helped determine genetics of the modern European, study says," CNN <https://edition.cnn.com/2018/12/08/health/ancient-plague-study-scli-intl/index.html> (last access: 21 Aug 2020). Cell Press, "An ancient strain of plague may have led to the decline of Neolithic Europeans," Science Daily <https://www.sciencedaily.com/releases/2018/12/181206120035.htm> (last access: 21 August 2020).

(10) 二度のパンデミックについては次を参照。ヘンペル、前掲、134-141頁。

(11) ライト、前掲、44頁。

(12) 同、44–46頁。
(13) 北里柴三郎や当時の日本の状況については次を参照。加藤茂孝『人類と感染症の歴史：未知なる恐怖を超えて』丸善出版、2013年、40頁。「医療の挑戦者たち 33：ペスト菌の発見②」TERUMO〈https://www.terumo.co.jp/challengers/challengers/33.html〉(last access: 21 August 2020)。「防災情報新聞：1907年（明治40年）10月―12月」防災情報機構ＮＰＯ法人〈http://www.bosaijoho.jp/reading/item_7839.html〉(last access: 21 August 2020)。
(14) ペスト感染の現況や統計については次を参照。ライト、前掲、54頁。ヘンペル、前掲、132頁。「ペストとは」国立感染症研究所〈https://www.niid.go.jp/niid/ja/kansennohanashi/514-plague.html〉(last access: 23 August 2020)。
(15) 歴史の過程で、人類が感染症に直面した時の第一段階の反応は神学的解釈に支配されたもので、それは神（々）による処罰であった。Neville M. Goodman, *International Health Organizations and Their Work* (Churchill Livingstone, 1971), p. 27.
(16) キリスト教を淵源としたペストの原因の説明やそれに基づく対処法は次を参照。マクニール、前掲、59頁。村上陽一郎『ペスト大流行』岩波新書、1983年、147–158頁。島崎晋『人類は「パンデミック」をどう生き延びたか』青春出版社、2020年、25–27頁。白岩千枝「史料から探る黒死病：イギリスを中心に」『年報新人文学』7、2010年、338–339頁。河口明「予防概念の史的展開：中世・ルネサンス期のヨーロッパ社会と黒死病」『北海道大学大学院教育学研究院紀要』102、2007年、16頁。
(17) 村上、前掲、139–147頁。
(18) 当時の欧州の動向については次を参照。Mark Harrison, "Disease, diplomacy and international commerce: the origins of international sanitary regulation in the nineteenth century," *Journal of Global History*, 1 (2006), p. 199.
(19) *Ibid.*, p. 202 and pp. 214-215.
(20) 第1回会議については次を参照。*Procès-verbaux de la Conférence Sanitaire Internationale, Ouverte à Paris le, 27 Juillet 1851*, 1 (5 August 1851), pp. 3-12. *Conférence sanitaire internationale*, Annex to Proc. 29, 1 (11 November 1851). Norman Howard-Jones, *The scientific background of the International Sanitary Conferences* (WHO, 1975), pp. 15–16.
(21) 第4回までは欧州で開催されてきた国際衛生会議だったが、1881年の第5回国際衛生会議は米国がホストとなりワシントンで開催された。このことは、米国が国際衛生分野でも存在感を高めてきた証左であった。もっとも、米国が実態として重視し、深く関与したのは、米州地域での活動、即ち、汎米衛生局（PASB: Pan American Sanitary Bureau）の設立や運営だった。PASBについては、本書第6章第1節を参照。
(22) サーベイランスとは一般的に、情報源に能動的に接近し、データを入手・解析して事前に備えることで感染症の予防と制御に取り組むことである。この概念については、本書第８章第２節、第10章第２節・第３節参照。

(23) ２００５年国際保健規則のサーベイランスについては、本書第10章第３節参照。

(24) 19世紀の国際衛生会議全般の概要や論点は次を参照。脇村孝平「国際保健の誕生：19世紀におけるコレラ・パンデミックと検疫問題」遠藤乾（編）『グローバル・ガバナンスの最前線：現在と過去のあいだ』東信堂、２００８年、１８７－１９７頁。永田尚見『流行病の国際的コントロール：国際衛生会議の研究』国際書院、２０１０年、31－75頁。David P. Fidler, *International Law and Infectious Diseases* (Oxford University Press, 1999), pp. 28-57. Goodman, *op.cit.*, pp. 46-66.

(25) International Sanitary Convention, signed at Venice, 30 January 1892.

(26) 第７回会議と１８９２年国際衛生条約については次を参照。Goodman, *op.cit.*, pp. 66-67. Howard-Jones, *op.cit*. pp. 58-65. Oleg P. Schepin and Waldemar V. Yermakov, *International Quarantine* (International Universities Press, 1991), pp. 129-134. Nermin Ersoy, Yuksel Gungor and Aslihan Akpinar, "International Sanitary Conferences from the Ottoman perspective (1851–1938)," *Hygiea Internationalis An Interdisciplinary Journal for the History of Public Health*, (January 2011), p. 65.

(27) International Sanitary Convention, signed at Dresden, 15 April 1893.

(28) １８９３年条約前段。

(29) 同第１附属書第１章。

(30) 同。

(31) 同附属書第３章－第８章。第８回会議と１８９３年条約の全般については次を参照。Howard-Jones, *op.cit.*, pp. 66-70. Goodman, *op.cit.*, pp. 67-68. Schepin and Yermakov, *op.cit.*, pp. 129-134.

(32) International Sanitary Convention, signed at Paris, 3 April 1894.

(33) １８９４年条約第１附属書（Ａ）。

(34) 同附属書（Ｂ）第３編。

(35) 同附属書（Ｂ）第４編。

(36) １８９４年条約第２附属書。

(37) 第９回会議と１８９４年条約の全般については次を参照。永田、前掲、63－67頁。Howard-Jones, *op.cit.*, pp. 71-77. Goodman, *op.cit.*, pp. 67-68. Schepin and Yermakov, *op.cit.*, pp. 145-149.

(38) International Sanitary Convention, signed at Venice, 19 March 1897.

(39) ただし、１９４４年「１９２６年国際衛生条約を修正するための条約」は、やや例外に属す。本書第５章第３節・第５節参照。

（40）　第10回会議と１８９７年条約の全般については次を参照。Howard-Jones, *op.cit.*, pp. 78-80. Goodman, *op.cit.*, pp. 68-69. Schepin and Yermakov, *op.cit.*, pp. 155-158.

第2章

1900年代―1910年代　――東方の脅威からの防衛

第1節　黄熱

前章で見たように、19世紀に開催された国際衛生会議と、そこで採択・締結された国際衛生条約が扱ったのは、コレラとペストであった。しかし、1912年「国際衛生条約」（1912年条約）[*1]で、新たな対象として指定される感染症がある。それは、黄熱である。黄熱は、重症化すれば致死率がエボラ出血熱にも相当するという、恐ろしい病である。これに感染すると、3日から6日の潜伏後に発熱や頭痛、（胃の内容物がコーヒーのように黒くなることで起こる）黒色の嘔吐、下痢を発する。それが悪化すると、出血熱や腎障害、尿毒症、吐血、黄疸といった症状が見られるようになる。黄疸のため皮膚が黄色くなる病症が病名の由来だが、黄熱患者が出た船が港に入る時に黄色い旗を掲げて知らせたのもそうだという。黄熱の病原体はウイルスであり、主にネッタイシマカといった蚊の媒介によって感染する。自然の中にあるタイプでは、宿主はサルである。都市型黄熱のタイプでは、感染者がウイルスを都市に持ち込むと、蚊を介して感染し流行する。ただし、ヒトからヒトに直に感染することはない。

黄熱はペストやコレラと同様、非欧州的な感染症として見られていた。黄熱の起源は定かではないが、中央アフリカの熱帯雨林で誕生したのではないかと考えられている。奴隷貿易を通じてウイルスがアメリカ大陸に持ち込まれ、17世紀にはバルバドスやメキシコ、キューバの熱帯地域を中心に大いに流行した。その後、北米、そして欧州へと拡がった。黄熱の原因については、ペストやコレラと同様、当初は瘴気説が唱えられていた。しかし、細菌学が発展した19世紀後期以降には病原体説が有力となった。

黄熱の研究を進めた国の一つが、当時、帝国主義への転換を図り、中南米での支配権確立を狙っていた米国であった。1898年の米西戦争に勝利したことで米国はキューバを保護領としたが、そこでは黄熱が猛威を振るっており、感染拡大への対応は、米国の統治政策において優先課題であった。そこで1900年、米国陸軍は、細菌学者のウォルター・リード（Walter Reed）を委員長とする黄熱研究委員会を組織した。研究委員会の見解は、キューバの医師カルロス・フィンレイ（Carlos Finlay）が主張した蚊による媒介説に傾いていた。ところが、顕微鏡でウイルスを確認できないので、黄熱で死亡した人の体を調べたところで原因は突き止められなかった。そこで、まず蚊に黄熱患者の血を吸わせ、その蚊に健康な人を刺させた後、黄熱の発症を観察するという方法がとられた。いわゆる、人体実験である。調査団の一員で軍医のジェシー・ラジアー（Jesse Lazear）は、リードが出張で不在の間、もう一人の同僚とともに自分の身体を使ってこの実験を決行した。両者は黄熱病を発症したが、同僚は回復した。一方、ラジアーは死亡した。「私には正しい微生物を追いかけているという手応えがある」と彼は妻に書き遺している。彼の死後も、ボランティアを使った同様の実験がリードによって続けられ、命の見返りとして、蚊が黄熱を媒介することが証明された。

たとえ病原体の実態が不明でも、蚊が唯一の感染源であることさえ判明すれば、それを駆除することで黄熱の流行を制御できる。1940年代には、蚊の防除に優れた合成殺虫剤DDT（ジクロロジフェニルトリクロロエタン）が開発され、戦時にも大いに活用された。しかしその後、DDTが人体に与える影響や副作用への不安が広がり、この使用の制限・禁止を定めた「残留性有機汚染物質に関するストックホルム条約」[*2]が2001年に採択され、2004年に発効した。

現在では、黄熱はワクチンで予防できる病である。黄熱ワクチン開発は時間がかかり困難な作業だったが、1930年代、弱毒化した黄熱ウイルスが免疫を与えることがマックス・タイラー（Max Theiler）により発見され、17Dワクチンの完成に結実した。[*3] 現在でもアフリカの熱帯地域やアマゾン川流域で流行はあるが、ワクチンの接種をすれば抗体を得られ、感染しない。予防接種を受けた者には、通称「イエローカード」と呼ばれる国際証明書が発行され、黄熱の予防接種を求める国では、これを提示しなければならない。

第2節　背景と経緯

1900年代から1910年代は、欧州中心的な国際体制から世界規模のそれに移行した時期にあたる。帝国主義時代に区分されるこの時期、資本主義進展の過程で列強の国家権力と独占資本が結びつき、各国は争って植民地での勢力圏拡大を図った。これによって列強の価値基準がアジアやアフリカの従属地域に移入されると、列強と従属地域を軸としながら世界は相互に結びついた。第一次世界大戦の発生は、列強間での勢力圏拡大と再配分をめぐる争い、さらにはブロック化が招いた結果だった。

この時期、グローバル化というダイナミクスの下、国際体制の構造が根本から変貌しつつあった。長期の経済低成長期から脱した列強は、第二次産業革命の進展にも後押しされ、歴史的経済成長を遂げていた。しかし19世紀後半、工業生産の頂点に立ったのは英国や他の欧州諸国ではなく、米国だった。それは覇権交代の序章であったし、時が「欧州への世界の従属」から「世界への欧州の従属」に反転した地点であった。しかし、当時の欧州の見方からすれば、自分たちを中心に回る国際体制が膨張して域外に溢れ出た、としか映らなかったのだろう。世界を覆う国際体制の一部として自らを俯瞰することで、「欧州」と「外部」という二分法的認識から抜け出すことは容易ではなかった。

この見取り図において、感染症をめぐる国際法でも、「欧州内」の関係のあり方と、「欧州と外部」との関係のあり方が合意形成の要となっていた。そして、「欧州内」の関係では、列強間での協調が醸成されていた。その背後には、三国協商に象徴される外交的緊張の緩和と、疫学などの進歩による科学面での意見対立の解消があった。一方、「欧州と外部」の関係については、「脅威に晒される欧州」が基本構図であった。当時、ナイロビのペストとフィリピンのコレラの大発生で多数の犠牲者がうまれ、このような感染症から欧州を再び「防衛」すべきとの意識が高まっていた。また、1894年のペスト菌発見や、感染におけるねずみの媒介の役割の理解から科学的知識が得られたので、国際規範の中にこれらを組み込む必要が生じた。以上のことから、国際衛生会議の開催と、前世紀の国際衛生条約の見直しがあらためて求められた[*4]。

このような背景において、20世紀初の国際衛生会議（第11回会議）は、イタリアの提案で、1903年12月にパリで開催された。この会議には24カ国の代表が参加した。第11回会議の成果は1903年「国際衛生条約」（1903年条約[*5]）の成立に結びついた。同条約は、1890年代に作成・採択された四つの国際衛生条約[*6]を実質的に改定するとともに、新たな単一の国際文書に統合するものとなった。

第3節　1903年「国際衛生条約」

1　構成と目的

1903年条約の本文は第1編「総則規定」[*7]、第2編「欧州外に位置する諸国に適用する特別規定」[*8]、第3編「巡礼に特別適用される規定」[*9]、第4編「監視と執行」[*10]、第5編「黄熱」[*11]、第6編「加盟・批准」[*12]から構成されている。また同条約には第1－第3附属書が付されている。

1903年条約は欧州（中でも列強）の関心と利益の支配のもと形成され[*13]、その目的の主眼は、中東・アジアからの感染症の流入の防止・対応に置かれた。ノーマン・ハワード－ジョーンズ（Norman Howard-Jones）は、国際保健機関の設立に至るまでの当時の経緯や議論をまとめた上、関係国の当時の真意を次のように記している。[*14]

「国際保健機関の」設立に係るこれらすべての努力が黙示のうちに意味したのは、世界の人々の健康の全般的改善という願いではなく、より好ましい（特に欧州の）国民を、より好まざる（特に東方の）人々がもたらす感染から保護したいという願望であった。

このような「願望」は、1903年条約の中にも埋め込まれている。まず、同条約の条約感染症は、欧州圏外由来の感染症と見られ、欧州を苦しめたペストとコレラに限られた。黄熱に関しては、蚊がその媒介であるとの科学的知見を考慮し、関連規則を変更するよう推奨する条文が加えられている。[*15]もっともこのことは、第11回会議で黄熱に関心が本格的に向けられたことを示唆するものではなく、本条文の挿入も「リップサービス」[*16]程度に過ぎない。そして、欧州自身が歴史的に付き合ってきた感染症は、条約感染症には含まれなかった。

また、1903年条約の構成からも、「欧州防衛」という目的を確認できる。全6編中、第2編から第4編のほとんどの条文は、非欧州圏の事柄・場所に特化した取り決めである。[*17]第2編の欧州外に位置する諸国に適用する特別規定では、海路と陸路からの到着にそれぞれ措置を分け、特に前者についてはこれを詳細に定めている。また同条約はメッカ巡礼に相当な注意を払っているが、第3編がこれに該当する規則である。巡礼船の出港前・通航中の措置や紅海に巡礼者が到着した場合にとられる措置、帰国する巡礼者のための措置などが定められている。[*18]そのうちの一例だが、南方からヒジャーズに向かう巡礼船はすべて、カマラン島の衛生局で停泊しなければならない。そこで行われる医療検査でたとえ非感染であることが確認されても、巡礼者は一旦上陸してシャワーや海水で身体を洗い、保健管理当局が疑わしいと考える衣服や荷物などは消毒される。この過程で、現実の、あるいは疑わしい事例が発見されなければ、巡礼者は直ちに乗船し、船舶はヒジャーズに向かわなければならない。[*19]これは、総則規定にある「非感染の船舶」に対する一般措置より厳しい要求である。[*20]

さらに1903年条約は、非欧州圏の事柄に関する規則の実施を確保するための特別な仕組みを用意している。これは、1894年国際衛生条約から引き継がれたものである。まず、巡礼者に関する規定についてだが、船長が同条約の規定に違反した場合、その個人に罰金が科される。[*21]金額は、健康証明書などの必要書面不所持の航行、医師の乗船がない船舶における定数以上の巡礼者の乗船、到着港以外での巡礼者の下船といった違反の態様に応じて定められている。なお、水・食糧や燃料の配給といった船長が負う義務の不履行についての罰金は、その不履行によって損害を受けた被害者たる巡礼者の利益となるよう徴収される。

次に、トルコの港については、執行手続・準司法的組織についての定めがある。[*22] その寄港・到着港の保健当局が規則違反を発見した場合、それについての報告書を作成して旗国の領事館員に複写を送付しなければならない。領事館員は罰金の一時的な預かりを確認するが、それは「領事委員会」の審判をもって確定する。領事委員会とは、領事団によって毎年任命され、準司法的働きをなす組織である。具体的には、衛生当局と船長の供述の間に矛盾がある場合、それについて審判を下す。保健省は、検察官として行動する代理人を立てることができる。利害国の領事は必ず召喚され、投票権を持つ。

2 通告・情報共有と措置

1903年条約は、締約国が通告・情報共有を相互に行う義務を定める。その背景には、疫学的情報を国際的に共有する重要性が認識されてきた時代性があった。同条約第1編第1章は、その領域内で感染症の真正な事例が初めて発生したときに締約国がなすべき行為を定めている。まず、外交使節あるいは電信を使い、その事実を即時に他国に通告しなければならない。[*23] また、発生地域や発生日時、発生源、事例数・死者数、適用された措置などの情報も、通告と併せ、あるいは可能な限り迅速に別途伝えなければならない。[*24] さらに、それ以降の進捗状況についても、定期的に連絡しなければならない。加えて、同条約は、感染国・地域から来た者に対して措置を講じた締約国に、その撤回や変更を含め公表する義務を課している。[*25]

次に、1903年条約で定められた一般的措置の内容であるが、国家への感染症の侵入口となる港や国境、つまり、水際での検疫を中心とした措置の標準化が図られている。検疫規制の対象となるのは、船舶、人、商品、荷物、その他の物品である。また締約国には、コレラ感染者の上陸・隔離、船舶の医療検査、物品の消毒、コレラの感染があった船舶の場所の消毒、汚水・汚物放出前の消毒などを措置として講ずることが認められる。さらに同条約は、「感染した」船舶と「疑わしい」船舶、「感染していない」船舶の3種に分類し、それぞれの類型に応じた対処法を詳しく定めている。[*26] 例えば、感染した船舶については、医療検査や患者の上陸と隔離、患者以外の者の上陸と監視などの措置の対象となる。[*27] 加えて、疫学とペスト解明の進歩を受け、国際衛生条約では初めて、ねずみに対する処置などが明記された。[*28]

以上の措置に対し、1903年条約は、締約国の行為が過剰とならないよう、あるいは、とられる措置が保護主義に過度に傾斜しないよう制約をかける。例えば、締約国の感染発生事例の報告が1件のみの場合、措置の適用は正当化されない。[*29] また措置の適用は、感染地域からの到着者のみに限定される。[*30] イェルサン、北里、スノウ、コッホといった科学者の貢献を基礎とした疫学の進歩から学び、商品そのものは基本的にペストやコレラの感染経路とならないことが明示され、[*31] 商品の内容に応じた消毒の必要の有無などの子細が規定された。[*32] さらに、検査などの措置を拒否する船舶には出港の自由が認められる。[*33] 感染地域から来た船舶が既に他国で有効な措置の対象となった場合、以降の同様の措置からは免除される。[*34]

3 組織・機能

１９０３年条約は、19世紀から続く国際衛生条約では初めて、公衆衛生国際事務局（ＯＩＨＰ：*Office International d'Hygiène Publique*）の設立を公式に規定した。[*35] ただし、同条約によってＯＩＨＰが設立されたわけではなく、あくまでその意思が合意として示されたに過ぎない。そこで、フランス政府が妥当な時期を判断し、設立をあらためて提議するという段取りが定められた。[*36]

１９０３年条約第３附属書はＯＩＨＰ設立の大筋を定めた文書であり、所在地や義務、財源などを記している。また、感染症に関する情報収集がＯＩＨＰの任務であり、各国の公衆衛生当局よりそれを受け取ることが定められている。さらに、ＯＩＨＰは定期的に報告を政府に送ることで、これを共有することも求められている。この背景には、国際的な監視と集約的情報システムの確立により、感染症への措置が効率的に働くとの期待があった。[*37] そこで、フランスがこの機関の創設を求めるに至ったのである。国際機関の設立における、当時のフランスの主導性がここに垣間見られる。

同条約は20カ国によって署名され、１９０７年までに16カ国が批准した。[*38] なお、同条約の手続面での特徴であるが、署名国による国内法の公布をもって効力を発する。[*39]

第4節　1907年「公衆衛生国際事務局のパリにおける設立に関する国際協定」

1903年条約採択から4年後の1907年、12カ国の政府代表がローマに集った。1903年条約第181条と第3附属書に従い、フランス政府が用意した草案に基づいて、OIHPの設立のための基本法となる1907年「公衆衛生国際事務局のパリにおける設立に関する国際協定」（ローマ協定）[*40]が採択された[*41]。

ローマ協定の本文は8カ条から構成されるが、16カ条から成る附属書が組織法に相当する。これによると、OIHPはパリに置かれ[*42]、フランスからの独立が保障される[*43]。これは、フランスの影響力を形式面から制御しようとするものである。OIHPは、政府代表者から成る委員会の監督と権限の下で活動する[*44]。組織の主な目的は、公衆衛生と感染症、防止措置に関する情報を収集し、これを締約国と共有することである[*45]。また、国際衛生条約の規定変更を提案するという、準立法的機能に接近した権限もOIHPには認められる[*46]。

ローマ協定は、通告・情報共有について、締約国とOIHP双方がなすべきことを定める。まず各国政府は、国際衛生条約の実施に向けとられた措置について、OIHPに通告しなければならない。また、OIHP委員会によって収集された情報は、官報などによって参加国に共有される。これは、少なくとも月に1回刊行される。その内容は、感染症に関わる国内法・規則、感染症の状態に関する情報、とられた措置、公衆衛生に関する統計、出版に関する連絡を含む[*47]。

1907年12月、ローマ協定への12カ国の署名により、OIHPが正式に設立を迎えた。OIHPよりも5年早く汎米衛生局（PASB：Pan American Sanitary Bureau）が設立されていたが、これは地域機関であり、米州で機能するものであった。[*48] ちなみに当該地域からは、米国とブラジルがローマ協定交渉の会議に参加した。

第5節　1912年「国際衛生条約」

1　構成と目的

新たなパンデミックに対処するため、1911年から翌年にかけ、第12回国際衛生会議（第12回会議）がパリで開催された。この会議には中南米諸国や中国、タイを含む40カ国以上の代表が集い、参加国の総数は以前の約2倍に飛躍した。理由の1つは、感染症に関する国際行動を調整する役割を任されたOIHPへの期待であった。[*49] この会議では、OIHPの準立法的な機能がその姿を見せ始めた。改定案を用意したのはOIHPであり、会議ではそれを足がかりに議論がなされ、[*50] 1912年「国際衛生条約」（1912年条約）の制定が図られた。また、新たに見えてきた対処法も、国際規範に織り込む必要が生じた。例えば、ペストの感染拡大におけるねずみの役割の解明は一層進んでいた。このような科学の進歩と経験の蓄積が、国際規則の改定を促す動機となった。外交官のみならず著名な科学者や専門家が会議の参加者に含まれていたように、諸国は概して、新条約を通じて得られる感染症対策の実益に関心を寄せていた。

このような背景で形成された1912年条約の本文は、第1編「総則規定」[*51]、第2編「東方と極東諸国に適用する特別規定」[*52]、第3編「巡礼に特別適用される規定」[*53]、第4編「監視と執行」[*54]、第5編「加盟・批准」[*55]から成る。

1912年条約は1903年条約の構成を踏襲しているが、黄熱を扱った単独の部はない。それは、感染症に関する新たな知識・情報の刷新に伴い、黄熱が条約感染症の一つに正式に追加され、他と同等に扱われるようになったからである。もっとも、黄熱も、ペストやコレラと同様、非欧州的な感染症と見られていた。したがって、条約感染症に黄熱が加えられたとて、欧州の防衛という図式は、1903年条約のそれと本質的には変わらなかった。

2　通告・情報共有と措置

通告・情報共有の義務については、1903年条約より変更があった。まず、条約感染症に黄熱が加わったことで、この義務の対象も自動的に拡張した。また、即時の通告を求める場面も増えた。領域内における伝染病の初の真正な事例だけでなく、感染が既に見られる地域外で発生した同様の事例についても、他国に即時に通告しなければならない[*56]。さらに、感染領域の範囲の情報も提供しなければならない[*57]。通告はこれで終わらず、少なくとも週に一度の連絡が継続されなければならない。この連絡は、感染症拡大予防の見地から警戒を促すものであり、適用された措置の内容（検査や隔離、消毒など）を明示しなければならない[*58]。

1912年条約では新たな措置として、黄熱への対処[*59]や船舶での6カ月ごとのねずみ駆除の推奨[*60]などが追加された。最も注目すべきは、検疫といった従来の措置の他、感染症発生地にある出発港での予防措置が追記された点である。[*61]具体的には、「感染した港での出港上の措置」が総則規定の第3節に組み込まれた。これにより、欧州圏内であっても、入港のみならず出港でも、病状のある者の乗船阻止といった予防措置が要求される。[*62]これに対応し、他国からの到着時の処遇においては、感染症の拡散予防のためにその国が講じた措置を考慮することが推奨される。[*63]また、その他の規定を通じ、入港時の措置や船舶・旅行者の負担が全体的に軽減された。[*64]出港地での措置を条約に導入したことは、感染症拡大防止にかかる国際的戦略の転換（受入側での措置から感染症発生地での措置への重心の移動）と位置付けられる。これは、水際で実施される措置が、かつて信じられていたほど有効ではないと強く主張された第12回会議の反映である。コレラとペストの予防において、最も効果的な方法は、感染症発生の中心地における措置であるとの認識が共有されるようになった。[*65]なお、１９１２年条約で規定された措置は、締約国がとり得る最大限の行為である。

１９１２年条約は、第12回会議に参加した全国家により署名された。だがそれは、国家相互の不信感が高まった第一次世界大戦勃発の2年前のことであった。ＯＩＨＰなどの度重なる呼びかけにも拘らず、結局、１９１２年条約への批准国数は少数にとどまり、同条約が発効したのは戦後の１９２０年のことだった。

第2章　註——

(1) International Sanitary Convention, signed at Paris, 17 January 1912.

(2) Stockholm Convention on Persistent Organic Pollutants. UN Treaty Registration Number 40214.

(3) 黄熱の歴史については主に次を参照。J. Erin Staples and Thomas P. Monath, "Yellow Fever: 100 Years of Discovery," *JAMA*, 300: 8 (2008), pp. 960-962. サンドラ・ヘンペル『ビジュアル　パンデミック・マップ：伝染病の起源・拡大・根絶の歴史』日経ナショナルジオグラフィック社、2020年、150–158頁。

(4) 以上の背景については次を参照。Oleg P. Schepin and Waldemar V. Yermakov, *International Quarantine* (International Universities Press, 1991), pp. 171-172 and p.181. Simon Carvalho and Mark Zacher, "The International Health Regulations in Historical Perspective" in A. Price-Smith (ed), *Plagues and Politics: Infectious Disease and International Policy* (Palgrave Macmillan, 2001), p. 240.

(5) International Sanitary Convention, signed at Paris, 3 December 1903.

(6) 本書第1章第4節参照。

(7) 1903年条約第1条–第45条。

(8) 同第46条–第85条。

(9) 同第86条–第161条。

(10) 同第162条–第181条。

(11) 同第182条。

(12) 同第183条–第184条。

(13) Hugh S. Cumming, "The International Sanitary Conference," *American Journal of Public Health*, 16:10 (1926), p. 976.

(14) Norman Howard-Jones, "Origins of International Health Work," *British Medical Journal*, (May 1950), p. 1035.

(15) 1903年条約第182条。

(16) Norman Howard-Jones, *The scientific background of the International Sanitary Conferences* (WHO, 1975), p. 85.

(17) なお、第1附属書と第2附属書も非欧州圏に関する事項である。

(18) 1903年条約第96条–第150条。

(19) 同第125条、第126条。

(20) 原則、感染していない船舶には直ちに通航許可が与えられる。1903年条約第23条、第28条。

(21) 1903年条約第151条－第161条。
(22) 同第160条、第173条、第174条。
(23) 同第1条、第3条。
(24) 同第2条。
(25) 同第10条。
(26) 同第20条。
(27) 同第21条、第26条。
(28) 1903年条約の総則規定においては第15条、第21条－第24条。
(29) 1903年条約第7条。
(30) 同第8条。
(31) 同第11条。
(32) 同第12条－第19条。
(33) 同第31条。
(34) 同第32条。船舶に対する措置の抑止は、1903年条約の関心が感染症の流入・拡散防止だけではなく、不条理な処遇からの船舶の救済にもあったことに由来する。Schepin and Yermakov, *op.cit.*, p. 179.
(35) もっとも、このような組織の設立の試みは、既に1874年の第4回国際衛生会議でなされていた。Neville M. Goodman, *International Health Organizations and Their Work* (Churchill Livingstone, 1971), p. 59.
(36) 1903年条約第181条。
(37) Howard-Jones, *op.cit.*, *The scientific background*, p. 80.
(38) 19世紀の国際衛生条約との関係についてだが、1903年条約は、1892年・1893年・1894年・1897年国際衛生条約に優先して適用される。ただし、1903年条約に批准・加入していない国家においては、かつての条約の効力は維持される。1903年条約第184条。
(39) 同条。オーストリア＝ハンガリー帝国、スペイン、ポルトガルは各国の議会で否決されるなどして加入しなかった。ギリシャとセルビア、オスマン帝国、アルゼンチン、ノルウェー、スウェーデンは署名しなかった。
(40) International Agreement for the Creation in Paris of an International Office of Public Health, signed at Rome, 9 December 1907.
(41) 以上の背景については次を参照。Goodman, *op.cit.*, pp. 84-87.

(42) ローマ協定第1条。

(43) ローマ協定附属書第2条。

(44) ローマ協定第2条。

(45) ローマ協定附属書第4条。

(46) 同第5条。

(47) 同第9条、第10条。

(48) 本書第6章第1節参照。

(49) Schepin and Yermakov, *op.cit.*, pp. 185-188.

(50) OIHPは、国際衛生条約の修正について提案する権限を有する。ローマ協定附属書第5条。

(51) 1912年条約第1条–第53条。

(52) 同第54条–第83条。

(53) 同第84条–第152条。

(54) 同第153条–第158条。

(55) 同第159条、第160条。

(56) 同第1条。

(57) 同第2条。

(58) 同第4条。

(59) 同第30条–第33条。

(60) 同第26条。

(61) Carvalho and Zacher, *op.cit.*, p. 242.

(62) 1912年条約第10条。

(63) 同第44条。

(64) Carvalho and Zacher, *op.cit.*, p. 242.

(65) Schepin and Yermakov, *op.cit.*, pp.190-191.

第3章

1920年代——欧州から世界へ

第1節　チフスと天然痘

1　（発疹）チフス

第1章と第2章で述べたように、１９１０年代までの国際衛生条約が対象としていたのは「アジア型の病」であった。それは、東方（中東・アジア）の脅威からの「防衛」という構図を基調に組み立てられたものだった。しかし、１９２０年代になると、欧州にとっては歴史的に「内側にあった病」と認識されてきたチフスと天然痘が、国際衛生条約の中に取り入れられた。そこで、本章ではまず、この二つの感染症について概観しておく。

まず、チフスからである。チフスは、腸チフス、パラチフス、発疹チフスの3種類に分類され、その症状や感染経路は異なる。本書で扱うチフスとは発疹チフスのことである。チフスはシラミを媒介害虫とする感染症で、感染すると突然の高熱、頭痛、悪寒に襲われ、喉の痛みや筋肉痛が伴うこともある。やがて手のひらや足の裏を除いた全身に発疹が拡がることが、この感染症の特徴である。現在では抗生物質の投与が一般的な治療だが、治療法が確立していなかった19世紀には医者もなす術なく、患者は10日ほどで死に至った。

人類がチフスという病に対しはっきりと認識を深めたのは、１４９０年代以降である。チフスはもともとセルビアとロシアの風土病であったが、戦争や避難民の移動の波に乗ってその脅威が拡張した。１６２９年にはニューイングランド地方で入植者と先住民を襲い、そこから２００年の月日を費やしながら徐々に東へその勢力を伸ばしていく。日本でも、1914年には7000人を超えるチフス患者が確認されていた。第二次世界大戦時には増加したものの、それ以降は減少し、現在では感染の発生はごくわずかである。[*1]

イタリア人医師ジロラモ・フラカストロ（Girolamo Fracastoro）など数々の研究者がチフスの解明を進めた。その体系的かつ本格的研究に初めて取り組んだシャルル・ジュール・アンリ・ニコル（Charles Jules Henri Nicolle）は、チフス患者があふれかえった病院内で受付担当者や医師だけではなく、洗濯に従事する者までもが感染している事実に着目した。また、身体中の毛を剃り、清潔にしたチフス患者が他者に感染させることが少ないことに気づいた。患者に衛生的処置を施すことで「感染原因の何か」が消えたと彼は推論し、その答えがシラミであることを突き止めた。それが媒介害虫であることを学会で報告すると、チフスの研究がさらに進展した。媒介害虫が明らかになったことから、それを排除するための予防措置が普及した。シャワーに入ってよく体を洗い、清潔にする。体毛はできるだけ剃って、衣服にシラミが寄り付かないようにする。このようなことが推奨され実行されると、感染はやがて収束へと向かった。[*2]

第二次世界大戦中、チフス予防として強力な殺虫剤であるDDT（ジクロロジフェニルトリクロロエタン）が使用され、それが直接人体に振り撒かれることもあった。しかし、その殺傷能力が人間にも及ぶことが分かり、現在は世界で使用が禁止されている。媒介害虫がシラミであることからも分かるように、チフスは衛生状態や栄養状態によって感染リスクが変動する。そのため、米国や中南米、インド、パキスタンなどでは今でもチフスの感染者が見つかっている。[*3]

2　天然痘

天然痘とは空気感染と接触感染（呼吸器経由や患者の発疹から出た膿による）によって伝染し、天然痘ウイルスが体内に侵入することによって引き起こされる病である。天然痘ウイルスが自然宿主とするのは人間だけであり、動物が媒介することはない。人の免疫機能は侵入者であるウイルスを除去しようと働く。しかし天然痘の場合、それが過剰に機能するため死に至る。潜伏期間は7日から16日で、感染すると高熱や寒気などの風邪に似た症状が現れる。それから2、3日経つと、頭から足まで腫物に覆われ、その痛みは患者が寝返りを打つたびに悲鳴をあげるほどである。また、角膜を損傷することがある。致死率の高さに加え、その跡は生涯消えることがないことから、欧州では「まだらの怪物」と呼ばれた。天然痘が実際に確認された最古の人体資料は、紀元前1157年に死亡したと見られるエジプトのミイラである。このミイラはラムセス5世であると文献には記されており、天然痘に感染したと思われる跡が確認されている。この病は後に、イスラム勢力の拡大によって北アフリカとイベリア半島にも拡がることになる。[*4]

韓国・中国との交易によって、天然痘は8世紀には日本に持ち込まれた。戦国大名の「独眼竜」伊達政宗も幼年期にこの病を患い、右目を失明した。江戸時代にも流行したが、回復しても傷跡が残ることから、「見た目が悪くなる病気」として忌み嫌われていた。天然痘の原因が解明されず、療法やワクチンが確立されていない当時、赤色に関係したものが天然痘除けに繋がると人々は信じていた。その考えの源流は欧州にあったようだが、日本にも伝わった。会津地方の「赤べこ」が、その名残のようだ。

天然痘は、欧州にとっても歴史的に馴染み深い感染症である。16世紀から18世紀にかけて欧州で流行した際、各国の王室もこの病から逃れることができず、何人もの人々がこれに倒れた。また欧州が震源となり、侵略や探検、交易とともにアメリカ大陸やアジア、アフリカに拡散した。例えば、十字軍によって欧州の奥深くまで天然痘ウイルスが運び込まれ、ポルトガル住民を通じて西アフリカに拡がった。16世紀に入ると、天然痘は奴隷貿易によってカリブ海地域と中南米に、17世紀には北米に伝搬された。18世紀、英国人探検家が豪州に到着した翌年のことであるが、アボリジニのある集団はわずか1カ月で壊滅した。「欧州由来」の天然痘は「新大陸」の人々にとって全く免疫のない感染症であったため、感染は瞬時に拡がった。[*5]

人類の天然痘への挑戦を語る上で、エドワード・ジェンナー（**Edward Jenner**）の働きは外せない。天然痘の予防方法として、アジアやアフリカでは人痘が実施されていた。人痘とは、天然痘を患った患者のうち症状の軽い者の腫物からウイルスを含んだ膿を取り出し、健康な人の体内に接種させることで天然痘の抗体を作り出す方法である。しかし、この方法には大きな欠点があった。成功すれば微熱程度で回復するが、そのまま悪化し続けると2％から4％の割合で死に至る。命を天秤にかけるにはリスクの比率が高かったため、策として有効ではなかった。しかし、１７９６年、ジェンナーの手によってはるかに安全な療法が発見された。鍵となったのは牛痘だった。牛痘とは、牛痘ウイルス感染を原因とする感染症だが、その症状や後遺症は軽い。ジェンナーが育った地域では、牛痘に感染すれば天然痘には感染しないということが経験的に知られていた。そこで、牛痘による免疫獲得という仮説を立てたジェンナーは、庭師の息子である8歳の少年に牛痘を接種し、その後に天然痘を数回にわたり接種する実験で実用性を確認し、１７９８年にその結果を公表した。彼の研究成果はしばらく懐疑的に受けとめられたが、天然痘の大流行時にその手法は絶大な効果を発揮し、世に知れ渡るようになった。[*6]これが、天然痘ワクチンの誕生であった。

天然痘ワクチンが開発されて以降、感染者数は激減した。だが、開発当初のワクチンは常温では２、３日ともたないため、遠方に輸送することができなかった。また、第一次世界大戦による世界の混乱も、天然痘への国際的対応を遅らせた。しかし、１９６０年代の天然痘根絶計画により感染者は世界から消え、過去に甚大な被害をもたらした感染症としては人類初の完全根絶に成功した。[*7] ちなみに、日本で最後の天然痘患者が確認されたのは１９５６年であった。

第２節　背景と経緯

第一次世界大戦中、感染症をめぐる国際法は停滞したが、戦後になるとかつての国際衛生条約から歩み出し、チフスと天然痘をその射程に入れるのであった。その背景には、国際体制や感染症の世界的状況の変容、疫学の進歩などがあった。まず、第一次世界大戦後の国際体制だが、グローバル化が進行する潮流において、国家間の相互依存や地域間の相互作用が格段に高まった。そのため、世界規模の構造を有する国際体制の姿がより顕著となっていた。一方、欧州内では帝国が破綻して解体・細分化が進み、新しい国家群が登場した。戦後の世界は地図を書き換えるほど様変わりし、戦前の国際衛生会議参加国や国際衛生条約締約国の一部はもはや消滅していた。これに代わり、やがて国際政治の主軸の一つとなるソ連が１９２２年に正式に誕生した。この時代を支えたのはヴェルサイユ体制だが、その目的の一部は、ソ連・社会主義勢力拡大の防止であった。

欧州圏外の主体については、米国が欧州の債権者という立場になり、いよいよ覇権的足場を固めた。日本も、日露戦争での勝利と日英同盟によるアジアでの優位性により、国際社会での存在感を高めていた。ところで、近・現代移行期における国際体制の変動は地域の伝統的産業を破綻に追い込んだが、これにより、歴史的規模（数）で移民が発生する兆候があった。東欧・南欧で経済基盤を失った多数の労働者の米国への移動は、19世紀後半より既に目立っていたのである。

この頃の感染症事情であるが、ペストやコレラ、黄熱、インフルエンザが世界各地で猛威を振るっていた。第一次世界大戦下で衛生・経済・食糧事情が悪化したロシアでは、チフスが拡がった。チフスは、内戦やロシア革命に追いやられて移動した人々によって戦後の東欧に運ばれ、特にポーランドで流行した。西欧諸国はこれを脅威と感じた。一方、この時代の科学・医学の発展は国際関係にも影響を及ぼしたが、感染症をめぐる国際法も例外ではなかった。例えば、チフスの制御の文脈では、感染経路におけるシラミの役割が明らかになっていた。またシラミ駆虫の経験などに照らし合わせると、1912年「国際衛生条約」（1912年条約）の特定の規定が最新の科学データと矛盾していることも判明した。

ヴェルサイユ体制統括の役割を想定し、国際連盟が正式に発足したのはこの時代だった。国際連盟は国際の平和と安全保障を目的とした史上初の国際機関であったが、その規約第23条（f）には、「疾病の予防及び撲滅のため、国際利害関係事項に付き措置をとるに力むべし」との規定が置かれた。これに基づき、1920年5月、疫学委員会が設立された。その目的は、感染病の影響を受けた国々の公衆衛生機関への支援を調整し、資金や医療品を提供することであった。後述するが、国際連盟との関係は1926年「国際衛生条約」（1926年条約）

に明記された。

第３節　１９２６年「国際衛生条約」

「完全に時代おくれで現代的理論の全般と合致しない」[8]――それが、１９１２年条約に対する第一次世界大戦後の一般的評価であった。そこで、ドイツのフランス占領が終了すると、公衆衛生国際事務局（ＯＩＨＰ：*Office International d'Hygiène Publique*）が活動を再開し、条約改定の提案の準備に取りかかった。また、１９２６年5月から7月にかけ、第13回国際衛生会議（第13回会議）がパリで開催された。ヴェルサイユ体制が安定期にあったこともあり、国際協調の気運が高まる中、50カ国以上の代表が参加した。欧州圏と非欧州圏の参加国の割合はほぼ半々となった。科学・技術面に関心を持つ公衆衛生の専門家と課題に精通した外交官が多数参加したのも、この会議の一つの特徴であった。[9]

第13回会議は、革命後のソ連にとって、衛生外交の本格デビューの舞台となった。[10] ソ連は第13回会議において、科学的理解と技術的利害の一致を通じ、その限りにおいて他国との関係を築いた。ソ連は、会議前年には１９１2年条約と１９０７年「公衆衛生国際事務局のパリにおける設立に関する国際協定」（ローマ協定）に加入し、国内法の整備も進めていた。国境を越えて侵入する感染症から国家を保護し、広大な領土において条約を画一的に実施することにソ連は関心があった。国内対策は国外での感染症拡大の速度や周辺国の検疫政策に左右されることであり、ソ連は国際社会で孤立するわけにはいかなかった。また、ロシア革命は、国内の医療制度をトップダウン式の階層制度に変え、全民医療システムの成功は外交での「売り」となっていた。ソ連の指導者たちが、健康を外交の一部に位置付け、保健の知識を交換することにより、多数の国と二国間関係を築こうとした時でもあった。[*11] そのようなソ連に対し、第13回会議当初、他国は敵愾心すら隠そうとしなかった。しかし、ソ連代表団の一員が会議事務局の役職選挙で当選を果たすと、舞台裏の交渉や議事運営に精通することで自国が不利とならないように対処できるようになった。最終的に、貿易に過度に負担となる措置の撤回といった目標では、ソ連が望んだ結果は達成された。[*12]

第13回会議には、国際政治における米国の存在感とそれに対する英国の立場が投影されていた。[*13] 米国と米州地域諸国が求めた特定の衛生措置を支持したのは、なにも日本や英国植民地だけではなかった。英国もまた、自国のそれまでの立場を変え、米国の提案を繰り返し支持するようになった。日本と米国に牽引されつつ、アジアと米州の諸国も独自に主張を押し出すようになった。国際連盟加盟国のある一団は、日本の主張と支持の下、アジアにおける国際連盟の衛生政策に影響を与えた。また米国も、地域的な合意や慣行が国際会議で検討されることを期待し、米州の主張を前面に打ち出した。[*14] ちなみに、米国代表は、会議の使用言語と条約の正文に英語が追加されるべきであるとも主張した。[*15]

1926年条約の本文は、予備規定と全5編、全172カ条から成る。冒頭の予備規定では、「観察」(observation：船上や衛生施設での隔離)や監視(surveillance：医療検査などのための保健当局への報告)といった用語が定義されている。[*16] その後、第1編「総則規定」[*17]、第2編「スエズ運河と周辺国のための特別規定」[*18]、第3編「巡礼に特別適用する規定」[19]、第4編「監視と執行」[20]、第5編「最終条項」[21]と続く。

1926年条約でまず見るべきは、その目的である。それは、国際衛生条約が、欧州中心性から脱して普遍性に向かい出す姿勢を示すものでもあった。顕著なのは、OIHP常任委員会での度重なる事前議論やソ連の主張に基づき[22]、チフスと天然痘が条約指定の感染症に加えられた点である。この2種は、欧州内でもその存在が歴史的に長く確認されていた。なお、欧州だけでなく世界で猛威をふるったインフルエンザを同条約の対象に含めるべきとの議論もあった。しかし、これに対する国際的な検疫措置は実行不能という理由で、同条約から外された[23]。

米国や日本といった欧州圏外の主体が同条約作成過程で影響力を発揮し、また国際連盟が登場したこともあり、1926年条約では欧州中心的性格が比較的希薄となった。例えば、国際連盟などが提供する疫学情報から得られる利益を勘案し、OIHPには、国際連盟保健委員会や汎米衛生局（PASB：Pan American Sanitary Bureau）などと必要な調整を行う権限が与えられている[24]。このように、同条約の機関であるOIHPと、国際連盟や欧州圏外の地域組織といった外部との関係性が明文で示された。

しかし以上のことは、1926年条約が普遍化の方向に歩みだしたことを示唆するのであって、これに到達したという意味ではない[25]。実際、「脅威に晒される欧州」の防衛という基本構図は、同条約でも実質的に堅持されている。同条約本文の欧州外地域に関する特別規定や第1附属書・第2附属書（欧州外地域に関する内容）の形式は、1912年条約から継承されている。その内容も、一般基準とは異なる特別基準（巡礼に対する相当な注意とより厳格な処遇など）が設定され、1903年「国際衛生条約」と1912年条約から、その基本的性格を変えていない。そのためか、欧州中心的性格の上に構築された規範への合意を避ける動きもあった。例えば、自国内の感染症の通告[26]について、日本を含むアジア諸国は、その地理的特殊性などを理由にこれを留保している。

次に、情報共有の義務についてである。1912年条約が指定した3種の感染症にチフスと天然痘が加わったことで対象は拡張したが、当事国間に課される義務の内容に大幅な変更はない。だが、新たな要素も追加された。それが、情報共有の営みへのOIHPの関与、即ち、情報管理のシステム化である。締約国は、他の締約国政府のみならず、OIHPに対しても、指定された感染症の発生事例や関連情報、必要な措置などについて通告しなければならない。[*27] また、通告・情報共有以降も、定期的にOIHPに連絡しなければならない。これは、他国に感染状況の変化を知らせ続けるためである。とりわけ、他国への感染症の拡大を防ぐため、出港の際にとられた措置についての情報共有が強調されている。[*28] さらに締約国は、OIHPが感染症について情報提供を求めた場合、これに応じることとなっている。[*29] 一方、OIHPは、パリ駐在のすべての在外公館と、各国の主要公衆衛生機関に対し、感染症発生などの通告を直ちに伝達しなければならない。なお、OIHPと締約国政府が通信手段として用いる電報には、1875年「万国電信条約」上の「国家の電信」としての優位な地位が認められる。[*30] このことは、感染症・疫学に関する通信の外交的価値が高まったことを意味する。

1926年条約における措置のあり方だが、貿易・国際取引の保全の意向が強く働いたことから、締約国の港の当局が実施できる検疫や船舶への措置の範囲が一層縮減された。[*31] また、従来の条約でも黙示的に合意されていたことだが、同条約に定められた措置が、港の船舶・乗船者に対して締約国がなし得る上限であることが明文で記された。同条約はまず、自国領域内の港で適用する手続についての決定が締約国の裁量であることを確認する。ただし、それは無制限ではなく、条約が定めた措置の範囲で制約される。[*32]

以上に加え、移民に関する定めが拡張した。[*33] 具体的には、第1編「総則規定」に、「第3節：移民に関する規定」が設けられた。これによれば、移民を送り出す締約国の衛生当局は、出国前に彼らを医療検査にかけなければばならない。[34] また、移民が出国する港・町における十分な保健・衛生行政の用意や、移民船に対する十分なワクチンの供給が推奨される。[35]

1926年6月、国際衛生会議は1926年条約を採択し、当時の大半がこれに正式に署名した。最終的には40カ国以上がこれに加盟した。

第3章　註――

（1）チフスの概要は次を参照。サンドラ・ヘンペル『ビジュアル　パンデミック・マップ：伝染病の起源・拡大・根絶の歴史』日経ナショナルジオグラフィック社、2020年、142頁。小長谷正明『世界史を変えたパンデミック』幻冬舎、2020年、74－75頁。

（2）チフスの研究については次を参照。ウィリー・ハンセン／ジャン・フレネ『細菌と人類：終わりなき攻防の歴史』中央公論新社、2004年、78－83頁。

（3）チフスの歴史については次を参照。詫摩佳代『人類と病：国際政治から見る感染症と健康格差』中央公論新社、2020年、35頁。ハンセン／フレネ、前掲、77－78頁。ヘンペル、前掲、146頁。

（4）天然痘の概要については次を参照。ヘンペル、前掲、70－77頁。小長谷、前掲、138－157頁。

（5）この時代については次を参照。島崎晋『人類は「パンデミック」をどう生き延びたか』青春出版社、2020年、112－113頁。ヘンペル、前掲、72－73頁。

（6）現在の科学では、ジェンナーの種痘発明は、天然痘ウイルスと近縁関係にあるウイルスの感染により、天然痘ウイルスに対しても免疫が獲得されたものと理解されている。ジェンナーについては次を参照。加藤茂孝「天然痘の根絶：人類初の勝利：ラムセス5世からアリ・マオ・マーランまで」『モダンメディア』55（11）、2009年、288－289頁。

（7）本書第8章第1節参照。

（8）League of Nations Health Committee, minutes, quoted in Anne Sealey, "Globalizing the 1926 International Sanitary Convention," *Journal of Global History*, 6:3 (2011), p. 432.

（9）Hugh S. Cumming, "The International Sanitary Conference," *American Journal of Public Health*, 16:10 (1926), pp. 977-978.

（10）これに先立ち、1922年にはワルシャワ会議を地域的主導で主催している。

（11）Anne-Emanuelle Birn and Nikolai Krementsov, "'Socialising' Primary Care? The Soviet Union, WHO and the 1978 Alma-Ata Conference," *BMJ Global Health*, 3: Suppl 3 (2018).

（12）以上の背景全般については次も参照。Oleg P. Schepin and Waldemar V. Yermakov, *International Quarantine* (International Universities Press, 1991), pp. 193-201.

（13）米国は19世紀より国際衛生会議に参加し、また自国の主導で米州の地域体制を確立してきた。本書第6章第1節参照。

（14）Sealey, *op.cit.*, p. 436.

(15) Norman Howard-Jones, *The scientific background of the International Sanitary Conferences* (WHO, 1975), pp. 95-96.
(16) サーベイランスの概念の変化については、本書第８章第２節、第10章第３節参照。
(17) １９２６年条約第１条－第66条。
(18) 同第67条－第90条。
(19) 同第91条－第１６２条。
(20) 同第１６３条－第１６７条。
(21) 同第１６８条－第１７２条。
(22) １９１２年条約がチフスと天然痘を対象としていなかったので、ソ連は１９２２年ワルシャワ会議決議で、将来の国際衛生条約にチフスを含める必要を主張していた。
(23) Howard-Jones, *op.cit.*, p. 97.
(24) １９２６年条約第７条。
(25) Sealey, *op.cit.*, p. 449. David P. Fidler, *International Law and Infectious Diseases* (Oxford University Press, 1999), p. 31.
(26) １９２６年条約第８条。
(27) 同第１条、第２条、第16条。
(28) 同第４条。
(29) 同第５条。
(30) 同第３条。
(31) S. Carvalho and M. Zacher, "The International Health Regulations in Historical Perspective" in A. Price-Smith (ed), *Plagues and Politics: Infectious Disease and International Policy* (Palgrave Macmillan, 2001), p. 242.
(32) １９２６年条約第15条。
(33) １９０３年条約では第21条、１９１２年条約では第49条に、移民・移民船に関する言及があった。
(34) １９２６年条約第21条。
(35) 同第22条、第23条。

第4章

1930年代——海陸から空へ

第1節　空と感染症

1　空の技術発展

古来より、人は交通手段の発達によって移動の速度を上げ、その範囲を拡げてきた。そして、交通手段の発展とパンデミックは歴史上、密接に関連してきた。感染症が拡がる速度や範囲は、まるで人類の移動手段と歩調を合わせるかのようだ。移動手段を持たない時代、ウイルス・細菌や媒介生物の動きは徒歩圏内に収まっていた。しかし、人が馬を使うようになれば陸を疾風の如く、船を漕ぐようになれば大海を悠々と越えて、感染症は移動し、世界に拡がるようになった。世界が空で繋がると、小さな村にひっそりとどまっていた風土病は、いとも簡単に空を飛び、地球の裏側にある大都市に到達できるようになった。かくして空は、陸や海と同様、ウイルスの玄関口となった。中でも現代の航空機は、ウイルスや細菌にとって、最も速く、広く世界中に拡がる手段となっている。

１９０３年には、米国のライト兄弟（Wright Brothers）が人類初の動力飛行の成功を記録した。その6年後の１９０９年には、フランス人のルイ・ブレリオ（Louis Blériot）がドーバー海峡横断を達成した。だが、航空技術が飛躍的に向上したきっかけは、戦争での航空機の使用だった。１９１４年に始まった第一次世界大戦では、ドイツが航空機を兵器として敵の偵察や攻撃に使用した。ドイツ軍がそれで戦いを有利に進めることができたため、各国はこぞって兵器としての航空機（戦闘機）を開発するようになった。

第一次世界大戦が終わると、戦闘機は民間転用され、欧米諸国では民間航空会社が誕生した。民間航空による輸送が一斉に開花し、近隣諸国との定期輸送事業が開設されるなど、民間航空運送事業は躍進した。航空産業の発展に伴い、航空に関する世界的な規則や基準が必要になったことから、空の国際法も整備されるようになり、1944年に結ばれた「国際民間航空条約」（シカゴ条約）[*1]を中軸とした体制が確立した。第二次世界大戦後には航空機の飛行の範囲と速度が格段に向上したが、その転機はジェット機の登場であった。[*2] これにより、1948年から1952年までの間に、国際航空の乗客数は65％増加した。[*3]

2 WHOの対応

いわゆる新興感染症は1990年代に入ってから注目を集めるようになったが、航空機を介して世界的に流行を引き起こす恐れはそれ以前から指摘されていた。当然かもしれない。「長い金属製のシリンダーに詰め込まれて何時間も同じ空気、同じトイレを共有し、肩を触れ合う距離で食事をとる」[*4]のだから。懸念された一例が結核症である。8時間以上のフライトの場合、感染者から前後2列目以内に座っていれば結核感染のリスクが生まれる。かつて、結核に感染した乗客が米国の航空機を使い、ボルティモアからシカゴ、ホノルルへと旅行した事例があった。検査を受けた257人の乗客のうち、結核に感染していた乗客から2列目以内に座っていた4人が陽性反応を示した。[*5]

このようなことから、世界保健機関（WHO：World Health Organization）は、航空における感染症に対処するための国際的な枠組み作りに関与した。WHOの世界保健総会で採択された2005年「国際保健規則」[*6]には、空港が常に、また公衆衛生上の緊急事態発生時に備え、満たさなくてはならない能力が定められている。日常的には、診断・治療を受けられる施設への迅速なアクセスを病気の旅行者に提供しなければならない。また、彼らを適切な医療施設に輸送するための装備や人員も用意していなければならない。緊急事態発生時については、例えば、近隣の医療施設などとの取り決めにより、影響を受けた旅行者に隔離施設や治療を提供できるような体制を整えておくことが求められる[*7]。

WHOは、航空機内での結核の感染拡大の予防を目的に、1998年に『結核と航空機旅行の予防と制御に関するガイドライン』[*8]を作成し、2006年(第2版)、2008年(第3版)と改訂を重ねた。第3版には、乗客・航空会社への助言や、結核の感染が疑われる乗客への対処法などが盛り込まれている。例えば、伝染性が疑われる結核に感染しているものに対しては、民間航空機利用の自制を促している。また航空会社に対しては、機内に手袋やサージカルフェイスマスク、消毒液といった緊急医療用品が十分にあることを確認することなどが推奨されている。航空機に搭乗中の乗客が結核に感染していると疑われる場合、周りに他の乗客がいない場所にその者を移動させ、サージカルフェイスマスクをつけさせるといった具体的な対処法も記されている[*9]。

3　空から撒き散らされる感染症

このような国際的な動きを受け、航空会社もそれぞれに感染予防のための対策をとっている。フライトにおける具体的方針や実施内容は各航空会社により異なるが、ここでは、アラブ首長国連邦のドバイを本拠地とするエミレーツ航空のガイドラインと、それに基づく実践を一例として紹介しよう。同社の客室乗務員は、機内に搭載された緊急医療用品の用途と感染症予防についての訓練を受けている。また特定のエアバスの機体では、機内のトイレとシャワー室の清掃のみに専従する乗務員が1人‐2人乗務する。フライトの搭乗開始前の業務として、指定された渡航国（主にインドやパキスタンなど）への便の場合、客室乗務員は殺菌・殺虫スプレーを機内全体に散布する。客室乗務員は搭乗に際し、乗客をモニターし、体調に異変がある者を発見した場合にはそのことを機長に報告し、機長の判断で搭乗を拒否することができる。

機内にはディスペンサー型の消毒液が装備されており、乗務員や乗客が常時使えるようになっている。また、ビニール手袋が大量に積み込まれている。乗客の身体が接触したものに触れる客室乗務員の業務（食器やブランケット、ヘッドフォンの回収など）では、ビニール手袋着用が必須だからだ。吐瀉物や、排泄物が付着したオムツなどはすべて指定の袋に入れ、飲食物系のゴミ箱とは別の場所に捨てる。ただ、それが機内に大量に付着したような場合、液体を固める凝固パウダーを使い、固形にしてからバイオハザードバッグに入れ、指定の場所に保管する。その後、機内に付着した部分をバイオハザードバッグで覆い、他の乗客に接触しないよう徹底する。その汚染がトイレ内で発生した場合、客室乗務員には、使用不可のステッカーをトイレのドアに貼り、到着までロックしたままにする権限がある。到着後には、体液などが機内に付着した部分を地上係員に伝え、部品と機器の入れ替えや除菌作業を業者に委託する。飛行中に起こる負傷や体調悪化によって血液や唾液などが体外に放出される場合、体液との接触や、その拡散を防ぐ必要がある。具体的には、傷病者に対処する際、客室乗務員は、マスクとビニール手袋を着用し、場合によってはゴーグルやエプロンを装着する。また、消毒液は負傷者に対してのみならず、客室乗務員に体液が付着した場合にはその部分にも使われる。[*10]

航空会社のこのような努力にも拘らず、航空機はウイルスや細菌を降機先に「空輸」し、世界中に撒き散らしてしまう。２００３年の重症急性呼吸器症候群（ＳＡＲＳ：Severe Acute Respiratory Syndrome）流行時[*11]には、香港のとあるホテルに宿泊していた10名以上の感染者が航空機に乗って各地に移動したため、トロント、シンガポール、ベトナムなどにＳＡＲＳが瞬時に拡散した。ＳＡＲＳは空路を通じて短期間で世界に拡まった初の新興感染症であり、これにより、感染症に対する航空の脆弱性が露わになった。[*12]

第２節　背景と経緯

１９３０年代をあえて一言で表現するなら、暗雲漂う時代であろうか。１９２９年9月の米国での株価大暴落から始まった経済恐慌は、資本主義圏のほぼ全域に波及した。とりわけ、米国やドイツ、英国、フランス、日本、植民地への打撃は深刻で、工業生産は大幅に落ち込んだ。主要国が軍事化に傾斜すると、軍拡競争は激しさを増した。アドルフ・ヒトラー（Adolf Hitler）は独裁政権により第三帝国を確立し、ザールの回復を実現すると、再軍備宣言でヴェルサイユ条約の軍備制限条項を破棄した。これにより、ヴェルサイユ体制は破綻に向かった。

かつてない国際経済危機を迎えた各国は保護主義に走り、世界市場の拡大は阻まれた。しかし、既に緊密に結びついた世界で、貿易・人の国際移動が完全停止することなどなかった。そのため、世界規模で拡散しかねない、ある感染症の抑制が求められていた。それは、米州や西アフリカで罹患率が高まっていた黄熱だった。とりわけ懸念されたのは、従来の国際衛生条約が予定していなかった、空路を通じて拡散する感染リスクであった。既述した通り、この時期、航空輸送手段の開発で世界規模の交流が一層密になったのだが、それは同時に、感染経路の新たな拡大も意味した。しかも、航空輸送の主な利点である迅速性は、感染症が空を介し、国から国へとより急速に拡散するリスクを孕むものだった。

そこで諸国は、1903年「国際衛生条約」（1903年条約）から1926年「国際衛生条約」（1926年条約）で構築してきた制度を、空路に援用する必要に迫られた。だが、それは容易ではなかった。海路と陸路を念頭に置いて形成・変容を遂げた措置を空路に直に適用することは、迅速性という航空の利点を削ぐものであった。とりわけ、航空技術の完成度を極めた諸国には到底受け入れられなかった。そのため、空路における措置が新たに策定されるにせよ、それは貿易・人の国際移動を麻痺させるほど厳格であってはならなかった。*13

以上の政治的、経済的、疫学的背景にあって、空路を介した感染症拡散を制御するための適正な措置の準備が進められた。ただし、これまでの国際衛生条約の制定方法とは異なり、国際会議は開催されなかった。国際航空委員会*14との協議を経て公衆衛生国際事務局（OIHP：*Office International d'Hygiène Publique*）が準備した案が、外交ルートを通じて関心を有する各国に送られた。そして1933年4月、ハーグにて、23カ国の全権委任大使が、航空に則した衛生規則の設定を目的とした1933年「航空国際衛生条約」（1933年条約）に署名した。*15

第3節　1933年「航空国際衛生条約」

1　構成

1933年条約は全4部、全67カ条から構成されており、海陸の国際衛生条約と比較してコンパクトである。第1編「総則規定」[*16]から始まり、第2編「一般に適用される衛生規則」[*17]、第3編「特定の感染症に適用される衛生規則」[*18]、第4編「最終条項」[*19]と続く。

1933年条約が対象とする感染症には、1926年条約と同様、チフスと天然痘も含まれる。同条約はこれまでの国際衛生条約とは異なり、空路に特化していることから、海路を主に利用していた巡礼を扱っていない。結果、同条約では、「脅威に晒される欧州」と「脅威をもたらす外部」という構図は後景に退いた。

2　通告・情報共有と措置

1933年条約でも通告義務が定められているが、その内容は、1926年国際衛生条約とは異なる。まず、締約国間での通告ではなく、OIHPなどへの通告の集約とそこを通じた締約国間への共有が図られている。締約国は、自国の衛生飛行場[*20]の一覧を、OIHPあるいは国際航空委員会に通告しなければならない。OIHPと国際航空委員会は、締約国より受理した通告を相互で共有する。

次に、通告すべき内容も、1926年条約とは異なる。同条約は、条約感染症全般の情報の共有を締約国に求めていた。これに対し、1933年条約で要求される通告の内容は、より限定的で特定化されたものである。具体的には、自国にある衛生飛行場の所在と衛生設備、衛生職員に関する情報である。この通告は、他の締約国と共有される。[*21] また病人の降機を望む場合には、航空機の最高責任者は、到着する飛行場への事前通告を可能な限り行わなければならない。[*22]

1933年条約の措置についてだが、まず、国際衛生条約では初めて、指定感染症ごとの潜伏期間（ペスト：6日、コレラ：5日、黄熱：6日、チフス：12日、天然痘：14日）を明示した。[*23] 潜伏期間の情報は、感染症個々に応じた措置の内容に反映されている。また同条約は1926年条約と同様、到着地のみならず出発地における措置を規定している。ペスト、コレラ、チフス、天然痘の感染が見られる地域の空港からの出発では、航空機の洗浄、乗員・乗客の医療検査、感染の兆候がある者・濃厚接触者の排除といった措置がとられる。[*24] 到着の措置については、航空機への負担軽減が図られている。たとえ上記4種の感染症の感染地区所在の飛行場より飛来した航空機であっても、原則、承認された飛行場に着陸することができる。[*25] なお、到着における措置では潜伏期間なども考慮し、これら4種への対応が個々に規定されている。[*26] 黄熱については独立した章がその措置を定める。[*27] 以上の措置全般が締約国のとり得る行為の上限であるという指針は、1926年条約と同様、同条約でも明示されている。[*28]

3 組織・機能

1933年条約は航空に特化・限定した衛生条約でありながら、組織・機能の面では、感染症をめぐる後の国際法に受容される、革新的な改定を行っている。それは次の2点であるが、いずれも、OIHPの新たな機能の追加である。まず、準立法的権限に関するものである。締約国から条約修正の提案がなされた場合、OIHPは、その提案が適当かを検討した上、条約を修正するための議定書を用意することとなった。その後、条文案は、すべての締約国に提出される。締約国は明示によって修正を受諾する。あるいは、12カ月以内に反対の意思表示をしない限り、受諾とみなされる。そして、明示・黙示での受諾が全締約国の3分の2以上の数に達したとき、議定書は発効する。[*29] 締約国の発案を起点とするものの、OIHPが独自で議定書を検討・用意し、しかも、反対する意思を積極的に表明しない限り、定足数を満たした段階で締約国は自動的に拘束される。これは、「コントラクティング・アウト」（contracting out）と呼ばれる規範設定方法の原型と言っていいだろう。[*30]

次に、紛争解決に関する機能である。1933年条約の解釈について締約国間で不一致があった場合、他の手段に訴える前に、OIHP常任委員会[*31]に見解を求めることとなっている。[*32] これもまた、次節で取り上げる1938年「1926年国際衛生条約を修正するための条約」（1938年条約）で具体化され、第二次世界大戦後の国際規範に引き継がれることとなった機能である。

なお、1935年までに、チリ、ブラジル、米国、ボリビアという米州諸国を含む国々が1933年条約を批准したが、総数は10カ国にとどまった。それでもなお、同条約は、航空における感染症管理の国際規則化の歴史に先鞭をつけた価値を持つ。

第4節　1938年「1926年国際衛生条約を修正するための条約」

1926年条約は、感染症のエジプトへの侵入防止に責任を持つ組織として、アレクサンドリアの衛生・海事・検疫委員会と、公衆衛生当局の併存を定めていた。前者は、主に巡礼の交通を対象に、アジア・欧州間で感染症を国際的に管理するための組織として19世紀に設立された。後者は、エジプトの公的組織であった。同国はこの二重体制に不満を抱いていたものの、他国の支持を得られなかった。そこで、1937年「エジプトにおける治外法権撤廃に関するモントルー条約」[*33]で治外法権制度が廃止されると、同国は是正を求め、フランスに第14回国際衛生会議（第14回会議）の開催を要請したのであった。[*34]

以上を背景に制定されたのが1938年条約だが、この名称が示す通り、1926年条約の特定の部や条文の撤廃・修正と新たな条文の追加を定めたものである。また、改定・追加の数と範囲は限られたものである。第14回会議ではエジプトの提案がおおよそ認められ、1938年条約はその結果を体現している。即ち、衛生・海事・検疫委員会が撤廃され、エジプトの公衆衛生当局にその権限が委譲されたのであった。[*35]

ただし1938年条約では、組織・機能の面で重要な改定もなされた。それは、OIHPの権限拡大である。締約国は、OIHP常任委員会に1926年条約の解釈と適用についての技術諮問委員会の地位を与え、これについて締約国間で困難が生じた場合、次の手段に移る前に、常任委員会に意見を求めることとなっている。[*36]条約の解釈・適用に関する常任委員会の権限については既に1933年条約でも定められていたが、1938年条約により空路以外にも拡張されたことになる。

第5節　１９００年代－１９３０年代までの国際衛生条約の性質

次章で述べるように、国際衛生条約は第二次世界大戦中・直後に完結する。ただし、空を網羅する１９３０年代をもって国際衛生条約の実態はほぼ一通り完成し、19世紀に登場したアイディアを統合し発展させた国際規範の総体となった。そこで、１９００年代－１９３０年代の国際衛生条約について、目的、通告・情報共有、措置、組織・機能という項目に整理し、その性質についてまとめることとする。

１　目的――限定性

まず、国際衛生条約の目的からである。その特性を一言で表現するなら、限定性である。これは19世紀から引き継がれた要素であるが、20世紀に入って直後の国際衛生条約では、欧州の防衛という目的がより明確に示された。だが、この目的とそれに基づく欧州中心的な限定性は、国際体制や感染症に対する科学的知見の影響を受けながら変化した。特に１９２６年条約では、欧州中心的性格から普遍的なそれへと移行する姿勢を見せ始めた。

その傾向がより顕著となったのは、空路に特化した1933年条約であった。以上のことは、第一次世界大戦後の新たな国際体制下では、もはや欧州が国際衛生規則の単独の創造者とはなり得なかったことを示唆していた。[*37]

しかしながら、1926年条約においても、欧州中心的性格はその内実において温存された。また、欧州圏外への国際衛生条約の解放といっても、その実態は新たな強国に限定されたものであった。例えば、条約作成過程にアフリカが実質的に参加する機会は慎重に排除されていた。[*38]さらに、国際衛生条約の感染症の対象が徐々に増やされたといっても、それは5種のみに限定されていた。

2 通告・情報共有——迅速性と確実性

通告・情報共有の義務についての規則は、1900年代－1930年代の国際衛生条約の中核といっても過言ではない。通告すべき主な内容は、指定された感染症の発生地域での状況の詳細や適用された措置（その撤回や変更を含む）である。空路を扱う1933年条約には、衛生飛行場の情報などが含まれる。そして、情報通告・共有時に求められるのが、迅速性と確実性である。情報の迅速な通告・共有はまず、締約国間の義務から始まった。それはやがて、締約国とOIHPの間でも求められるようになった。通告はそれ一度きりで終わるものではなく、継続される。その狙いは、定期報告などを通じ進捗や事情変更を知らせ、情報のアップデートを確実に図ることで、締約国が適切な行動をとれるようにすることにあった。

OIHPは、締約国から受理した通告を他国に迅速に伝達しなければならない。外交官を媒介する国際通告ではなく、OIHPが各国の衛生当局と直接連絡を取りあう手段を採用したのは、当時においては画期的だった。[*39]

このように収集した情報（公衆衛生・感染症の状況だけではなく国内法・規則や統計など）は、各国に共有された。国際交信の技術とネットワークが限られていた当時、国際共同行動を基礎とした組織以外で、集約的管理システムのもとデータの収集・管理・発信を確実に成し得るところは殆どなかった。[*40]

3　措置――最小限の制約による最大限の保護

国際衛生条約が定めた措置の本質は、19世紀から企図され1926年条約が明示したように、「最小限の制約による最大限の保護」であった。即ち、各国が講ずる措置の限度を条約で示して制約することで、貿易・人の国際移動によってもたらされる利益をできるだけ保護しようとした。国際取引から得られる利益は、国家の力・発展の源泉となり、抗えない魅力であった。経済的利益の保全に重きが置かれるようになると、検疫を中心とした到着地の措置や、船舶・国際的移動者にかかる負担が軽減された。対照的に、出発地での統制が強化された。つまり、感染症拡散を予防するための出港地での様々な措置の導入である。また移民については、出発前の医療検査や移民船へのワクチン供給などについて定められた。航空については、出発地における航空機の洗浄や感染の兆候が見られる者・濃厚接触者の搭乗拒否が定められた。このような措置の変化・多様化を正当化した根拠は、その時々の科学的知見・解釈であった。

4　組織・機能――ガバナンス

1903年条約で設立が正式に提唱され、1907年「公衆衛生国際事務局のパリにおける設立に関する国際協定」（ローマ協定）で具現化したOIHPは、保健分野で最初に常設された国際機関であり、国際衛生条約に複数のレベルで関与した。その活動は単なる行政事務局の役割や国際連盟などとの連携調整役にとどまらない。国際規範を形成・強化・実施・再構築するという、いわば、ガバナンスの特性を備えたものだった。これらガバナンスの装置には、現代の目からしても新鮮に映る部分がある。

OIHPは、情報収集・発信機能の他、国際規範形成に資する準立法的機能を備えていた。それが、国際衛生条約の規定変更を提案する権限である。このような国際規範形成を促す権限がOIHPに付与された背景には、アドホックな国際会議の開催のみを通じて感染症の現状に対処するのではなく、条約を適宜最新化することで効率的に時世に応じるという発想があった[*41]。OIHPはこの権限を行使することで、独自で、時には国際連盟保健機関と協力して条約の改定案を作成し、国際衛生会議や関係政府にこれを提出した。さらに、議論に資する調査資料を国際衛生会議に提出し、職員が積極的に会議に参加するなどして、条約作成過程でも存在感を発揮した[*42]。

OIHPの過去の非公式な実践も踏まえ、OIHPの常任委員会には、1933年・1938年条約を通じ紛争解決にかかる権限が与えられた。ネヴィル・グッドマン（Neville Goodman）の言葉を借りるなら、「国際衛生問題において仲裁裁判所のように振る舞う[*43]」ことを許す権限である。これにより、国際衛生条約の解釈について締約国間で不一致や困難が生じた場合、他の手段に移る前に、その意見を与える予定となっている。もっとも、この紛争解決手続は調停の域を超えるものではなく、OIHPの意見に拘束力はない[*44]。以上に加え、1903年条約は、制裁（船長などに対する違法行為にかかる罰金）と執行手続・準司法的組織というガバナンスの装置を設けることで、関連規定の履行確保を図った。ちなみに、制裁機能の基本は、1912年条約と1926年条約に継承された。[*45]

5　相互連関性

以上で指摘した国際衛生条約の特性は、別個独立に働いているわけではない。これらを相互に連関させることで感染症に効果的に対抗しようとしていたことが、少なくとも規範上読みとれる。概述したとおり、感染症の発生地や出発地での措置の増加に見られる措置内容の変化は、国際商業活動を妨げる壁を低くするためであった。到着先の国境での措置を軽減・変更するためには、迅速かつ確実な情報の発信・共有が不可欠となる。感染した船舶や航空機が到着する前に関連事実や危険度に関する情報を入手できれば、予見できる事態に妥当な措置で応じる備えもできる。それはまた、不必要に過度な措置をとる態度の抑制にも繋がる。同じことは、伝統的な検疫のみに限ったとしても言える。入港する船舶や入国する人々の感染の事情について、「いつ、どこで、誰が」といった情報を他国から迅速・確実に入手できないなら、自国での検疫の適切な実施はおぼつかない。「効果的な検疫の前提条件は、疫病の発生を知らせるための、国際行政における効果的・普遍的制度」[*46]なのである。

締約国相互間での通告の取り決めは、やがて、OIHPにおける中央集約的な情報管理システムとしてのガバナンスの機能へと発展した。そして、この装置の実働を通じたOIHPの能力向上は、立法・国際規範形成的権限の有効性をも下支えしていた。[*47]ただし、OIHPの活動は、国際衛生条約が標的に定めた5種の感染症についての事柄に制限された。またOIHPは、所在国フランスからの独立を条約上保障された一方、フランス語のみが「公用語」で、出版物もその言語に限られた。言語の制限性のために、OIHPの価値は非欧州圏諸国から過小評価され、「真に国際的ではない」との批判も生まれた。[*48] このような文化環境の制限性の遠因は、国際衛生条約の目的と欧州中心的性格に基づく制限性にあろう。同様に、違法行為に対する制裁というガバナンスの機能も、国際衛生条約の制限的目的の延長線上で、欧州圏外での措置に限定されていた。

以上のほか、ＯＩＨＰの組織の成立基盤は、そのガバナンスの機能全般を政治的に制限する可能性を内在するものであった。所在国からの不介入は保障されていても、ＯＩＨＰの運営は参加国の拠出で賄われ、その活動は政府代表者から成る委員会の監督・権限という統治のもとにあった。このことは、影響力のある国家が意思さえあれば介入できる余地を残すものであった。[*49]

第4章　註

（1）Convention on International Civil Aviation. UN Treaty Registration Number 102.

（2）第一次世界大戦と航空技術の発展については次を参照。酒井正子「変容する世界の航空界：日本の航空100年（上）」『帝京経済学研究』44（1）、2010年、95頁、97頁、124頁。

（3）Oleg P. Schepin and Waldemar V. Yermakov, *International Quarantine* (International Universities Press, 1991), p. 243.

（4）クリストファー・ロバートソン／キース・ジョイナー「ウイルスを撒き散らす飛行機、乗るなら予防接種義務化を」ニューズウィーク日本版（2003年3月）〈https://www.newsweekjapan.jp/stories/world/2020/03/post-92602.php〉（last access: 7 December 2020）。

（5）結核の機内感染については次を参照。Alexandra Mangili and Mark A. Gendreau, "Transmission of Infectious Diseases during Commercial Air Travel," *The Lancet*, 365 (2005), p. 991. 加地正伸「航空機と感染」〈http://medical.radionikkei.jp/medical/abbott/final/pdf/050930.pdf〉（last access: 20 January 2021）。

（6）本書第10章第3節参照。

（7）2005年「国際保健規則」附録第1「B：指定空港、湾港及び越境地点の中核的能力に関する要件」。See also Lucy Budd, Morag Bell and Tim Brown, "Of Plagues, Planes and Politics: Controlling the Global Spread of Infectious Diseases by Air," *Political Geography*, 28: 7 (2009), p. 433.

（8）World Health Organization, *Tuberculosis and Air Travel: Guidelines for Prevention and Control* (WHO, 1998).

（9）World Health Organization, *Tuberculosis and Air Travel: Guidelines for Prevention and Control (Third Edition)* (WHO, 2008), pp. 11-12 and pp. 29-32.

（10）エミレーツ航空のガイドラインに基づく実践については、同社元客室乗務員の雑賀彩乃からの情報提供（2020年12月8日、E-mail）に依拠する。

（11）SARSについては本書第10章第1節参照。

（12）A. J. Tatem, D. J. Rogers and S. I. Hay, "Global Transport Networks and Infectious Disease Spread," *Advances in Parasitology*, 62 (2006), pp. 301-303.

（13）国際航空路の発展と感染症対応の背景全般については次を参照。Schepin and Yermakov, *op.cit.*, pp. 203-204.

（14）国際連盟の指示により常設された組織であり、1919年「航空規制に関する条約」第34条にその義務が規定されている。国際民間航空機関（ＩＣＡＯ：International Civil Aviation Organization）の前身である。
(15) 以上の背景については次を参照。Neville M. Goodman, *International Health Organizations and Their Work* (Churchill Livingstone, 1971), p. 74 and p. 95.
(16) １９３３年条約第１条－第11条。
(17) 同第12条－第17条。
(18) 同第18条－第57条。
(19) 同第58条－第67条。
(20) 衛生機能を有する飛行場のことを指す。１９３３年条約第１条、第５条。
(21) 同第７条。
(22) 同第15条。
(23) 同第19条。
(24) 同第23条。
(25) 同第24条。
(26) 同第27条－第35条。
(27) 同第36条－第57条。
(28) 同第21条。
(29) 同第61条。
(30) 本書第６章第３節参照。
(31) ＯＩＨＰ常任委員会は締約国代表で構成され、少なくとも年に一度会議を開催する。
(32) １９３３年条約第59条。
(33) Montreux Convention Regarding the Abolition of the Capitulations in Egypt.
(34) Norman Howard-Jones, *The scientific background of the International Sanitary Conferences* (WHO, 1975), p. 98.
(35) １９３８年条約第１条。
(36) 同第３条。
(37) Anne Sealey, "Globalizing the 1926 International Sanitary Convention," *Journal of Global History*, 6:3 (2011), pp. 431-435 and p. 454.
(38) 英国とフランスが支配していた植民地の多くは国際衛生会議に自らの代表を派遣した一方、アフリカについては、エジプトを除き宗主国が代表を出した。

（39） 永田尚見『流行病の国際的コントロール：国際衛生会議の研究』国際書院、２０１０年、１７０頁。

（40） Leonard S. Woolf, *International Government* (Brentano's, 1916), p. 242.

（41） David P. Fidler, *International Law and Infectious Diseases* (Oxford University Press, 1999), p. 49.

（42） Howard-Jones, *op.cit.*, p. 89.

（43） Goodman, *op.cit.*, p. 89.

（44） Fidler, *op.cit.*, pp. 50-51.

（45） １９１２年条約第１４３条－第１５２条、１９２６年条約第１５２条－第１６２条。

（46） Woolf, *op.cit.*, pp. 226-227.

（47） ＯＩＨＰが情報管理業務に携わることが下地となり、国際衛生条約を最新化するための提案を行うことができた。Goodman, *op.cit.*, p. 88.

（48） *Ibid.*, p. 99.

（49） ＯＩＨＰの存続自体において特定国の政治的意向が働いていたのであって、その時点で既に制限的であったとも言える。国際衛生に関する国際・地域機構が併存していた当時、国際連盟の下で唯一の機構を創出しようとする試みがあった。しかし、国際連盟に加盟していなかった米国は、国際保健分野で影響力を保持するため、外交政策の観点から公衆衛生国際事務局の存続を求めた。本書第６章第１節参照。

第5章

1940年代中頃——第二次世界大戦

第1節　戦争と感染症

資本主義と感染症の関係がそうであるように、戦争と感染症の関係もまた緊密であり、欧州の戦史の中で、感染症は「常連」として登場する。ペロポネソス戦争（紀元前431年－紀元前404年）では、デロス同盟を率いるペリクレス（Pericles）は、スパルタを中心とするペロポネソス同盟の攻撃に備え、人々を事前にアテネに移住させて籠城策で抵抗した。しかし、閉鎖された市内で疫病が拡がったため人口の3分の1を失い、国力を落とす結果となった。真夏の炎天下、疫病が蔓延し、神殿といわず、路上といわず死体がころがっていたという。ペリクレスもまた感染して命を落としている。この疫病が何であったのかは今となっては判然としない。チフスや天然痘からエボラ出血熱まで、その可能性として挙げられている。その時、疫病を患いながらも命拾いし、病症の記録を残した者がいる。それは、この戦争を描いた『戦史』の著者、トゥキディデス（Thucydides）であった。*1

ナポレオン・ボナパルト（Napoleon Bonaparte）率いる大陸軍が、ロシア遠征で冬将軍の訪れによって撤退を余儀なくされたことはよく知られる。その歴史の裏には、チフスという「密約者」がいた。1812年、ナポレオンは友好関係にあるはずのロシアに裏切りの徴候が見られたため45万人の兵を引き連れパリを出発した。ロシア領に入ると軍は目を疑うような光景に遭遇する。衛生水準は最悪で、住民の乱れた髪の毛にはシラミがたかっていた。そのような中、軍への配給が滞り、兵士たちは敵軍に加えて飢餓との戦いに打ち勝たなければならなかった。兵士は馬の糞尿や泥水をすするような生活を強いられ、軍は感染症患者で溢れかえった。ロシア軍との戦闘で敗北し、ナポレオン軍は撤退することになる。夜には仲間同士で暖をとり、死んだ戦友の着ていた服を剝ぎ取り自分の命を繋ごうとした。その行動がチフスに侵されたシラミを分かち合うことになるとは知らずに。軍が祖国に到着する頃、兵士は4万人以下にまで減っていた。このことから分かるように、最後のとどめをさしたのは冬将軍であったが、その一歩手前の状況まで大陸軍を追い込んだのはチフスであった。「皇帝軍に対する勝利者はチフスであった」と表現される所以である。[*2]

クリミア戦争（1853年－1856年）では、ロシア進出を阻止すべく、英国はフランスとともにオスマン帝国側について参戦し、2万人以上の死者を出した。死因のおよそ3分の2は、コレラや天然痘の感染によるものだった。[*3]なおこの戦争で英国側から従軍し野戦病院の看護活動に従事したのが、フローレンス・ナイチンゲール（Florence Nightingale）であった。

1870年にスペイン王位継承問題をめぐって勃発した普仏戦争では、天然痘への対処のあり方に関する両軍の違いが結果となって現れた。軍でのワクチン接種を義務化していたプロシア軍兵の感染者数・死者数は、仏軍兵と比較して桁違いに少なかった。[*4]感染症対策が戦争での勝利に多かれ少なかれ作用していた事例である。

当然ながら、感染症と戦争の繋がりは欧州圏内にとどまらない。アメリカ独立戦争（1775年－1783年）では、独立軍がカナダを米国領土に組み入れるところまで英国軍を追い詰めた。ところが、独立軍内で天然痘が大流行して形勢は逆転し、カナダ侵攻は頓挫した。[*5]1914年7月に始まった第一次世界大戦では、塹壕戦が戦闘スタイルの主流となった。湿気が多く不衛生な塹壕に長くいることを強いられた兵士の間では、チフスやコレラといった感染症が蔓延した。大戦末期には、連合国軍と中央同盟国軍の双方にインフルエンザのパンデミックが起こった。各国政府とメディアが戦時下で情報を隠蔽したことも追い討ちをかけ、世界では、兵士・文民を含め2500万人から1億人の命が失われた。第一次世界大戦終結がインフルエンザで早まったか否かについて議論はあろうが、各国の軍事作戦や行動に何かしら影響を与えたことは想像に難くない。[*6]

第2節　背景と経緯

本章では1940年代中頃の国際衛生条約について検討する。具体的には、1944年「1926年国際衛生条約を修正するための条約」(1944年海陸条約)[*7]と1944年「1933年航空国際衛生条約を修正するための条約」(1944年航空条約)[*8]の二つを中心に扱う。時代は、第二次世界大戦末期にあたる。まず、感染症に関する国際規範が1940年代に変化した背景を確認し、その後、この時代の条約の内容を見ていきたい。

第二次世界大戦の基本構図は、ファシズムを基調として抑圧的支配を推し進める枢軸国諸国と、民主主義的平和主義の理念を掲げる連合国諸国との闘争であった。それは、たしかに象徴的一面ではあったが、この大戦は、より複雑な対立・軋轢を織り込んでもいた。戦争が世界規模に拡張した要因には、新たな領土や市場の獲得・維持という野望を軸とした帝国主義的対立があった。帝国主義はまた、占領地でのナショナリズムによる抵抗を導くものでもあった。さらに、連合国内におけるソ連対資本主義諸国という対立構図の顕在化は、対ファシズムという共通目的の下ではひとまず抑制されたものの、緊張感を確実に孕んでいた。1943年春以降、米国が支援の度合いを強めるにつれ、欧州とアジア・太平洋の戦局は連合国優勢に傾いた。勝敗の帰趨が決せられると、連合国は、戦後処理と新たな国際体制の構想を進めた。１９４３年11月のモスクワ宣言と米・英・ソによるテヘラン会談では、世界的安全保障機関を新設する案が示された。翌年８月のダンバートン・オークス会談で米・英・ソ・中が国連憲章草案を議論し、１９４５年２月のヤルタ会談で米・英・ソが国連安保理事会の拒否権について合意した後、４−６月のサンフランシスコ会議で連合国50カ国は国連を設立した。[*9]

国際衛生条約は大戦前にほぼ形成が終わっていたが、戦時中においても、戦争全般の行方や勝敗すら決する感染症への対処法を無視するわけにはいかなかった。たしかに、大戦中、欧州や北米大陸ではコレラとペストについて目立った報告はなかった。[*10]にも拘らず、連合国は感染症の拡大防止を重大かつ喫緊の課題と捉え、国際衛生条約の改定を急いだ。二つの１９４４年条約と結びつく理由は以下の４点だが、いずれも、戦争と連合国側の安全保障という独特の背景に根差したものである。

まず、二つの１９４４年条約の目的に関連する背景である。当時の連合国にとって、軍隊と自国民を感染症から守ること、つまり、感染症という「脅威に晒される連合国」の「防衛」は重大であった。第二次世界大戦における戦地の世界的拡張は、感染症の存在が確認されている熱帯・亜熱帯地域を覆うほどだった。軍隊はそのような戦地で、長時間の密閉集団生活を強いられる。そこが不衛生になると、感染症が蔓延する。医療資源の不足が追い討ちをかければ、感染症による犠牲者や戦病者の増加に歯止めがかからず、戦闘能力はおのずと低下する。前節で述べたような戦争と感染症の関係史も踏まえると、感染症に勝利することが戦争で勝利する前提である。したがって、感染症が流行した地域で軍事行動に従事する兵士の保護と、彼らが派兵され在留する占領地区の感染症からの早期回復は、連合軍の課題であった。[*11]また、第一次世界大戦以上に高度な総力戦となった第二次世界大戦では、前線と銃後の境は一層不鮮明となり、戦勝のため、工業生産力向上が進められた。戦闘物資の生産や物流に動員された文民も、工場などの密閉空間での労働を避けられなかった。前線の兵士と同様、彼らも感染症のリスクに晒されたのであった。

第二に、二つの１９４４年条約で定められた措置に関わる背景である。この時期、免疫学上・医学上の最新の発見と実践上の経験に照らし、感染症に対する措置の見直しが特に軍事的観点から迫られていた。中でも、シラミが媒介するチフスを制御する殺虫剤ＤＤＴ（ジクロロジフェニルトリクロロエタン）の実用化は、前線の兵士の保護と感染拡大予防手段として革新的であった。[*12] また、黄熱の解明と対処法の実用化も目覚ましかった。戦前より、米国、英国、ブラジル、フランス各国で、黄熱研究の成果が上がっていたおかげである。媒介となる蚊の種類やその役割が突き止められたことは、空路における予防戦略に大きな変更を迫るものだった。１９３０年代に弱毒化された変異株が得られると、ワクチンが生産された。[*13] 第二次世界大戦勃発時、連合軍の多くの兵士がワクチン接種を受けたことで、黄熱の症例は記録されなかった。以上に加え、科学的裏付けを欠いた検疫措置によって人の国際移動が不必要に制限されることを、もはやどの国も望まなかった。

第三に、戦時中のみならず戦後も見据え、人の国際移動の影響が、国際規範の文脈でも再考された背景があった。各国が戦争への関与を深める中で衛生環境が悪化し、予防措置が手薄となったところで人の国際移動が頻繁になった。欧州では第二次世界大戦時に天然痘の大流行はなかったとはいえ、１９４３年以降、英国でその発生が確認されている。このようなことから、熱帯・亜熱帯地域にいた軍隊や兵士の国際移動が、各国に感染症を拡げる原因となるのではないかと不安視されていた。チフスがかつて「軍隊熱」と呼ばれた歴史があるように、[*14] 病を伝搬する上での軍や兵士の役割は無視し得ないものだった。

より大きな懸念は、戦時中に発生した避難民や、戦争が終わってからドイツ・オーストリアや日本の占領区から解放されるであろう人々の大移動にあった。1944年夏には、欧州だけでも推定1千万人が自国の外にいた。その大半は、戦争捕虜や政治犯として捕らえられた人々、あるいは強制労働や政治的理由で移動を余儀なくされ、劣悪な衛生環境下に置かれた避難民だった。終戦を迎えれば彼らの移動は自由となる。しかし一斉に動けば、収拾のつかない混乱の中、感染症も世界各地に拡がると予想された。そこで、避難民の帰還に関する国際的調整と、感染症拡大の予防が急務となった。[*15]

最後に、国際衛生条約の組織・機能の問題という重要な背景があった。国際衛生条約の様々な側面に関与した公衆衛生国際事務局（OIHP：*Office International d'Hygiène Publique*）が、ドイツによるフランスの占領で機能不全に陥ったため、これに代わる組織を新たに承認する必要があった。パリ占領後もOIHPは公式には存続したが、その活動は実質的に中断していた。このことは、情報収集・発信や国際規範の履行確保・強化・再構築といったガバナンスが国際衛生条約から事実上失われたことを意味した。また、1936年以降、国際連盟の影響力と威信は大幅に低下していたので、より広い視野からも、国際保健分野の活動全般を戦時中に請け負える組織が必要だった。

このような事情は、連合国主要政府が戦時国際機関を創設するタイミングと合致した。世界経済の早急な立て直しを求めていた米国の主導もあって、同国と英国、ソ連、中華民国は、共同で連合国救済復興機関（UNRRA：United Nations Relief and Rehabilitation Administration）の設立文書を起案していた。その後、他の連合国政府による草案の修正を経て、1943年11月、44カ国の連合国代表によるワシントンでの調印によって誕生したのがUNRRAであった。[*16]もっとも、UNRRAは連合国側諸国の救済復興の全般的援助のために設立された緊急かつ暫定的な組織であって、国際保健分野はその対象の一つに過ぎなかった。したがって、「感染症予防と住民の健康回復のための支援」はＵＮＲＲＡの任務であったが、それは広範な目的のうちの一つとして位置付けられていた。[*17] 各国の保健機関に全面的な援助を提供したのがＵＮＲＲＡ保健部であったが、その活動の一つは、戦争に伴う感染症の予防であった。[*18] そして、このＵＮＲＲＡが、二つの１９４４年条約の起草を主導した。

既存の国際衛生条約を戦争と連合国の安全保障の枠組みで見直すことは、連合国の主要国政府にとって喫緊の課題の一つであった。そこで、１９４３年11月に米国で開催された第1回会議で、ＵＮＲＲＡ理事会は、感染症に対抗するための新たな合意形成に向け、各国政府・保健機関がＵＮＲＲＡに全面協力するよう勧告した。国際衛生条約の規定変更を提案する権限を本来有するＯＩＨＰの活動は停止していたので、ＵＮＲＲＡがその機能の下でこれを実行した。[*19] ＵＮＲＲＡが設置した検疫専門家委員会は、ＯＩＨＰ常任委員会の資料や黄熱対策英国委員会の報告書、米国が提出したその他の関連資料などを研究し、既存の国際衛生条約の修正点を検討した上、二つの条約を起草した。その後、米国公衆衛生局と汎米衛生局（ＰＡＳＢ：Pan American Sanitary Bureau）が条約案を検討するといったプロセスを経て、１９４４年9月、モントリオールで開催されたＵＮＲＲＡ理事会において二つの条約が大筋で承認された。ＵＮＲＲＡは、各国政府にこれを送付して内容の検討を求め、若干の修正後、条文が確定した。[*20]

第3節　1944年「1926年国際衛生条約を修正するための条約」

1　構成と目的

1944年海陸条約は1926年「国際衛生条約」（1926年条約）を修正・補完するための条約であり[21]、1926年条約のうち変更・削除される条文・文言や追記される内容を列挙する形式をとっている。1944年海陸条約は27カ条から成る。その内容は、組織の変更[22]、定義の変更[23]、通告・情報共有に関する変更[24]、措置に関する変更[25]、手続[26]である。

1944年海陸条約は、1926年条約の目的そのものに変更を加えるものではなかった。だが実質的には、欧州中心的な性格は一層希薄になった。同条約では、条約感染症（ペスト、コレラ、黄熱、チフス、天然痘）以外の感染性疾患のアウトブレイクであっても、それが越境して他国に脅威となるような場合、締約国にはUNRRAへの通告義務が生ずる。理屈の上では、欧州起源・欧州限定の疫病のアウトブレイクを欧州締約国が国内で発見した時、それが欧州圏外を含め他国への脅威となるなら、UNRRAを通じてすべての締約国政府にこのことを通告しなければならない。また原則として、同条約によって修正を受けた1926年条約上の措置などは、条約感染症以外の感染性疾患にも適用される[27]。この点に関する限り、欧州中心的性格が薄れるとともに、パンデミックという普遍的脅威への対応に同条約の重心が移行している[28]。ただしこのことは、国際衛生条約の目的の本質が、人類全般の健康の達成という普遍性に変異したことを意味しない。戦時に形成された同条約誕生の背景や過程に照らせば、「脅威に晒される連合国」の「防衛」に重心が移ったと見るのが妥当だろう。換言するなら、条約の結実は、「公衆衛生戦争」[*29]でもある第二次世界大戦での勝利と無縁ではなかった。[*30]

しかし、第二次世界大戦の決着がある程度見えており、戦後の世界構想が具体的に話し合われていたこの時期、戦後も視野に入れた国際戦略が提唱されていたのもまた事実である。[*31]ただし、それもやはり、戦後の連合国側の利益と結びついている。より端的に言えば、米国の戦後の対外政策（早急な戦後復興や海外市場の安全・安定化）と軌を一にするものであった。控えめに言っても、国際戦略は米国の戦後外交の方向性と矛盾するものではなかった。

2 通告・情報共有と措置

通告・情報共有についてであるが、後述するような組織・機能の変更に伴い、感染症発生の通告先がOIHPからUNRRAに変更された。また、在外公館への通告についてもパリではなく、ロンドンあるいはワシントン駐在のすべてに感染症の発生を伝えなければならない。[*32]これは、パリがドイツ占領下に置かれたため、それへの対応である。加えて、既述したように、UNRRAへの通告義務の範囲には条約感染症に関する事柄の他、それ以外の感染性疾患のアウトブレイクも含まれる。

１９４４年海陸条約の措置についてだが、水際での検疫を中心とした伝統的措置から一層距離を置き、予防が強調されている。具体的には、殺虫剤や医薬品の開発によって新たな予防措置が導入された。例えば、チフスの感染拡大予防の観点から、感染地と交易する船舶が殺虫剤を十分所持できるよう最善を尽くさなければならない。同時に、乗員乗客に対するその使用を前向きに検討しなければならない。[*33] 保健当局の見解において、船上や港で感染の危険に晒されることが合理的に疑われる者は、予防接種などの対象となり得る。[*34] さらに、同条約では、新たな科学的発見に基づいた措置の修正・追加もなされた。黄熱については、主な媒体蚊であるネッタイシマカの感染における役割や黄熱の制御法がさらに解明されていた。これを受け、出港時に停泊する船舶と居住地との間で維持すべき距離が200メートルから400メートルに延長される。[*35] 同時に、感染地にある海港とその周辺を、ネッタイシマカがいない状態に保つことが求められる。[*36]

1944年海陸条約で変更された措置の中には、国際経済活動や人の国際移動が被る不利益の抑制に寄与するものがある。その一つが、条約感染症の予防接種に関する国際証明書の発行である。当時、予防接種証明書が自国で発行されていれば、他国での検疫が免除されるとの期待が一般にあった。ところが現実には、様々な障害により、これがスムーズに実行されることはなかった。同様に、各国が発給していた健康証明書と査証も、発給と船舶到着との間の時間差などのため、感染症を回避するツールとしての実効性を欠くこととなった。[*37] そこで同条約は、国際的に画一化した書面として、健康宣言と予防接種の国際証明書の採用を締約国に求めている。[*38] 黄熱に関して、予防接種を受け証明書の発行を受けた者は、検疫措置から免れる。[*39]

1926年条約では陸路からの入国者に対する制限措置は一般に注意深く抑制されていたが、1944年海陸条約では、避難民に対して厳格な措置を講ずる権限を締約国に認めている。[*40] 避難民を媒介に感染症が越境・拡大する恐れが予期されたことから、予防のために政府の権限を強化したのであった。これにより、締約国は、陸路から入国する避難民の健康を観察したり、衛生事務所でシラミ除去を受けさせることなどが可能となった。UN

RRAは避難民に対する措置について締約国との間に特別協定を結び、各国から収集した疫学情報をこの文脈で活用する予定だった。[*41]

3 組織・機能

1944年海陸条約の主眼の一つは、組織・機能の変更、即ち、機能不全に至ったOIHPの任務をUNRRAに一時的に代行させることにあった。この意図は、1943年のUNRRA理事会の第1回会議で採択された決議（OIHPの業務のUNRRAへの委託）で示された。これを受け、1926年条約にある「公衆衛生国際事務局」（OIHP）の文言はすべて、1944年海陸条約では「連合国救済復興機関」（UNRRA）に読み換えられることとなった。[*42] もっとも、同条約上の組織変更は、戦時の緊急事態での対処としての取り決めであって、OIHPの地位を損なうものではない。同条約の終了をもって、OIHPの任務と機能が回復することが予定されている。つまり、国際衛生条約に関与する組織としてのUNRRAの役割は暫定的なものに過ぎない。[*43]

第4節 1944年「1933年航空国際衛生条約を修正するための条約」

1　構成

航空輸送の発展によって、時間や距離といった移動を阻む「壁」が崩れ、空路による国際的移動が増大することで、感染症がより容易く国家に侵入する時代が到来することは、二つの1944年条約作成当時に予見されていた。[*44] これに対処するよう、1944年のUNRRA理事会でも1933年条約の改定に大きな関心が寄せられた。

1944年航空条約は、1933年条約を修正・補完するための条約であり[*45]、1933年条約で変更・削除される条文・文言や追記される内容を列挙する形式をとっている。1944年航空条約は24カ条から成る。その内容は、組織の変更[*46]、定義の変更[*47]、書面に関する変更[*48]、搭乗の厳格化[*49]、衛生規則の一般適用に関する文言の追加[*50]、通告・情報共有に関する変更[*51]、コレラワクチン接種証明を提出するものについての処遇の削除[*52]、チフスの予防接種に関する追加[*53]、天然痘に関する措置の変更[*54]、黄熱に関する措置の変更[*55]、一般規定の変更[*56]、手続[*57]である。

2　通告・情報共有と措置

UNRRAへの組織変更[*58]や定義の変更・追加[*59]は、1944年海陸条約と同一である。しかし、1944年航空条約の内容の多くはそれ独自のものである。その一つが、通告・情報共有に関する改正である。1933年条約では、自国の衛生飛行場一覧や関連情報などのOIHPへの通告、病者の降機を望む場合の到着飛行場への事前通告、OIHPから得た情報の国内の空港などへの伝達は求められていた。しかし、自国の感染状況一般を伝える義務はなかった。そこで、1944年航空条約では、他の締約国とUNRRAに対し、条約感染症の発生状況などについて迅速かつ詳細に通告することを求めることとなった。[*60] これは、海路・陸路に適用される1926年条約で定められた通告・情報共有の義務に沿った内容である。通告・情報共有という1926年条約の中核を成す要請が、1944年航空条約を迂回して、1933年条約に移植されたことを意味する。

1944年航空条約では、措置についても様々な修正がなされている。まず、1933年条約にあった衛生関係書類に関する手続が廃止され、新たな書面の制度が導入された。乗客には個人健康宣言書の記入が、航空機の責任者には航空健康宣言書の提出が求められる。[*61] また、衛生上の保証が不十分な者は、衣類のシラミ駆除や消毒といった予防措置が完了するまでは搭乗を禁止される。[*62]

当時、空路を介した感染症拡大のうち、特に懸念されていたのが黄熱であった。そこで1944年航空条約は、この感染症に関する措置の内容をより厳格かつ詳細に定めている。これらの規定の多くは、「黄熱に関する英国省間委員会」の提案を受けて同条約に盛り込まれた。[*63] まず、黄熱感染者あるいはその疑いのある者は、搭乗を認められない。また、黄熱の感染地域内に位置する空港を利用するすべての乗員・職員に対して予防接種が求められ、そこで降機すると思われるすべての者に予防接種を行うよう最善を尽くさねばならない。黄熱の予防接種を受けた者はその証明書を携行しなければならないが、有効な予防接種証明書を所持していれば、関連の検疫からは免除される。[*64] もっとも、予防接種を受けていない者が、黄熱の感染地域からその波及が懸念される地域に移動する場合、緊急性や高度に政策的な判断から緊急証明書が発行され、搭乗が認められることがある。しかしこれは「戦時規定」ともいうべきものであり、[*65] 例外中の例外に属す。[*66] 逆に言えば、搭乗者全員への予防接種は原則として徹底しており、同条約がこれを有効な予防措置として重視していることが分かる。以上に加え、黄熱が発見された地域、黄熱の発見はないが波及が懸念される地域でそれぞれにとるべき対応も見直されている。[*67]

3 組織・機能

二つの1944年条約において、組織がOIHPからUNRRAに変更されことは既に述べた。1944年航空条約はさらに、過去の国際衛生条約には見られなかった新たな任務をUNRRAに与えている。それは、黄熱発生地域を決定することである。UNRRAは、関係政府や（西半球の場合は）PASBと協議の上、黄熱発生地域を定義するための区画線を引かなければならない。そのために、締約国は、UNRRAに協力しなければならない。具体的には、自国領域における黄熱の存否をはっきりさせるために、あらゆる可能な措置をとらなければならない。例えば、領域内において高熱を伴う疾病でだれかが死亡した場合、死亡者の肝臓組織の検体を取り出し、病理組織学的検査にかけることが求められる。[*68] 以上は、UNRRAが適切に行動できるよう、各国に求められる協力である。なお当時、特に懸念された地域はアフリカであった。[*69]

二つの1944年条約は1944年12月にワシントンで署名され、12月15日から翌年1月15日まで署名開放された。その効力は18カ月間（1946年7月15日まで）という時限的なもので、条約は各国の加盟の通告をもって発効した。[*70] もっとも、1933年条約と1944年航空条約の両方に加盟したのはわずか9カ国にとどまった。また、各国が入国者に要求する予防接種の種類や数などは、国によって大きく違った。そのため、航空会社は、海外に行く際には思いつくすべての病気の予防接種を受けるよう乗客に呼びかけるなど、混乱を招いた。[*71]

第５節　１９４４年国際衛生条約の性質

二つの１９４４年条約は、過去の国際衛生条約と比較して特異な地位を占める。国際連盟を中心に発展を遂げた国際保健協力は、第二次世界大戦中にはほとんど麻痺していた。しかしその最中でさえ、連合国の主要諸国は、感染症に対応するための国際規範の変更を真剣に検討した。そこでは、戦争での勝利や安全保障、戦後の国際経済の復興といった連合国側の動機とは無縁ではなかった。このような環境で醸成された両条約は、かつての国際衛生条約とは一線を画す。しかしその一方、二つの１９４４年条約の主な内容は、戦時の軍事性という異質性のみに収斂しているわけではなく、歴史の中で連続する共通の課題や要素も備えている。

まず、通告・情報共有についてだが、両条約は、感染症発生の通告先を、ＵＮＲＲＡとロンドン・ワシントン駐在の外交・領事使節に変更した。この変更は、戦時下での緊急的・暫定的対応として特例であったが、国際衛生条約における通告・情報共有の義務の一般的性格や中核的地位を損なうものではない。むしろ、対象範囲は拡張している。条約感染症に義務の範囲を限ってしまうと、未知のものも含め、他の感染症から自国を防御できない。そのため、ＵＮＲＲＡに対する通告の範囲には、条約感染症以外の感染性疾患のアウトブレイクも含まれる。また、空路に関する通告・情報共有の義務でも、１９４４年航空条約を通じ、海路・陸路に関するそれと同じような範囲や迅速性・確実性が求められるようになった。このことは、空路の感染リスク管理が例外ではなく、むしろ標準の一つとして扱われる戦後を見据えているかのようである。

次に、二つの1944年条約の感染症に対する措置についてである。連合国側は、戦時中、殺虫剤やワクチンを積極的に活用し、その高い効果を実感していた。これと歩調を合わせるかのように、条約には予防の意図がより濃厚に見られるようになった。国際経済活動と人の国際移動にかかる阻害を抑制する工夫も、予防接種の国際証明書発行や個人健康宣言といった新たな書面の導入に見られる。このような、措置の変更・刷新は、この時代の科学的発展とともに進行した。同時に、予防側面の強化の動向と「最小限の制約による最大限の保護」の性質の維持という姿勢は戦前より引き継がれ、さらに戦後に引き渡されるのであった。

最後に、組織・機能についてである。二つの1944年条約はこれに大きな変更を加えるものだったし、両条約策定の主眼であった。繰り返し述べたように、戦時下での特殊事情のため、事務局はOIHPからUNRRAに変更された。しかし、両条約がもたらした結果はそれだけではない。UNRRAには、各国より医学的・疫学的情報を集め、地域機関と協議しながら、世界的拡大が懸念される条約感染症の発生地域を決定する任務が与えられた。このことは、戦後、世界の疫学データの分析をもとに一定の状況を判断・認定する機能として、世界保健機関（WHO：World Health Organization）に引き継がれることとなる。

第6節　1946年「1944年条約を延長するための議定書」

本来であれば、戦後に国際会議を開催し、戦時下で締結された二つの1944年条約に代わる新たな合意を形成する予定であった。しかし結局、そのような会議は開催されなかった。そのかわり、両条約の効果を延長するための議定書を米国と英国、フランスが起草し、締約国すべてにそれを発出した。このようにして生まれたのが、1946年「1926年国際衛生条約を修正するための1944年条約を延長するための議定書」[*72]と1946年「1933年航空国際衛生条約を修正するための1944年条約を延長するための議定書」[*73]である（1946年議定書）。

二つの1946年議定書はともに5カ条から成り、条文も実質的にほぼ同一である。両議定書により、二つの1944年条約は、1946年7月15日以降も効力を維持できるようになった。その期限は、それぞれの条約を修正あるいは破棄する新たな条約によって締約国が拘束を受けるまでである。[*74]両議定書の趣旨は二つの1944年条約の効力の時間的延長なので、内容の変更はほとんどない。ただし、組織については、以降に起こりうるシナリオを想定した複数の体制を用意している。当面、UNRRAは二つの1944年条約が定めた通りの任務を果たすが、新たな「国際保健機関」が設立されたおりには、その機関に任務や機能が移譲される。ただし、UNRRAが機能停止となった時、その国際保健機関が任務を遂行する状態になければ、OIHPがこれを引き継ぐ。その際、締約国は、OIHPが機能するよう、適切な予算を提供しなければならない。[*75]

1946年議定書は、1946年4月・5月にワシントンで署名開放され発効した。*76

第5章　註——

(1)　ペロポネソス戦争と疫病については次を参照。村上陽一郎『ペスト大流行』岩波新書、1983年、13頁。サンドラ・ヘンペル『ビジュアル　パンデミック・マップ：伝染病の起源・拡大・根絶の歴史』日経ナショナルジオグラフィック社、2020年、145頁。

(2)　ウィリー・ハンセン／ジャン・フレネ『細菌と人類：終わりなき攻防の歴史』中公文庫、2008年、80頁。ナポレオン軍とチフスについては次を参照。ヘンペル、前掲、145頁。小長谷正明『世界を変えたパンデミック』幻冬舎、2002年、66－84頁。

(3)　石弘之『感染症の世界史』KADOKAWA、2018年、92頁。

(4)　李啓充「アウトブレイク（6）」医学会新聞〈https://www.igaku-shoin.co.jp/paper/archive/y2011/PA02914_06〉(last access: 3 February 2021)。

(5)　加藤茂孝『人類と感染症の歴史：未知なる恐怖を超えて』丸善出版、2013年、18頁。

(6)　第一次世界大戦と感染症については次を参照。ジェニファー・ライト『世界史を変えた13の病』原書房、2018年、205－229頁。詫摩佳代『人類と病：国際政治から見る感染症と健康格差』中央公論新社、2020年、26－27頁。

(7)　International Sanitary Convention, 1944, modifying the International Sanitary Convention of 21 June 1926. UN Treaty Registration Number 110.

(8)　International Sanitary Convention for Aerial Navigation, 1944, modifying the International Sanitary Convention for Aerial Navigation of 12 April 1933. UN Treaty Registration Number 106.

(9)　当時の国際関係の背景については主に次を参照。岡義武『国際政治史』岩波書店、2009年、第6章。佐々木雄太『国際政治史：世界戦争の時代から21世紀へ』名古屋大学出版会、2011年、第5章。

(10)　ただし、インドやアフガニスタン、台湾を中心にアジアではほぼコンスタントにコレラが記録されていたし、スエズ運河やダカール、チュニス、モロッコ、パレスチナといった地域はペストの影響を受けていた。

(11)　Thomas Parran, "Public Health Implications of Tropical and Imported Diseases: Strategy against the Global Spread of Disease," *American Journal of Public Health and The Nation's Health*, 34:1 (1944), pp. 1-5.

(12)　DDTの治験は、1943年から1944年、ナポリでのチフスの流行時に開始された。Oleg P. Schepin and Waldemar V. Yermakov, *International Quarantine* (International Universities Press, 1991), p. 236.

(13)　*Ibid.*, pp. 235-238.

(14) ハンセン／フレネ、前掲、77－78頁。
(15) P. G. Stock, "The International Sanitary Convention of 1944," *Proceedings of the Royal Society of Medicine*, 38 (1945), pp. 19-20. その活動を請け負ったのが、本文で述べる連合国救済復興機関（ＵＮＲＲＡ）であった。具体的には、避難民が移動する間の予防接種やその記録カード作成、医療資源の提供といった予防措置を講じた。１９４５年６月、ＵＮＲＲＡは、４００人近くの医師と４００人以上の看護師によって複数の医療保健団を結成し、各地で予防措置を含む任務にあたらせた。その中には、保健師として採用された避難民も含まれていた。医療保健団は、ドイツとオーストリア、イタリアにおいて自国に戻れない避難民の保健事業に集中的に投入された。Neville M. Goodman, *International Health Organizations and Their Work* (Churchill Livingstone, 1971), pp. 11-12.
(16) ＵＮＲＲＡ設立の経緯については次を参照。板垣与一（編）・佐藤和男（訳）『アメリカの対外援助：歴史・理論・政策』日本経済新聞社、１９６０年、56－72頁。Special Staff under the Direction of George Woodbridge, *UNRRA: The History of the United Nations Relief and Rehabilitation Administration*, Vol. I (Columbia University Press, 1950), Part I. Special Staff under the Direction of George Woodbridge, *UNRRA: The History of the United Nations Relief and Rehabilitation Administration*, Vol. II (Columbia University Press, 1950), pp. 469-470.
(17) その他、解放区の人々が食料・衣服・住宅に関する苦難や不足を克服するための援助、捕虜と難民の帰還の準備とその組織化、農業生産と重要な行政サービスの回復が主要任務であった。
(18) Goodman, *op.cit.*, p. 141.
(19) ＵＮＲＲＡの任務は、国際衛生条約の改定と改定後の新条約の下での義務の遂行を含む。Goodman, *op.cit.*, p. 141.
(20) 起草の背景については次を参照。Stock, *op.cit.*, pp. 19-20. Schepin and Yermakov, *op.cit.*, p. 236. Goodman, *op.cit.*, p. 146.
(21) １９４４年海陸条約第22条。
(22) 同第１条。
(23) 同第２条、第３条。
(24) 同第４条－第６条。
(25) 同第７条－第20条。
(26) 同第21条－第27条。
(27) 同第４条。
(28) この他、組織がパリのＯＩＨＰからニューヨークのＵＮＲＲＡに移管され、１９４４年海陸条約の保管先が米国となったことは（１９４４年海陸条約第28条）、戦時という例外的側面での脱欧州化であると同時に、米国の存在感が国際規範の文脈で顕在化した一面でもある。
(29) Parran, *op.cit.*, p. 1.
(30) 米国軍事省の大多数は当時、チフスや天然痘、インフルエンザといった感染症が戦場で破壊的な影響力を持つことを認めていた。しかし同時に、公衆衛生措置を講じることで部隊を十分防護できるとも考えていた。E. クロディー『生物化学兵器の真実』シュプリンガー・フェアラーク東京、２００３年、31－32頁。
(31) １９４４年海陸条約は、戦時中のみならず終戦直後を含む時期のことを射程に入れて作成された。Stock, *op.cit.*, p. 20. Goodman, *op.cit.*, pp. 75-76.
(32) １９４４年海陸条約第５条。
(33) 同第12条。
(34) 同第13条。
(35) 同第10条。
(36) 同第11条。
(37) Schepin and Yermakov, *op.cit.*, p. 237.
(38) １９４４年海陸条約第16条。
(39) 同第11条。
(40) 同第20条。
(41) Stock, *op.cit.*, pp. 20-21.
(42) １９４４年海陸条約第１条。
(43) なお、米州諸国については、汎米衛生局（ＰＡＳＢ：Pan American Sanitary Bureau）がその任務を継続する。
(44) Savilla Millis Simons, "U.N.R.R.A. on the Threshold of Action," *Social Service Review*, 18:4 (1944), p. 441. Parran, *op.cit.*, p. 6.
(45) １９４４年航空条約第19条。
(46) 同第１条。
(47) 同第２条、第３条。
(48) 同第４条。
(49) 同第５条。
(50) 同第６条。

(51) 同第7条。
(52) 同第8条。
(53) 同第9条。
(54) 同第10条。
(55) 同第11条－第15条。
(56) 同第16条、第17条。
(57) 同第18条－第24条。
(58) 同第1条。
(59) 同第2条、第3条。
(60) 同第7条。
(61) 同第4条。
(62) 同第5条。
(63) Stock, *op.cit.*, p. 21.
(64) 1944年航空条約第11条。
(65) Stock, *op.cit.*, p. 21.
(66) 1944年航空条約第14条。
(67) 同第12条－第15条。
(68) 同第11条。
(69) Stock, *op.cit.*, pp. 22-24.
(70) 米国、英国、フランスを含む約30カ国が加入・批准などにより両議定書に拘束されることに同意した。
(71) Lucy Budd, Morag Bell and Tim Brown, "Of Plagues, Planes and Politics: Controlling the Global Spread of Infectious Diseases by Air," *Political Geography*, 28: 7 (2009), pp. 430-431.
(72) Protocol to prolong the International Sanitary Convention, 1944, modifying the International Sanitary Convention of 21 June 1926. UN Treaty Registration Number 265.
(73) Protocol to prolong the International Sanitary Convention for Aerial Navigation, 1944, modifying the International Sanitary Convention for Aerial Navigation of 12 April 1933. UN Treaty Registration Number 257.

(74) 1946年議定書第1条。
(75) 同第2条。
(76) 米国、英国、フランスを含む30カ国近くが加入・批准などにより両議定書に拘束されることに同意した。

第2編

1940年代後半—1970年代

第6章　１９４０年代後半——ＷＨＯの誕生

第1節　汎米衛生局（PASB）――世界最古の国際保健機関

1　設立

第2編では、第二次世界大戦後から1970年代にかけての感染症にまつわる国際法の変化を描き出すこととする。まず本章では、第二次世界大戦後の時代に感染症への国際的対応で要となる国際機関として、世界保健機関（WHO：World Health Organization）を取り上げる。本論の前に、第1編でも度々触れてきた公衆衛生国際事務局（OIHP：*Office International d'Hygiène Publique*）よりも先に設立された国際保健機関、汎米衛生局（PASB：Pan American Sanitary Bureau）について説明しておこう。

PASBは、1902年に設立された米州地域機関である。これは、複数の諸国によって正式かつ本格的に設立された「世界最古の国際保健機関」[*1]でもある。その設立背景にまずあったのは、19世紀後半に米州を襲った黄熱やコレラ、天然痘などの脅威である。1870年にブラジル、パラグアイ、ウルグアイ、アルゼンチンで流行した黄熱は、それから8年以内に米国にまで及んだ。1880年代にチリで発生したコレラの流行では、3万人を超える犠牲者が出た[*2]。

米州では、こうした感染症の流行が周辺国で発生した疑いがある際、自国への侵入を検疫で防ごうとする傾向が一般化していた。1519年に初めて検疫が行われたのを皮切りに、ペルーがパナマに対し、またチリがペルーに対しそれを行った。しかし、蒸気船の登場によって貿易が加速した19世紀半ばにおいて、検疫で感染症を防ぐ試みは、貿易などに影響を与えた。欧州でもそうであったように、複雑な検疫は、通商関係や国際交通を鈍化・麻痺させる。このことは、中南米諸国への貿易拡大を模索していた米国にとってはとりわけ、懸念材料だった。

米国以外にも、徹底した検疫に対し否定的な態度を示す国家が出てきた。例えばアルゼンチンは、ブラジル、ウルグアイとともに1873年にモンテビデオで会議を開き、検疫期間の短縮を目指すことを決めた。この会議は、「米州諸国が協定を結び、感染症の海からの侵入を防ぐための国際的な制度を構築しようとする初めての試み」[*3]となった。またペルーは、最新の科学と公衆衛生・貿易の利益に沿って検疫のあり方を再構築することを、1877年に米州諸国に提案した。翌年には、リマで国際衛生会議が開催された。

以上のような感染症の対応に特化した流れに加え、PASBの設立が、米国の中南米に対する外交政策と結びついていたことも見落とせない。米国の工業化・産業化に伴い、中南米は米国にとって貴重な原料・食糧の供給地であるばかりでなく、潜在的に巨大な市場でもあった。そこで米国は、この地域と既に経済関係を結ぶ英国に対抗しようとした。米国と中南米との相互の結びつきを促進するパン・アメリカ主義の舞台に選ばれたのが、米州会議であった。1889年から翌年にかけてワシントンで開催されたその第1回会議では、貿易の観点から保健規則を制定・維持する必要性が議論された。そして、続くメキシコシティーでの第2回米州国際会議（1901年10月－翌年2年1月）で、PASBの設立が決定されたのであった。このように、PASBはパン・アメリカ主義のうねりとともに誕生し、第二次世界大戦後に設立される米州機構（Organization of American States）に先んずる機関の一つとなった。[*4]

2　設立当時の目的

１９０2年1月、ボリビア、チリ、コロンビア、コスタリカ、ドミニカ共和国、エクアドル、エルサルバドル、グアテマラ、ハイチ、ホンジュラス、メキシコ、ニカラグア、ペルー、ウルグアイ、米国の代表団は、ワシントンに常設されるＰＡＳＢの設立を全会一致で可決した。同年12月にワシントンで開催された第1回「米州国際衛生会議」では、ＰＡＳＢに四つの機能が定められた[*5]。

まずＰＡＳＢは、加盟国各国に対し、それぞれの港と領土の衛生状態に関連するすべてのデータを迅速かつ定期的に送信するように要請する。第二に、加盟国で発生する可能性のある疫病の徹底的かつ科学的な調査研究のために、すべての可能な援助を確保する。第三に、疫病をなくし、各国の間で通商を促進するために、加盟国の公衆衛生の可能な限り広い保護に向け、最善の援助と経験を提供する。第四に、下水・土壌の排水・舗装・建物から感染をなくすとともに、蚊やその他の害虫を駆除するなど、すべての適切な方法で、港の衛生を促進・支援し実行する。

本来、加盟国の主たる期待は情報共有であった。また、衛生会議で選出された議長とともに任命された者から構成される常任理事会が、次回の会議まで役職に就くという形態がとられていた。このようなことからも分かるように、当初、ＰＡＳＢに対する期待は、定期的に開催される衛生会議を継続的に運営するための委員会の役割に過ぎなかった。しかし、衛生会議や米州国際会議を通じ、新たな機能が随時追加されると、加盟国に公衆衛生のインフラ整備を呼びかけるなどの任務も負うようになった。なお１９２４年までに、カナダを除く米州のすべてがＰＡＳＢに加盟した。[*6]

3　ＬＮＨＯ・ＷＨＯとの関係

国際連盟保健機関（ＬＮＨＯ：League of Nations Health Organization）とＰＡＳＢへの米国の関わり方は複雑だった。元々、米国とＬＮＨＯの関係が特殊かつ微妙だった。米国は国際連盟未加入を決めたため、当初の計画ではＬＮＨＯに統合される予定だったＯＩＨＰを存続させることで、従来の国際保健制度を通じた同国の影響力の維持を図った。即ち、米国の外交政策が、ＬＮＨＯの設立のあり方を規定した。

米国は国際連盟とは一定の距離を保つ一方、米州地域ではＰＡＳＢを通じ主導権を積極的に握っていた。ＰＡＳＢの諮問委員会を代表するヒュー・カミング（Hugh Cumming）は事実上、ＬＮＨＯの米国代表でもあったが、彼はＰＡＳＢとの関係の方を重視した。ＬＮＨＯからすれば、カミングの態度は、国際協力に対する米国の無関心と警戒を反映していたかのようだった。既述した通り、ＰＡＳＢは米国が主導するパン・アメリカ主義の勃興とともに誕生したが、同国は国益に資するようＰＡＳＢに一定の影響力を行使していた。その一方、「米国は、衛生問題における国家の特権を制限しようとする国際的な試みには抵抗した」[*7]のであった。[*8]

第二次世界大戦後にＷＨＯの設立が計画されると、ＰＡＳＢがＷＨＯに吸収されるべきかが議論された。交渉は難航したが、結局、ＷＨＯ憲章に、ＰＡＳＢがＷＨＯに漸次統合される旨の条文が置かれた。[*9] しかし、中南米諸国の一部が統合に抵抗したため、米州の3分の2以上の国家が同憲章を批准するまで、ＰＡＳＢの統合は待たれることとなった。１９４９年４月22日、米州では14番目にウルグアイが同憲章を批准し、同年５月、ＷＨＯと

PASBは統合の実施に合意した。こうして、PASBは、WHOの地域分権化を図る五つの地域局の一つである米州地域局となった。その前後で、PASBは、汎米衛生機構（Pan American Sanitary Organization）、汎米保健機構（Pan American Health Organization）へと名称を変更した。[*10]

第2節　背景と経緯

本章が対象とする時代は、国際体制の大きな転換期にあたる。第二次世界大戦後、欧州の地位の低下が決定的となった。代わって、米国とソ連を対立軸とした国際体制へ移行する。やがて、ファシズムへの抵抗運動から枢軸国の占領地ではナショナリズムが高揚し、植民地の独立運動に繋がる。

周知の通り、国連憲章は、1945年4月から6月にかけて開かれた「国際機構に関する連合国会議」（サンフランシスコ会議）において調印されたが、この文書には「保健的国際問題」の解決促進が経済社会的国際協力の一つに定められている。[*11]またこの会議では「国際保健会議」の開催が提唱され、これがWHO設立への動きの第一歩となった。翌年、国連経済社会理事会は公衆衛生分野における国際行動の範囲や体制を検討し、単一の機関設立を目指す国際会議開催の要請を決議した。この国際会議の準備は、ベルギー出身の議長ほか、各国の保健・公衆衛生の専門家16人で構成される技術準備委員会に委ねられた。委員らは、1946年3月・4月にパリに集い、新たな国際保健機関の基幹となる憲章について話し合った。フランス、英国、米国、ユーゴスラヴィアの各代表が憲章に関する原案を提出していたが、委員会はこれを基にして、新機関の組織構成や権限、行政、予算といった事柄を中心に憲章の起草にあたった。四つの原案はともに組織構成に焦点を当て、LNHOの目的よりも広いそれを提案していた。その中で、自国の公衆衛生事業を模範にした米国のトマス・パラン（Thomas Parran）の案が憲章の最終案の下地となった。

以上の準備を経て、1946年6月・7月、国連主催の「国際保健会議」がニューヨークで開催された。前出のパランが議長を務めたこの会議では、世界保健機関憲章（WHO憲章）が主題として話し合われ、国連加盟国でなくとも同憲章を受諾し世界保健総会の過半数の投票によって承認されればWHOの加盟国となることが決まった。そして7月22日、61カ国がこれに調印した。しかし、国連加盟国26カ国が当事国となることが条件であったため、[*12]WHO憲章はその時には発効しなかった。WHOが正式に設立されるまでの間、国連の社会事業部門がWHOの事務局を務めることが想定された。そのため、設立者らは、国連の下で複数の国際保健機関が台頭しかねないと懸念した。そこでWHO暫定委員会が組織され、約4カ月に一度のペースで会合を開催し、WHOの経済計画を策定するとともに、国際衛生条約を運用しつつ現場での事業に対応することとなった。

1948年4月7日、WHO憲章上の要件を満たしたWHOは、国連の専門機関として正式に誕生した。なお、それまで活動していた関連の国際機関、即ち、LNHO、OIHP、連合国救済復興機関（UNRRA：United Nations Relief and Rehabilitation Administration）は解消に向かった。先に触れたように、WHO憲章発効までの間、国際衛生条約の運用や保健事業の維持といった任務はWHO暫定委員会に引き継がれた。[*13]

フランスは当初、戦後の国際保健機関設立構想には消極的であった。戦前までの感染症の国際政策の主軸の一つはフランスであり、同国はＯＩＨＰの後ろ盾でもあった。そこで、19世紀から続く国際衛生条約を新たに改定・締結することでＯＩＨＰの存続を図り（国際衛生条約の機関はＯＩＨＰ）、戦後の国際保健事業の主導権を握らせようとした。しかし、このフランスの動きを封じたのが米国だった。米国はフランスと交渉し、国際保健機関が設立されない場合に限りフランス案を受け入れるといった妥協案を引き出した。なおこの点は、１９４６年「１９４４年条約を延長するための議定書」にも反映されている。[*14]

この一例が象徴するように、米国はＷＨＯ設立に熱心だった。それにはいくつかの理由があった。まず、第二次世界大戦中に改定された国際衛生条約の経緯や動機が代弁するように[*15]、感染症は戦後の国際経済活動・貿易を左右する事柄と考えられていた。そのため、戦後復興における感染症への適切な対応は、米国が海外市場を安定的に維持する上でも無視できないことであった。そのため、米国が制御し影響力を及ぼしやすい国際保健機関を設立する必要があった。また、国連システム内での国際保健機関設立は、国際社会と米国の安全を確保する上での国際機関の活用という、当時の米国の国際戦略とも合致していた。[*16]

第３節　ＷＨＯ憲章

１　全体像

WHO憲章は、前文と第1章「目的」[*17]、第2章「任務」[*18]、第3章「加盟国及び準加盟国の地位」[*19]、第4章「組織」[*20]、第5章「世界保健総会」[*21]、第6章「執行理事会」[*22]、第7章「事務局」[*23]、第8章「委員会」[*24]、第9章「会議」[*25]、第10章「本部」[*26]、第11章「地域的取極」[*27]、第12章「予算及び経費」[*28]、第13章「表決」[*29]、第14章「各国が提出する報告」[*30]、第15章「法律行為能力・特権・免除」[*31]、第16章「他の機関との関係」[*32]、第17章「改正」[*33]、第18章「解釈」[*34]、第19章「効力の発生」[*35]で構成される。

WHOは、世界保健総会、執行理事会、事務局という三部局を行政組織の柱とする。[*36] 世界保健総会はすべての加盟国が代表を派遣できる唯一の組織であり、強い権限を持つ。WHOの政策を決定し加盟国に勧告を行うとともに、執行理事会とWHO事務局長に必要な指示を行うのが主な任務である。またWHOの財政問題に関しても最高権限を有しており、財政政策を監督し、予算を検討・承認する。[*37] 定期総会は年に1回開催され、[*38] 加盟国は代表を派遣する。[*39] 国際機関や非政府機関の代表も投票権なしで総会に参加することが可能である。[*40]

執行理事会は、WHOの活動計画や予算案を作成し、感染症などの緊急時に必要な措置を講ずる権限を有する。例えば、WHO事務局長に、感染症に対応するために必要な措置をとる権限を与えることができる。また世界保健総会に代わり、総会が委任した権限を行使することも認められている。さらに、年度ごとの予算報告と予算案を検討し、必要な勧告を添えて世界保健総会に提出することもその役割である。執行理事会は、世界保健総会で地理的配分を考慮して選ばれる。[*41]

事務局は、WHO事務局長と職員によって構成される。[*42] 事務局は、当初、第1回世界保健総会で決議された計画の一部を実行するために暫定的に組織されたものであった。しかし、WHOの事業が伝染病情報業務やフィールドサービス、出版など多岐にわたることとなり、実践的観点から存続することになった。

ＷＨＯは健康分野全般を扱う国連の専門機関である[*43]。その任務の範囲はかつての国際保健関係機関からの遺産だけではない。ＷＨＯ憲章で示された目的は「すべての人民が可能な最高の健康水準に到達すること」[*44]であり、感染症の対応に限定されない。ただし、憲章前文には「……伝染病の抑制が諸国間において不均等に発達することは、共通の危険である」と記され、国際保健協力の起源ともいうべき感染症に関心が向けられている。また、目的を達成するためのＷＨＯの任務に、「感染症、風土病及び他の疾病の撲滅事業を奨励し、及び促進すること」[*45]が挙げられている。

この目的を達成する手段の一つとして、ＷＨＯ憲章には、行為規範の設定に積極的に関与するという意味での準立法的機能が備わっている[*46]。ＷＨＯ憲章を根拠にして国際的な権利・義務の設定を図るこの方法には、条約・協定の採択と規則の採択の二つがある。

2　準立法的機能――条約・協定と規則

ＷＨＯの最高意思決定組織であり、すべてのＷＨＯ加盟国が代表を派遣できる世界保健総会[*47]は、ＷＨＯが扱える事項に関して法的拘束力を持つ条約・協定を採択することができる。採択には総会の３分の２の賛成を必要とし、各加盟国がその憲法上の手続に従って条約・協定を受諾するとき、その加盟国に対して効力を生ずる[*48]。

国際機関を交渉のフォーラムにして条約を採択し、各国の意思によってその条約に加盟するという方法は、多国間条約形成の一般的形態の一つである。ただＷＨＯ憲章で特徴的なのは、各加盟国が、条約・協定の採択日から18カ月以内に受諾に関する手続をとることを事前に約束している点である。各加盟国がとった憲法など国内法上の手続（批准など）は、WHO事務局長に通告される。他方、この期限内に条約・協定を受諾しない加盟国は、その理由を述べた文書を提出しなければならない。[*49] ある加盟国代表が世界保健総会の席で条約・協定採択にたとえ反対票を投じていたとしても、その国家がこの説明責任を免れるわけにはいかないだろう。[*50] したがって、どの加盟国も条約・協定への加入について真剣に検討せざるを得ない。また18カ月以内という時限を定めることで、条約・協定を迅速に実施へ移すことも意図されている。

本書全般の主題と関係する権限は、もう一つの方である。世界保健総会は規則を採択する権限を有しており、[*51] このことは、ロレンス・ゴスティン（Lawrence Gostin）によれば「国際法上ユニーク」[*52] だという。WHO憲章には「規則」の定義や条約・協定との違いについての説明がない。また後述するように、署名や批准を要しないことから、効力のない文書と誤解されることもある。しかし規則は、その起草過程での議論が示すように、またWHO憲章が明示するように、「全加盟国に対して効力を生ずる」[*53] ものである。規則の採択は世界保健総会での過半数の賛成でなされるので、条約・協定の場合より容易である。なにより特徴的なのは、加盟国が自ら積極的行為をとらない限り、規則の効力が及ぶ点である。つまり、一定の期間内にWHO事務局長に拒絶や留保を通告することで、その加盟国に限り、全般的・部分的に規則の効力から逃れることができる。[*54] 規則に拘束される意思を明示するのではなく、拘束を受けないことを一定期間内に通告することで適用が免除される、いわゆる「コントラクティング・アウト」（contracting out）方式である。これにより、公式の条約のような署名や批准といった手続なしに国際文書を採択し、事情の変更に応じて柔軟かつ迅速にこれを修正することが可能となる。[*55]

だが当時においても、コントラクティング・アウト方式は新奇なものではなかった。この原型は１９３３年「航空国際衛生条約」で導入済みであったし、[*56] １９４４年「国際民間航空条約」のように感染症関連以外の国際法でも類似した方法がとられていた。[57] コントラクティング・アウト方式のWHO憲章への導入を最初に提案したのは、憲章作成で中心的役割を果たしていた米国だったが、これは米国上院外交委員会の意向を汲んだものだった。疾患の国際的拡散を制御するためには新たな科学技術と知識を迅速に適用する必要があると考えた委員会は、議会による批准ではなく、執行部主導による国際合意という簡易な方法を望んでいた。米国の立場からすると、この提案は憲法手続のハードルを回避し、国際合意を迅速・容易に実行するためのものだった。

しかし、この米国の希望は他国にすんなりとは受け入れられなかった。まず、フランスがこれに対抗する案を出した。フランス案では、過半数の賛成を基礎とした採択による法的拘束力のない勧告と、伝統的な条約採択方式が示された。だが、1946年にニューヨークで開催された国際保健会議では、WHO憲章の起草に関わる技術準備委員会が米国案に近い立場をとり、法的拘束力を持つ規則とコントラクティング・アウト方式が提案された。ただそこでも議論が再燃し、この方式とは異なる案が出された。例えば、ベルギー代表は、コントラクティング・アウト方式による規則の採択ではなく、かつての国際衛生条約のような標準的条約締結方式への修正を求めた。またソ連は、3分の2以上の多数の賛成によって採択され、全加盟国を拘束する規則（ただし、コントラクティング・アウト方式はとらない）という修正案を出した。しかし結局、これら修正案は退けられ、米国案に沿った案で決着を見た。[58]

このように、規則採択の権限をWHO憲章で定めることに合意はあっても、拘束を拒否するための宣言を加盟国に課す方法への反発は小さくなかった。そこには、国家主権侵害の余地を残すことへの根強い警戒心があった。最終的に、その制定においてコントラクティング・アウト方式の適用がある規則の課題を予め列挙しておくことで妥協が図られた。つまり、規則を制定できる事柄は、「国際的に使用される診断方法に関する基準」[59]や「国際貿易において取り扱われる生物学的製剤、薬学的製剤及び類似の製品の安全、純度及び効力に関する基準」[*60]などに限定される。これらは、19世紀後半から伝統的に関心を持たれてきた課題や、国際基準・国際表示といった技術色・手続色が濃厚な課題である。そしてこの中に、「疾病の国際的蔓延を防ぐことを目的とする衛生上・検疫上の要件と他の手続」[*61]が置かれることとなった。

3 国内実施の確保と紛争解決

世界保健総会で採択される条約・協定・規則の国内実施の確保を特に目的とした措置は、報告や通告に限られる。条約・協定・規則を受諾する加盟国は、関連する行動をＷＨＯ事務局長に毎年報告しなければならない。[*62]また、国内実施の確保に特化したものではないが、場面によっては接点を持ち得る一般的義務もある。各加盟国は、その国において公表された保健関係の重要な法律や規則、統計などをすみやかにＷＨＯに通告しなければならない。[*63]同様に、ＷＨＯのやり方や要請に従い、統計や疫学に関する報告や保健に関する情報を提供しなければならない。[*64]これらにより、ＷＨＯ事務局長は、条約・協定・規則の履行を監視することができる。[*65]しかしながら、監視によって違反や抵触が仮に発見されたとしても、それを是正するための具体的仕組みをＷＨＯ憲章は備えていない。なお、それぞれの条約・協定・規則が、個別に国内実施の方法を定めることはできる。

ところで、ＷＨＯ憲章の解釈・適用に関する疑義や紛争が発生した場合、交渉や世界保健総会で解決することが加盟国にはまず期待される。しかしそれによって解決できない場合、加盟国は国際司法裁判所（ＩＣＪ：International Court of Justice）に付託することができることをＷＨＯ憲章は明記している。[*66]またＩＣＪに対し、勧告的意見を求めることができる。勧告的意見は、政治的・国際的に争いのある論点について、国際法の観点から見解を示すものである。意見の内容によっては新たな論争の火種を生みかねないが、ＩＣＪの権威に基づき、一般的に尊重されている。勧告的意見の範囲は厳格だが、ＷＨＯはこれまで２件で勧告的意見をＩＣＪに求めたことがある。ただ、いずれも感染症に関わる事柄ではない。[*67]

第４節　ＷＨＯの権限の行使

国際保健分野に関わった既存の国際機関を継承・統合したＷＨＯは１９４８年に設立され、感染症への国際対応のみならず健康分野全般を扱う国連の専門機関となった。そして、組織の基幹となるＷＨＯ憲章は、準立法的機能や紛争解決といったガバナンスの機能をＷＨＯに与えている。このような機能が整備された背景には、国家主権に基づく行為の一部を抑制してでも、条約や規則の形成・採択における国際機関の主導的機能を強化することで、共通利益を促進したいとの各国の動機もあった。それは、感染症を防止・根絶するには、国際協力と協調的行動が不可欠である、との理解から発していた。ところが、ＷＨＯはこれまで、このような権限の行使については極めて慎重であった。たしかに、１９６１年「麻薬に関する単一条約」や１９７１年「向精神薬に関する条約」などにＷＨＯは関与したのだが、条約・協定を採択する権限を行使したことはほとんどない。唯一の例外である２００３年「たばこの規制に関する世界保健機関枠組条約」が採択されるまでは、いわば「忘れられた権限」であった。

また、条約・協定・規則に関する限り、ＷＨＯ憲章において、国内実施を確保する効果的な装置は見当たらない。各国は、普遍的脅威となりうる感染症のリスクを認識していたからこそ、規範化について広い権限をＷＨＯに与えた。他方、主権に基づく決定権が侵食されるリスクを抑制するため、[*68]準立法的機能の行使を自制し、国内実施での実効性の確保に深く立ち入ることはなかった。ＷＨＯの権限の行使やＷＨＯの機能の実効性の程度は、結局のところ、各国の国益を起点とした意思・行動の一致の幅によって定義されようし、少なくともそれと無縁ではいられまい。

権限の行使を自制する中、ＷＨＯが国際規則採択の権限を積極的に行使した例がこれまでに2件ある。一つは、感染症と死因に関する「命名規則」であり、１９４８年の世界保健総会で採択された。これにより、病率と死亡率に関するデータの国際比較が可能となった。もう一つは、１９５１年に採択された、「国際衛生規則」[*69]である。これは、国際衛生条約の基本的性格を継承したものであり、感染症への国際対応に直に関係する規範である。この規則は１９６９年に「国際保健規則」に改名され、２００５年に抜本的に改定されたが、次章以降でそれを説明する。

第6章　註——

（1）　Anne Sealey, "Globalizing the 1926 International Sanitary Convention," *Journal of Global History,* 6:3 (2011), p. 441.

（2）　当時の感染症の流行については次を参照。Pan American Health Organization, "History of PAHO" <https://www.paho.org/en/who-we-are/history-paho> (last access: 9 February 2021).

（3）　Oleg P. Schepin and Waldemar V. Yermakov, *International Quarantine* (International Universities Press, 1991), p. 160.

（4）　ＰＡＳＢが設立された背景全般については次を参照。Theodore M. Brown and Elizabeth Fee, "100 Years of the Pan American Health Organization," *American Journal of Public Health,* 92:12 (2002), p. 1888. Neville M. Goodman, *International Health Organizations and Their Work,* (Churchill Livingstone, 1971), p. 326. Sealey, *op.cit.,* p. 441. Schepin and Yermakov, *op.cit.*, pp. 159-164.

（5）　Pan American Health Organization, *op.cit.*

（6）　Sealey, *op.cit.*, p. 441. Goodman, *op.cit.*, pp. 326-329. Schepin and Yermakov, *op.cit.*, p. 165.

（7）　Sealey, *op.cit.,* p.442.

（8）　ＬＮＨＯとＰＡＳＢ、米国との関係全般については次を参照。山越裕太「ヘルス・ガバナンスの胎動と国際連盟保健機関：機能的協力、国際機関の併存、世界大恐慌」『国際政治』193、2018年、47－48頁。Sealey, *op.cit.,* pp. 442-443.

（9）　ＷＨＯ憲章第54条。

（10）　ＰＡＳＢとＷＨＯとの関係については次を参照。安田佳代『国際政治のなかの国際保健事業：国際連盟保健機関から世界保健機関、ユニセフへ』ミネルヴァ書房、2014年、154－155頁。Brown and Fee, *op.cit.,* pp. 1888-1889. Goodman, *op.cit.,* pp. 332-333.

（11）　国連憲章第55条（b）。

（12）　ＷＨＯ憲章第80条。

（13）　ＷＨＯ設立の概要は次を参照。Marcos Cueto, Theodore M. Brown and Elizabeth Fee, *The World Health Organization: A History* (Cambridge University Press, 2019), pp. 43-45. Kelley Lee and Jennifer Fang, *Historical Dictionary of the World Health Organization* (Scarecrow Press, 2012), pp. 4-5. Javed Siddiqi, *World Health and World Politics: The World Health Organization and the UN System* (University of South Carolina Press, 1995), pp. 56-59. Lawrence O. Gostin, *Global Health Law* (Harvard University Press, 2014), pp. 91-92.

（14）　本書第5章第6節参照。

（15）　同第3節参照。

(16) 安田、前掲、2014年、136−137頁。
(17) WHO憲章第1条。
(18) 同第2条。
(19) 同第3条−第8条。
(20) 同第9条。
(21) 同第10条−第23条。
(22) 同第24条−第29条。
(23) 同第30条−第37条。
(24) 同第38条−第40条。
(25) 同第41条、第42条。
(26) 同第43条。
(27) 同第44条−第54条。
(28) 同第55条−第58条。
(29) 同第59条、第60条。
(30) 同第61条−第65条。
(31) 同第66条−第68条。
(32) 同第69条−第72条。
(33) 同第73条。
(34) 同第74条−第77条。
(35) 同第78条−第82条。
(36) 同第9条。
(37) 同第18条、第23条。
(38) 同第13条。
(39) 同第11条。
(40) 同第18条(h)。
(41) 同第24条。

(42) 同第30条。
(43) 同前文。国連憲章第57条。
(44) WHO憲章第1条。
(45) 同第2条(g)。
(46) World Health Organization, *The First Ten Years of the World Health Organization* (WHO, 1958), p. 47.
(47) WHO憲章第10条。
(48) 同第19条、第60条。
(49) 同第20条。
(50) Lawrence O. Gostin, Devi Sridhar and Daniel Hougendobler, "The Normative Authority of the World Health Organization," *Public Health*, 30 (2015), p. 3.
(51) WHO憲章第21条。
(52) Gostin, *op.cit.*, p. 179.
(53) WHO憲章第22条。
(54) 同条。
(55) WHO, *op.cit.*, p. 259.
(56) 本書第4章第3節参照。
(57) 1944年「国際民間航空条約」第90条。
(58) 起草過程におけるコントラクティング・アウト方式をめぐる議論は次を参照。Walter R. Sharp, "The New World Health Organization," *American Journal of International Law*, 41:3 (1947), p. 526. Helen Hart Jones, "Amending the Chicago Convention and Its Technical Standards: Can Consent of All Member States Be Eliminated," *Journal of Air Law and Commerce*, 16:2 (1949), p. 202. David M. Leive, *International Regulatory Regimes: Case Studies in Health, Meteorology, and Food: Vol. I* (Lexington Books, 1976), pp. 25-26.
(59) WHO憲章第21条(c)。
(60) 同第21条(d)。
(61) 同第21条(a)。
(62) 同第20条、第62条。
(63) 同第63条。

(64) 同第64条、第65条。

(65) Gostin, *op.cit.*, p. 110.

(66) ＷＨＯ憲章第75条。

(67) 「１９５１年３月25日のＷＨＯとエジプトとの間の協定の解釈」（１９８０年）及び「武力紛争における国家による核兵器使用の合法性」（１９９６年）。

(68) またそもそも、ＷＨＯには、その目的を果たすために必要な権限が十分に与えられていない。Charles E. Allen, "World Health and World Politics," *International Organization*, 4:1 (1950), pp. 31-32.

(69) International Sanitary Regulations. UN Treaty Registration Number 2303.

第7章

1950年代——国際衛生規則

第1節　マラリア根絶プログラム

1　マラリア

マラリアは、ＨＩＶ／エイズ、結核とともに世界保健機関（ＷＨＯ：World Health Organization）によって三大感染症に指定されている。病原体であるマラリア原虫を媒介するメスのハマダラカに刺されて感染すると、高熱や倦怠感、頭痛、嘔吐、悪寒、下痢などの症状が出て多臓器不全を起こし、重症化して死に至ることもある。２０１９年には世界で2億２９００万人が新たにマラリアに感染し、41万人近くが命を落とした。アジアや中南米にもマラリアが流行している地域があるが、死者のおよそ94％がアフリカで確認されている。*1

第二次世界大戦中、日本でも多くの人々がマラリアによって命を落とした。その一例は「ヤキーヌシマ」（マラリアの島）と呼ばれた八重山諸島であり、戦時中に感染の悲劇に見舞われた。１９４５年の3月－6月に、日本軍は八重山諸島の住民を山奥に疎開させた。疎開先では住民の人口のおよそ半分にあたる1万７０００人ほどが次々に感染し、３６４７人が命を落とした。*2

2　プログラムの背景

マラリア根絶プログラムは、1955年にメキシコで開催されたWHOの世界保健総会で承認され、米国主導の下で始まった。[*3] これは、DDT（ジクロロジフェニルトリクロロエタン）やクロロキンを使用することで蚊の数を減らし、マラリアの根絶を試みたものだった。

米国がこれを主導したのには、複数の背景があった。まず、DDT開発による戦時中の対応の成功である。合成殺虫剤であるDDTは1940年までに、効果的な農業用殺虫剤であることが立証されていた。その存在を世界に知らしめたのは、米国の第二次世界大戦への参入だった。虫が媒介する病が流行していた熱帯などの地域が戦場となっていたのは、米国にとって大きな懸念材料だった。そんな折、除虫菊粉（殺虫効果がある除虫菊を原材料とした粉末で蚊取り線香の主原料）の輸入が減少した。その大きな原因は、これを大量に製造していた日本からの輸入が止まった影響であり、それに代わる殺虫剤が求められるようになった。このような状況下で、DDTの実用化が目指されたのであった。[*4] 戦時中、連合軍の進出に先立ち、DDTの空中散布により蚊や虫のいない区域が生み出された。また、サイパン島進出の際には、DDTを空中散布することで、ハエや蚊によって引き起こされていたデング熱の患者を2週間で80％以上減らすことに成功した。[*5] 戦中から戦後にかけては、世界各地でDDTの散布が行われた。例えば、1944年、イタリアのサルディーニャ島では、マラリアを運ぶ蚊を撲滅させる試験地としてDDTの散布が行われた。その後もDDTの散布は続き、1950年、この島では初めて、マラリアの患者が確認されなかった。しかし、大量のDDTが散布され、その量は最も多い場合、1週間で3250kgにも及んだ。

サルディーニャ島でのDDT散布を指揮したのが、米国のロックフェラー財団だった。[*6] 同財団の関与が、マラリア根絶プログラムにおける米国主導の二つ目の背景であった。1913年設立のロックフェラー財団は「人類の福祉の増進」を目指し、公衆衛生や保健の問題などに取り組んだ。中でも、第二次世界大戦中・戦後に世界各地で実施されたマラリア根絶プログラムやWHOマラリア根絶プログラムに深く関わっていた。[*7] 国際連盟期、マラリアへの対応を巡って世界は二分していた。欧州諸国がマラリア患者の治療に焦点を合わせるべきであると主張したのに対し、ロックフェラー財団はマラリアの原因となる蚊との戦いに集中すべきであると主張した。この議論に決着がつかないうち、第二次世界大戦に突入した。大戦下にあってもマラリア研究は継続され、同財団はマラリアの分野において、更に影響力を持つようになっていった。[*8] 同財団を更に勢いづかせたのは、「蚊との戦い」にとって重要な「武器」となるDDTの開発であった。このようなことから、サルディーニャ島のみならず、ブラジルやエジプトなどで行われた蚊の撲滅プログラムでも、同財団は大きな役割を果たした。やがて同財団がWHOに対し世界的なマラリア根絶作戦を実行するように働きかけたことから、1955年にWHOマラリア根絶プログラムの開始が決まったのであった。[*9]

米国がWHOマラリア根絶プログラムを主導した第三の背景は、冷戦時におけるソ連・共産主義陣営への対抗であった。米国は、4億9000万ドルを、マラリア根絶のため、各国政府への支援やWHOへの資金拠出として費やした。それは、第三諸国を援助して西側陣営に取り込み、共産主義の拡張に対抗するためであり、マラリア根絶プログラムも、冷戦下での国益の計算に基づく戦略の一つだった。[*10] 換言すれば、米国が支援したのは、「マラリアに苦しんでいた中南米やその他の地域の公共サービスのためではなく、そこで米国の存在感を高めるため、また忍び寄る共産主義への戦略的打撃のため、さらにはビジネスの機会として」[*11] であった。ところが、1962年、DDTが健康や生態系に及ぼす危険性を警告する書籍がベストセラーとなった。レイチェル・カーソンの『沈黙の春』である。カーソンの主張は支持を集めた一方、冷戦下において、DDTに対する批判は、米国の繁栄や国際市場における米国の利権を損なうものだと見られることも多かった。[*12]

3　以降

マラリア根絶プログラムの実行に伴い、欧州と南北アメリカ、アジアの国々のうち24カ国以上でマラリアが撲滅された。またこのプログラムは、世界全体を対象とした初の保健プログラムであり、地域ごとに作成された地図が活動で用いられたことなどが評価された。[*13]

一方、マラリア根絶プログラムの「結果はおおむね失敗だった」[*14]との見方は強い。戦中・戦後に行われたＤＤＴによるマラリア対策プログラムが成功したのには、ＤＤＴの効果だけではなく、社会的・環境的要因も関与していた。にも拘らず、これらの要因が見落とされ、同じ手法が世界中どこでも通用すると考えられていたことが批判された。[*15]また、ＤＤＴやクロロキンに耐性がある蚊が発見されたのにも拘らず、疫学上は重要ではないなどといった理由で見落とされていた。[*16]

１９６３年、米国による支援が終わったことで、ＷＨＯがマラリア根絶プログラムを継続することは財政的に難しくなっていた。そこで１９６９年、ＷＨＯは同プログラムを中止し、マラリアの根絶ではなく、これを制御する政策に転換した。その後、国連児童基金（ＵＮＩＣＥＦ：United Nations Children's Fund）などのマラリア対策からの撤退、経済危機、殺虫剤の値上がりなどで、マラリア対策事業にさらにブレーキがかかった。また、インド亜大陸やトルコなどでは、再びマラリアが流行した。それもあり、１９７０年代半ばには、ＷＨＯは国連開発計画（ＵＮＤＰ：United Nations Development Programme）や世界銀行と協力し、熱帯病研究訓練特別計画を設立した。また、「ビル＆メリンダ・ゲイツ財団」などの主導で1998年に始まった「ロールバック・マラリアパートナーシップ」は、世界の目を再びマラリアに向けさせるきっかけとなった。このパートナーシップを皮切りに、「グローバルファンド」（The Global Fund）や「ユニタイド」（Unitaid）など、感染症対策の資金調達メカニズムがつくられ、それらの基金の一部がマラリア対策にも使われている。*17

第2節　背景と経緯

前章では、世界保健機関憲章（WHO憲章）に用意されている準立法的機能について説明した。本章では、これによって制定された国際衛生規則を扱う。目的・対象、通告・情報共有、措置、組織・制度を可視化するとともに、同規則の性質について、その前身である国際衛生条約を念頭に置きながら検討する。まず、その背景と経緯の概観から示そう。

第二次世界大戦が終わると、孤立主義はもはや安全保障の観点からも支持を得られず、経済領域における国家間の相互依存と緊密化が急速に進むとともに、貿易の量と規模が拡大した。特に主要な資本主義諸国にとっては、原材料の入手・備蓄と生産品を輸出する市場の確保・拡張は、国際経済の原理が要請するところであった。この環境下、交通手段の発達と相まって、移動する物資・人の数は増加し、その速度は上昇した。

国際的な物・人の移動が急増すると、それに歩調を合わせるかのように各国の衛生状態も改善した。国際海港や国際空港の衛生改善は先進国一般に見られたが、資本主義諸国の植民地でもそれは同様であった。また、ねずみが床を這い回り、乗客を鮨詰め状態にするような船の情景は世界から徐々に消えつつあった。各国は、衛生当局の権能を強化しながら、自国が感染の震源地・経由地となるリスクを排除しようとした。国際的な疫学研究の深化やWHOを中心とした国際情報システムの確立、医薬品・ワクチンの開発の効果も相まって、１９５０年代に入ると感染症対応の質は世界的に向上した。[18] これを突き動かしていたのは、貿易と人の国際移動から得られる各国の利益の保護・拡大という動機であった。

戦前・戦中に形成された国際衛生条約は、日進月歩の科学・医学の知見や各国の保健技術の発展、国際移動の急激な増加・加速に追いつくことができず、[19] 時代遅れの産物となっていた。その結果、国際経済の成長にブレーキをかけかねない国際衛生条約は、戦後に登場・復興した諸国を新たに組み入れた経済のグローバル化にとって足かせであった。また、国際通商の一部となったバイオ医薬品や薬剤に新たに国際規制をかけることができれば、公衆衛生を保護するのみならず、高品質の製品の輸出を促すのではないかとの期待も生まれた。[20]

そこでWHOは、憲章上の目的・手続に従い、国際衛生条約を改定することにした。ただし、アドホックな国際会議を開催して国際衛生条約を国家主導でアップデートするかつてのやり方ではない。各国は、会議の度に代表を送り込んで交渉・議論し、新たな条約を採択する方法を非効率で負担と感じていた。せっかく採択に至っても、その条約が新たな科学の展開に照らしてどれほど合理的であり続けるかも疑問視された。また当時、感染症に関する13の条約・協定が併存していたが、その内容は互いに矛盾したものだった。さらに、国際衛生条約が改定される度に締約国が異なったため、条約上の義務関係が複雑になり混乱を招いていた。[21] 以上に加え、各国の批准手続がハードルとなり、多くの国家を条約の枠組みに引き入れることが難しかった。このことから、新条約の締結ではなく、WHO憲章第21条に基づく規則――国際衛生規則――の制定によって国際規範を統一・最新化する方法がとられることとなった。

WHO憲章が採択された1946年国際保健会議ではWHO暫定委員会が組織されたが、この委員会が公衆衛生国際事務局（OIHP：*Office International d'Hygiène Publique*）の役割を引き継ぎ、既存の国際衛生条約を改定・統合するための準備に着手した。国際衛生条約に代わる新たな規則群を作成する可能性を探り、1946年から1948年の間、予備調査が行われた。*22 この段階で、かつての国際衛生条約のように海陸と空という領域で分けたものではなく、これら全般を扱う単一の国際文書の作成という構想が固まった。

1948年の第1回世界保健総会の議論では、感染症にまつわる従来の国際法のあり方に伴う問題点があぶりだされ、それに対応するために「国際疫学及び検疫に関する専門家委員会」が設置された。国際衛生条約の内容を刷新して一つの規則群にまとめる作業は、この専門家委員会に委任されたのだった。1948年4月の第1回専門家委員会では新たな規則形成の足場となる「一般原則」が採択され、1949年6月・7月に開催された第2回世界保健総会で承認された。これを受け、専門家委員会は、10月に国際衛生規則の第1次草案、12月に第2次草案を用意した。そして、1950年に作成された第3次草案がすべての加盟国に送付された。各国政府のみならず国際民間航空機関（ICAO：International Civil Aviation Organization）や汎米衛生局（PASB：Pan American Sanitary Bureau）といった関連機関、さらにはWHO内部組織の意見を受けた草案は、専門家委員会の法務小委員会にかけられ修正された。加盟国政府がこれに再び意見を付した後、草案は、1950年の第3回世界保健総会で組織された「国際衛生規則に関する特別委員会」で検討された。

最終案が作成されたのは１９５１年４月・５月、第４回世界保健総会開催目前であった。この過程を経て、１９５１年５月、世界保健総会はＷＨＯ規則第２号として国際衛生規則を採択し[*23]、これが１９５２年10月に発効した。当初の準備期間から数えると、採択まで約５年を要したこととなる。またこの採択は、パリで開催された１８５１年国際衛生会議の開催から丁度百年後の年のことだった。なお、国際衛生規則の条文案が具体化される段階ではソ連と東欧社会主義諸国の大半は既にＷＨＯから離れていた。

第３節　国際衛生規則の概要

１　目的・対象

このように採択された国際衛生規則は、第１編「定義」[*24]、第２編「通告及び疫学情報」[*25]、第３編「衛生組織」[*26]、第４編「衛生措置及び手続」[*27]、第５編「検疫疾病に関する特別規定」[*28]、第６編「衛生書面」[*29]、第７編「衛生料金」[*30]、第８編「諸規定」[*31]、第９編「終規定」[*32]、第10編「移行規定」[*33]の全10編・全１１５条から成る。さらに、六つの付録[*34]と二つの附属書（Ａ・Ｂ）もある。

国際衛生規則は、感染症に関する既存の条約・協定を改定・統合し、これに代わる単一の国際文書として作成された。[*35] 同規則は、感染症による将来の危険やアウトブレイクの拡張に歯止めをかけるための装置である。なにより、交通に対する阻害を最小限に抑えつつ、国際的感染拡大に対する最大限の安全を効果的に確保すべきとのニーズに応えるために作成されたものである。[*36] 同規則において、「最小限の制約による最大限の保護」が目的であるとは直接的には記されていない。ただし、国際衛生条約の歴史の中でそれが一般原則の一つとして既に成熟していたこと、また、1969年国際保健規則[*37]の前段で「世界的交通への最小限の干渉による疾病の国際的拡大に対する最大限の安全の確保」が「目的」として公言されることを考え合わせると、[*38] 国際衛生規則においても実質的な目的として意識されていたと言っていいだろう。[*39]

国際衛生規則が対象とする感染症（検疫疾患）は、ペスト、コレラ、黄熱、天然痘、チフス、回帰熱の6種である。[*40] また同規則は、船舶・航空機・列車・車両といったすべての国際交通手段を網羅し、加盟国で維持されるべき措置の基準・条件・方法・内容を示している。

2　通告・情報共有

通告・情報共有が国際衛生規則において中核的要素となることは、国際衛生規則の起草の早期、即ち、1948年4月の第1回「国際疫学及び検疫に関する専門家委員会会議」で既に示唆されていた。そこで採択された一般原則では、「正確かつ迅速な通告が疾病の国際的拡散に効果的に対抗するための基礎」とされ、[*41] これが新たに作成される規則の指針の一つに位置付けられた。よって、国内で感染症が発生した場合、その国家はWHOにいち早くこのことを通告しなければならない。通告を受けたWHOは、各国にこれを知らせることで適切な措置の実行を促す。各国は講じた措置をWHOに通告し、WHOはそれをすべての諸国と共有する。感染の事態が収まれば、それをWHOに知らせ、WHOを通じてその情報を得た諸国は措置を停止する。以上によって感染症の国際的拡散を防ぐ、というのが通告・情報共有に関する大まかな流れである。以下では、国家とWHO各々の役割からさらに説明を加えたい。

まず、感染発生時の国家の通告の義務についてである。保健行政当局は、自国内のある地域が感染地域となったことを知らされてから24時間以内にWHOにその旨を通告しなければならない。また、疾病の存在を実験的方法（laboratory methods）によって可能な限り早急に確認し、その結果を直ちにWHOに伝達しなければならない。[*42]最初の通告以降も、補完的情報を提供するなどWHOへの連絡を継続しなければならない。連絡は可能な限り頻繁に行われ、その内容は可能な限り仔細でなければならない。症例の件数と死者数についての連絡は少なくとも週に一度は行われるべきである。加えて、感染症拡大防止のためにとられた措置などにも言及しなければならない。[*43]感染が終息した時には、感染地域の領域の保健行政当局はそのことをWHOに伝える。ただし、当該地域が感染症から免れたとみなされるには、いくつかの条件がある。まず、疾病の再発や他地域への拡散がないよう、あらゆる予防措置がとられ維持されている必要がある。その上で、各検疫疾患の潜伏期間などを考慮に入れた期間の経過を待たなければならない。[*44]

各国の保健行政当局は、国際通行のためのワクチンの要請の変更や、感染地域からの到着者に適用する措置（及びその停止）について、WHOに通告しなければならない。[*45]また、ねずみ族駆除証明書などを発給できる港の一覧をWHOに提出し、変更が生じた場合はその旨を通告しなければならない。[*46]この他、検疫疾患の症例数や死者数などについては毎週、WHOに報告しなければならない。[*47]さらに各国は、検疫疾患の発生や国際衛生規則の下でとった行為について、WHOに毎年、情報提供しなければならない[*48]。

一方、WHOの役割だが、まず国際衛生規則は、各国領域内の保健行政当局と直接に連絡する権利がWHOにあることを認める。その上で、WHOと保健行政当局とのやり取りは、WHOと国家とのやり取りとみなされる[*49]。そして同規則は、情報共有に関する義務をWHOに課す。WHOは、各国の保健行政当局から得られた疫学やその他すべての情報を、可能な限り早急に、状況に則した適切な手段で、すべての保健行政当局に伝えなければならない[*50]。なお情報共有の一環として、WHOは、検疫疾患に関する通告や関連の国内立法の情報を含む「疫学週報」（WER：Weekly Epidemiological Record）を発行する。また、各国が年度毎に提供する情報やその他の情報を基に、国際衛生規則の作用と国際交通への影響について年次報告を用意しなければならない[*51]。

3　措置

国際衛生規則は、その一つの特徴として、国内の衛生関係機関の充実・強化を求めている。同規則は、国内の能力を高めておくべき場所や方法、基準について具体的に明示している。求められる事柄の度合いや範囲に着目すると、措置を次の三つに分類できる。まず、領域内のすべての港や空港において実施が必ず要求される措置である。すべての港・空港では、飲料水が供給されていなければならない。また、すべての空港には排泄物や汚水などを除去するための効果的な仕組みが備わっていなければならない[*52]。第二に、各保健行政当局が実現可能な限り対応すべき措置である。例えば、同規則の要請を実行に移すための医療サービスや従事者、機材などを、可能な限り多くの港で整えておかなければならない[*53]。第三は、特定の港・空港で対応すべき措置である。各保健行政当局は、十分な数の空港で、ねずみ族駆除に関する証明書を発給するための検査を行うに十分な人材や機材を確保しなければならない。[*54] また保健行政当局は、組織化された医療サービスや感染者の移送・隔離・ケアに対応できる施設を有する衛生空港を指定しなければならない。[*55] さらに、黄熱の地帯に位置するすべての港と空港では、ネッタイシマカを含む蚊がいないようにしなければならない。[*56]

このように、国際衛生規則は国内の能力向上の姿勢も打ち出したが、国際衛生条約で構築されてきた国境（主に港と空港）や運送手段に関する措置を放棄してはいない。むしろ、依然として相当数の条文を割いている。措置を包括的に定めた第4編は、出発における衛生措置、[*57] 到着における衛生措置、[*58] 商品・荷物などの国際輸送に関する措置[*59]を含む。さらに、第5編では検疫疾病に関する特別規定を設け、6種の感染症への対処のあり方を個別に記している。船舶のねずみ族駆除、[*60] コレラに感染した船舶・航空機が到着した場合の乗員乗客の監視や隔離、[*61] 黄熱に関連した隔離[*62]がその例である。また、この時代になるとワクチンの有効性が一層強く認識され、入国に際しての予防接種の基準や条件が感染症ごとに記されている。

国際衛生規則を通底する原則である「最小限の制約による最大限の保護」は、措置のあり方を統制する。同規則で定められた措置が国際交通に対して適用され得る上限であり、各国はそれを越える措置を講ずることはできない。[*63] また上限の範囲は、禁止規定を置くことでより明確になっている。例えば、監視対象となっている者には移動の自由が許されており、彼らを隔離することは認められない。[*64] 出発と到着の間に立ち寄る港・空港に適用される衛生措置[*65]では、一定の状況下での適用を禁止している。一例だが、領水を航行中の船舶に対し、措置を課すことは基本的にできない。[*66]

なお、「最小限の制約による最大限の保護」の原則の他、国際衛生条約には見られなかった新たな要素が国際衛生規則に加わった。同規則上の措置は、「直ちに開始し、遅滞なく完了し、無差別に適用しなければならない」[*67]というものである。

4 組織・機能

国際衛生規則自体がＷＨＯ憲章の準立法的機能に基づいて創出されたことは既に述べた。そこで、ここでは、同規則の変更、条文適用の排除・変更に関する判断・決定、紛争解決、条文の解釈、履行の監視に関するＷＨＯの機能について述べる。

まず、国際衛生規則の変更に関する機能である。同規則の規範的志向として、安定性よりも、変化に対応するための柔軟性が想定されている。将来、感染症の国際的拡散の危険に適切に対処するためには、医学の進展や国際的状況の変化に同規則のコンテンツを適宜合わせ、最新化する必要がある[*68]。そこで、規則の改定を進めるための手続が用意されている。それを行うのが、ＷＨＯ内部組織の「国際検疫委員会」である。同委員会は毎年、同規則の内容を見直し、検疫疾患以外の疾病についても必要に応じて追加規定を準備する予定になっている[*69]。

第二に、条文適用の排除・変更を判断・決定する機能である。ＷＨＯ憲章第22条は規則の拒絶・留保について言及しているが、国際衛生規則はこれを具現化するための手続を定めている[*70]。同規則における留保の利点は一般の条約と類似し、特定の条文の拘束から逃れることを許容することで、できるだけ多数の国家に規則全般を受諾させるという普遍性の確保にある。しかしながら、原則を完全否定するような留保がまかり通れば、同規則の全体的・実質的価値を損なう結果を招きかねない。実際、留保によって同規則の本質が骨抜きになるおそれが起草過程で指摘されていた。[71]また、旅行者の出入国や移動手段に影響を与える留保が無軌道に増加すれば、相互主義に基づく各国の関係を規則の条文だけで律することは不可能となる。[72]そこで同規則では、国家が求める留保の妥当性を統一的に判断する権限をWHOに与えることで、留保がもたらす不利益を回避しようとする。つまり、世界保健総会はすべての留保を検討し、それが同規則の「特性と目的から実質的に逸脱する」と判断する場合には、これを拒否することができる。[73]

世界保健総会に受諾されるまで留保は有効とならず、その間、国際衛生規則は留保を提出した国家に対し効力を持たない。また世界保健総会が留保に反対する場合、それを取り下げるまではその国家に対し同規則は効力を発しない。世界保健総会が反対したにも拘らず留保を取り下げない場合には、同規則はその国家に対し効力を持たない。ただし、同規則の効力が及ばない期間であっても、当該国家が国際衛生条約や関連の協定の締約国である場合にはそれに拘束される。なお、国際衛生規則の一部の拒絶は留保とみなされる。同規則の発効から１９５２年までの間、22カ国より計73件の留保が提出された。第５回世界保健総会でこれらが検討され、そのうち38件が拒否された。その後、関係国は、拒否された留保のほとんどを撤回している。[74]

第三に、紛争解決の機能である。国際衛生規則は、同規則の解釈・適用などに関する問題・紛争を解決するための独自の手段を置く。[75]これは三段階から成り、第一段階と第二段階がWHOの機能である。まず、WHO事務局長による解決である。紛争が起こった場合、関係国はこれを事務局長に付託し、事務局長が解決を試みる。事務局長自身の関与で解決しない場合、第二段階として、事務局長の主導あるいは関係国の要請に基づき、紛争をWHO内部の委員会や組織に付託する。[76]それでも解決されない場合は最終段階に進むこともできるが、これはWHOを超えた組織での対応である。つまり、関係国は、国際司法裁判所（ICJ：International Court of Justice）

に紛争を付託できる。

第四に国際衛生規則の解釈についてだが、WHOが妥当と考える解釈や基準に諸国を権威的に従わせる権限はWHOにはない。ただし、国家間で対立がある場合、既述した紛争解決機能が活用されるなら、WHO事務局長やWHO内部の委員会がその文脈で解釈に関する見解を示す機会は、理屈の上ではあり得る。また、国際検疫委員会には国際衛生規則を見直して修正を勧告する責任が与えられており、[77]この責任の関連でWHOが妥当と考える解釈を提示することも可能であろう。

第五に、履行の監視機能である。国際衛生規則を受諾する国家は、これに関連する行動をWHO事務局長に毎年報告しなければならない。[78]また、その国で公布された保健関係の重要な法律や規則についても、これをすみやかにWHOに通告しなければならない。[79]以上を通じ、WHO事務局長は、国際衛生規則の履行を監視することができる。[80]しかしながら、このような監視によって違反や抵触が仮に発見されたとしても、WHO憲章と同規則はそれを是正するための有効な装置を備えていない。

第4節　国際衛生規則の性質

1　目的・対象

採択の背景からもうかがえるように、国際衛生規則は歴史上新たなスキームを生み出したのではなく、国際衛生条約で形成された原則や枠組みを基本的に踏襲している。ただし当然、その内容まで国際衛生条約と同一というわけではなく、性質は変化している。そこで、目的・対象、通告・情報共有、措置、組織・機能の項目に分け、それぞれの特性を国際衛生条約と比較しながら説明したい。

まず、目的・対象である。第1編で繰り返したように、国際衛生条約は「欧州防衛」の目的とともに始まった。しかし、国際衛生規則は、国連システム下で、米国を中心とした非欧州諸国もその形成に関与し、特定地域に限定しない「最小限の制約による最大限の保護」の性格を押し出している。その結果、「欧州防衛」の目的は形式・実態両面で大きく後退した。同規則の起草過程でもその構図は論議の軸ではなかった。また、巡礼について相当な分量を充てていた国際衛生条約とは異なり、国際衛生規則の本文からそれがほぼ消えている。ただし、19世紀に巡礼が感染経路の一つであったという記憶は失せず、同様の危険に対する警戒心は維持されている。[*81] 巡礼に関する内容は本文から外されても、附属書A「巡礼の季節にヒジャーズを往来する巡礼者の交通の衛生統制」[*82]と附属書B「巡礼船及び巡礼者を運ぶ航空機における衛生状態の基準」[*83]に引き継がれている。また、国際衛生規則の用語の定義の一覧[*84]には「巡礼」と「巡礼船」、「聖地巡礼」、「聖地巡礼の季節」が含まれ、附属書だけでなく同規則本体も聖地巡礼に適用されることがあえて記されている。[*85] しかしながら、1956年の第9回世界保健総会の場で、サウジアラビア政府がジッダなどでとった対策によって衛生上の安全が確保されたことが検疫専門家によって報告された。これを受けて、巡礼に照準を定めた規制はほぼ撤廃された。[*86] なお、1969年国際保健規則の第84条に、移民や遊牧民、季節労働者、礼拝などの大規模集会に参加するものに対してとられる追加的措置についての定めが残った。また、2005年国際保健規則の第43条においても、大規模集会に参加する旅行者への措置が定められている。

次に、国際衛生規則上の感染症の射程についてである。20世紀の国際衛生条約が対象とした感染症（条約感染症）の種類は、徐々に増えていった。１９０３年「国際衛生条約」（１９０３年条約）ではペストとコレラのみであったが、１９１２年「国際衛生条約」（１９１２年条約）では黄熱、１９２６年「国際衛生条約」（１９２６年条約）ではチフスと天然痘が条約感染症に加わった。国際衛生規則はこれら条約感染症をすべて引き継ぎ、それに回帰熱を加えた６種の感染症を対象とする。回帰熱とは、げっ歯類小動物や鳥類などを保菌動物とし、野生のダニやシラミによって媒介される細菌感染症である。発熱期と無熱期を３回−５回程度繰り返すことが特徴であり、この病名の由来である。[*87] なお、上記６種類以外の感染症は同規則の規定とほぼ関連を持たないので、[*88] 基本的に、検疫疾患以外の感染症のアウトブレイクは同規則の射程にはない。

このことは、自らを法的に縛る範囲をできるだけ狭めておきたいという諸国の意思の現れでもある。しかし同時に、将来の新興感染症などのアウトブレイクを阻止する装置としては、致命的欠陥を許すものであった。この点、１９４４年「１９２６年国際衛生条約を修正するための条約」（１９４４年海陸条約）が見せた姿勢とは対照的である。同条約は、条約感染症以外の感染性疾患に起因する事態についても通告義務を課すことで感染拡大を回避しようとしていた。国際衛生規則の対象の狭さはすぐに問題視され、実践を通じた拡張も試されたものの、抜本的変更は長く行われなかった。そして、２００５年「国際保健規則」作成・採択時には、まさにこの限定性の撤廃が中心的議題の一つとなった。

2 通告・情報共有

感染症発生や関連状況の通告、実施された措置やそのフォローアップ情報の国際機関への提供は、1926年条約で確立したものである。国際機関の集約的情報管理システムの下での収集・管理・発信も、既に1920年代-1930年代の国際衛生条約で見られた。しかし、法的観点から注目すべき変化もある。例えば、この文脈での国際機関の権利である。国際機関が（外交窓口ではない）保健担当局と直接連絡を取り合うことは、OIHP時代にも事実上行われていた。しかし、「直に連絡する権利」が条約上明示されることはなかった。

もう一点注目したいのは、「最小限の制約による最大限の保護」と通告・情報共有との繋がりである。そこには、前者を達成する上で後者が不可欠であるとの認識があり[*89]、次のような期待があった。たとえ世界のどこかで検疫疾患が発生したとしても、時宜を得た正確な感染情報を入手できれば、各国政府が根拠のない噂や思い込みでパニックに陥ることはない。したがって、国際経済活動を不必要に害する過剰な行動に出ることもない。また、感染の危険が収まったとき、情報が適切に提供されれば、国際経済に抑制をかけていた各国の措置は直ちに撤回されるだろう。以上は、国際協力を前提とした理性に期待したものだった。

3 措置

かつての国際衛生条約は、感染症に対する措置の内容と基準を設定し、これに基づく行動を各国に求めていた。1903年条約では、感染症の国家への侵入口となる水際（港などの国境）での検疫を含む措置の基準などが示された。1912年条約では、検疫といった従来の措置の他、感染症発生地にある出発港での予防措置が追記された。1926年条約では伝統的措置から一層距離をとり、予防措置がより強調されるようになった。二つの1

944年条約では予防接種の効果が重視され、その国際証明書の発行も図られた。

国際衛生規則もこの流れを汲んでいるが、それまでも長く議論されていた国内衛生関係機関の充実・強化の必要性を、よりはっきりと打ち出している。[*90] 同規則の起草過程において、医療専門家らは、感染症の国境管理にはほとんど効果がなく、国内の公衆衛生システムの改善こそ、より有効な戦略であると主張していた。[*91] また、国境でとられる措置よりも各国内の能力を強化すべきであるとの方向性は、1948年専門家委員会会議で確認された「一般原則」でも示された。このようなことから、国内衛生関係機関を含む各国の国内保健資源を拡充させ、国内での抵抗力を高めることが感染症への国際的対応の鍵との意識が規範に現れるようになった。

また、国際衛生規則には、国境での措置の効果と、医療資源の充実を含む国内の能力の向上との結びつきを意識せざるを得ない規定がある。例えば、各国の保健当局は国際通行の出発前の者に対し医療診断を行い、感染者のみならずその疑いがある者の出国を禁ずることができる。[*92] このプロセスで、感染の可能性を確実に発見できるかは、その国家・保健行政の能力や技術の高さに左右される。そして、感染の可能性を確実に見出す国内の能力が高まれば、国境での措置の有効性も高まり、感染の国際的拡大を未然に食い止めることができる。[*93]

4　組織・機能

1903年条約で設立が提唱され、1907年「公衆衛生国際事務局のパリにおける設立に関する国際協定」で具現化した保健分野初の常設国際機関であるOIHPは、国際衛生条約の監督に複数のレベルで関与した。ところが第二次世界大戦中に機能不全に陥ったので、1944年海陸条約により、その任務は一時的にUNRRA

に移った。さらに１９４６年議定書で、新たな「国際保健機関」にＵＮＲＲＡの任務や機能が移譲されることが示された。その機関にあたるＷＨＯがＯＩＨＰとＵＮＲＲＡの後継となり、国際衛生規則の管轄に広範に関与することとなった。

国際機関が国際規範の創出に積極的に関与するという意味での準立法的機能は、感染症にまつわる国際法の歴史の中でも既に登場していた。国際衛生条約の改定案を作成する権限はＯＩＨＰに与えられていたし、ＵＮＲＲＡが第二次世界大戦時にそれを引き継いだように、国際機関がこの分野の条約作成に関与することはあった。だが、その関わりは、形式的には改定案の準備などに限られていた。そこで、専門的な知見・技術を有し、感染症の国際的予防のあり方を鳥瞰できるＷＨＯに、効率的で統一的な国際規範の形成の主導を委ねる道が模索されるようになった。

国際衛生規則の制定、条文の変更、条文適用の排除・変更に関する判断・決定、紛争解決、条文の解釈、履行の監視に関するＷＨＯの機能の権限を含む法的根拠は、ＷＨＯ憲章と国際衛生規則自体にある。このような機能の一部は、基本的にＯＩＨＰとＵＮＲＲＡから引き継いだものだが、既述した通り、国際衛生条約との大きな違いは、国際衛生規則が通例の条約締結手続では制定されない点である。もう一点、特徴的なのは、条文適用の排除・変更の判断・決定である。国際衛生規則の留保手続は、国家が求める留保が同規則の目的や性格から逸れないよう制御し、特定の条文をめぐる、特定の国家と国際衛生規則の関係を明らかにする効果を持つ。また、ＷＨＯのセブ・フラス（Sev Fluss）によると、この留保手続は、留保を求める国家とＷＨＯが協議を行う実践的形態を生み出しているという。[*94] もっとも、そのような対話の空間を事実上もたらしたにせよ、留保を取り下げないという選択肢が国家に残っていることは言を俟たない。

第7章　註――

（1）　マラリアの症状、流行状況については次を参照。加藤茂孝『続・人類と感染症の歴史：新たな恐怖に備える』丸善出版、２０１８年、99頁、１０３頁、１０７頁。サンドラ・ヘンペル『ビジュアル　パンデミック・マップ：伝染病の起源・拡大・根絶の歴史』日経ナショナルジオグラフィック社、２０２０年、１２０頁、１２７頁。World Health Organization, *World Malaria Report 2019* (WHO, 2019).

（2）　戦時中における八重山諸島のマラリアについては次を参照。加藤、前掲、91－92頁。「八重山のマラリア史：戦争マラリアとマラリア撲滅」琉球大学医学研究科ウイルス学講座〈https://www.arcgis.com/apps/Cascade/index.html?appid=8d1601e4787548b7a5ae69fb8a320a3b〉(last access: 10 January 2021)。

（3）　ＷＨＯのマラリア根絶プログラムの概要は次を参照。詫摩佳代『人類と病：国際政治から見る感染症と健康格差』中央公論新社、２０２０年、94頁。Erez Manela, "A Pox on Your Narrative: Writing Disease Control into Cold War History," *Diplomatic History*, 34:2 (2010), p. 306. José A. Nájera, Matiana González-Silva and Pedro L. Alonso, "Some Lessons for the Future from the Global Malaria Eradication Programme (1955-1969)," *PLoS Medicine*, 8:1 (2011), p. 2.

（4）　ＤＤＴが実用化される経緯については次を参照。加藤、前掲、１１０頁。詫摩、前掲、１２６頁。David Kinkela, *DDT and The American Century: Global Health, Environment Politics, and the Pesticide That Changed the World* (The University of North Carolina Press, 2011), p. 15.

（5）　連合軍によるＤＤＴの使用については次を参照。Kinkela, *op.cit.*, p. 30.

（6）　サルディーニャ島でのＤＤＴの散布については次を参照。Eugenia Tognotti, "Program to Eradicate Malaria in Sardinia, 1946-1950," *Emerging Infectious Diseases*, 15:9 (2009), pp. 1460, 1464.

（7）　ロックフェラー財団の概要は次を参照。Kinkela, *op.cit.*, p. 21.

（8）　国際連盟時代の議論と第二次世界大戦については次を参照。Julian Eckl, "The Power of Private Foundations: Rockefeller and Gates in the Struggle Against Malaria," *Global Social Policy*, 14:1 (2014), p. 102.

（9）　ブラジル、エジプトなどでのＤＤＴの散布事業については次を参照。詫摩、前掲、92－93頁。Eckl, *op.cit.*, pp. 102-104.

（10）　米国による第三諸国への支援は次を参照。詫摩、前掲、93－94頁。Kinkela, *op.cit.*, pp. 106-107.

（11）　Malagon Filiberto, "Cold War, Deadly Fevers: Malaria Eradication in Mexico, 1955-1975 by Cueto Marcos," *Philosophy, Ethics, and Humanities in Medicine*, 3:15 (2008), pp. 1-8.

(12) 『沈黙の春』とその議論については次を参照。詫摩、前掲、95頁。Kinkela, *op.cit.*, pp. 108-109.
(13) 肯定的な意見については次を参照。詫摩、前掲、96頁。Nájer and others, *op.cit.*, p. 3. Migiro Katy, "Timeline: The Long Road to Malaria Eradication," Reuters, Science News, 8 June 2016 <https://news.trust.org/item/20160608050317-bflcd/> (last access: 16 August 2020).
(14) ヘンペル、前掲、127頁。
(15) プログラムの批判的な評価は次を参照。Pedro L, Alonso and others, "A Research Agenda to Underpin Malaria Eradication," *PLoS medicine*, 8:1 (2011), p. 2. Filiberto, *op.cit.*, p. 4.
(16) DDTやクロロキンに耐性がある蚊については次を参照。詫摩、前掲、92－93頁。Najera and others, *op.cit.*, p. 3.
(17) マラリアへの国際的対応については次を参照。詫摩、前掲、95－96頁、97－99頁。Najera and others, *op.cit.*, pp. 4-5. Eckl, *op.cit.*, p. 109.
(18) Oleg P. Schepin and Waldemar V. Yermakov, *International Quarantine* (International Universities Press, 1991), pp. 242-251.
(19) David P. Fidler, *International Law and Infectious Diseases* (Oxford University Press, 1999), pp. 58-59.
(20) Sev S. Fluss, "The Development of National Health Legislation in Europe: The Contribution of International Organizations," *European Journal of Health Law*, 2 (1995), p. 198.
(21) *Ibid.*, p. 211. Charles E. Allen, "World Health and World Politics," *International Organization*, 4:1 (1950), p. 31. Fidler, *op.cit.*, *International Law and Infectious Diseases*, pp. 58-59.
(22) その際、WHOとOIHPが共同で開催した一連の専門家会議が必要な技術的助言を行った。
(23) WHA 4.75. 国際衛生規則の起草過程全般については次を参照。World Health Organization, *The First Ten Years of the World Health Organization* (WHO, 1958), p. 260. Schepin and Yermakov, *op.cit.*, pp. 250-256. ちなみに1948年に採択されたWHO規則第1号は後の国際疾病分類（ICD）となる。
(24) 国際衛生規則第1条。
(25) 同第2条－第13条。
(26) 同第14条－第22条。
(27) 同第23条－第48条。
(28) 同第49条－第94条。
(29) 同第95条－第100条。
(30) 同第101条。

(31) 同第102条‐第104条。
(32) 同第105条‐第113条。
(33) 同第114条、第115条。
(34) 第1付録「ねずみ族駆除証明書」、第2付録「コレラワクチン接種国際証明書」、第3付録「黄熱ワクチン接種国際証明書」、第4付録「天然痘ワクチン接種国際証明書」、第5付録「海洋健康宣言書」、第6付録「航空機の保健に関する一般的宣言」。
(35) 既存の条約・協定とは次である。1903年「国際衛生条約」、1905年「米州衛生条約」、1912年「国際衛生条約」、1926年「国際衛生条約」、1933年「航空国際衛生条約」、1934年「健康証明書免除国際協定」、1934年「健康証明書上査証免除国際協定」、1938年「1926年国際衛生条約を修正するための条約」、1944年「1926年国際衛生条約を修正するための条約」、1944年「1933年航空国際衛生条約を修正するための条約」、1946年「1926年国際衛生条約を修正するための1944年条約を延長するための議定書」、1946年「1933年航空国際衛生条約を修正するための1944年条約を延長するための議定書」。なお、1924年米州衛生規定については例外にあたる特定の条文を除いて効力は維持される。以上、国際衛生規則第105条。
(36) 国際衛生規則前段。
(37) The International Health Regulations (1969). UN Treaty Registration Number 10921.
(38) International Health Regulations (1969, Third Annotated Edition), Forward.
(39) 「最小限の制約による最大限の保護」を、国際衛生規則における目的と自明に捉える見解として次を参照。Lawrence Gostin, *Global Health Law* (Harvard University Press, 2014), p. 180.
(40) 国際衛生規則第1条、第5編。
(41) David M. Leive, *International Regulatory Regimes: Case Studies in Health, Meteorology, and Food: Vol. I* (Lexington Books, 1976), p. 29.
(42) 国際衛生規則第3条。
(43) 同第4条、第5条。
(44) 同第6条。
(45) 同第8条。
(46) 同第21条。
(47) 同第9条。
(48) 同第13条第1項。なお、WHO憲章第62条（勧告・条約・協定・規則に関する行動の年次報告）も参照。

(49) 国際衛生規則第2条。
(50) 同第11条、第21条第3項。
(51) 同第13条第2項。
(52) 同第14条第2項・第3項。
(53) 同第15条。
(54) 同第17条。
(55) 同第19条。
(56) 同第20条。
(57) 同第30条。
(58) 同第35条－第45条。
(59) 同第46条－第48条。
(60) 同第52条。
(61) 同第63条。
(62) 同第74条。
(63) 同第23条。
(64) 同第27条。
(65) 同第31条－第34条。
(66) 同第32条。
(67) 同第24条。
(68) WHO, *op.cit.*, p. 264.
(69) WHA 6.20.
(70) 国際衛生規則第107条。
(71) George A. Jr. Codding, "Contributions of the World Health Organization and the International Civil Aviation Organization to the Development of International Law," *American Society of International Law Proceedings*, 59 (1965), p. 148.
(72) Fluss, *op.cit.*, p. 212.
(73) 国際衛生規則第107条第1項。ちなみに、国際司法裁判所は同規則採択と同年、「ジェノサイド条約に対する留保事件」の勧告的意見で「両立性の基準」を説示している。Advisory Opinion Concerning Reservations to the Convention on the Prevention and Punishment of the Crime of Genocide, International Court of Justice (ICJ), 28 May 1951. またこの基準を定めた条約法に関するウィーン条約（Vienna Convention on the Law of Treaties, 27 January 1980, UN Treaty Registration Number 18232）が採択・署名されたのは１９６９年のことである。

（74） WHO, *op.cit.*, pp. 260-261.

（75） 国際衛生規則第一一２条。

（76） この責任を負う内部組織に「国際検疫委員会」が指定された。WHA 6.20.

（77） WHA 6.20.

（78） ＷＨＯ憲章第62条。

（79） 同第63条。

（80） Gostin, *op.cit.*, p. 110.

（81） WHO, *op.cit.*, pp. 261-262.

（82） 第一編「全巡礼者に適用される措置」、第２編「巡礼船」（第一章：スエズ運河を航行する巡礼船、第２章：ヒジャーズに向かう巡礼船、第３章：ヒジャーズより帰還する巡礼船）、第３編「航空運輸」、第４編「地上運輸」、第５編「通告」の全５編・全15条から成る。

（83） 第一編「巡礼船」と第２編「航空機」の２編・全26条から成る。

（84） 国際衛生規則第一条。

（85） 同第一０２条。

（86） WHO, *op.cit.*, pp. 261-262.

（87） 回帰熱の症状については次を参照。「回帰熱」厚生労働省〈https://www.mhlw.go.jp/bunya/kenkou/kekkaku-kansenshou11/01-04-08.html〉（last access: 25 September 2020）。「回帰熱」ＭＳＤマニュアル プロフェッショナル版〈https://www.msdmanuals.com/ja-jp/ プロフェッショナル/13- 感染性疾患 / スピロヘータ / 回帰熱〉（last access: 25 September, 2020）。

（88） ただし、国際衛生規則では、公衆衛生に対する重大な危機を構成する緊急事態において、検疫疾患以外の疫病に感染した船舶・航空機の荷の積み下ろしや燃料・水補給を拒むことができることが例外的に示唆されている（第28条）。

（89） Leive, *op.cit.*, p. 29.

（90） Fluss, *op.cit.*, p. 211.

(91) Simon Carvalho and Mark Zacher, "The International Health Regulations in Historical Perspective" in A. Price-Smith (ed), *Plagues and Politics: Infectious Disease and International Policy* (Palgrave Macmillan, 2001), p. 244.

(92) 国際衛生規則第30条。

(93) Fidler, *op.cit.*, pp. 62-63.

(94) Fluss, *op.cit.*, p. 212.

第8章

1960年代―1970年代 ――国際保健規則

第1節　冷戦と感染症

1　WHOからのソ連・社会主義諸国の離脱

1960年代−1970年代において、感染症の分野では、米ソ両国が対立・競争から協力に転ずるという興味深い風景が見られた。二つの超大国は冷戦期の対立の最中にあって、複雑で困難な状態を共同管理していた。軍事や政治といったハイ・ポリティクス（high politics）の分野では、1962年のキューバ危機で全面戦争の危機を経験し、第三世界で代理戦争や内戦が頻発したが、1960年代終盤からデタントの時代に入った。また両国は、芸術やスポーツ、文学などでは協力し、ロー・ポリティクス（low politics）に区分された分野でも協調を阻まないことで一種の緊張緩和を図った。当時の国際保健はその一部であったし、技術的な協調や協力が生じやすい分野でもあった。天然痘根絶をめぐる国際的取り組みはその前提として、冷戦期にあって比較的自立性の高い分野で生まれたものだった。

冷戦の影響は、WHO設立から間もなく露わになった。国際保健事業には二つのアプローチがある。一つは、環境改善を通して人々を健康へと導く社会医学、もう一つは研究中心の病理学に関わるものである。前者を支持したのは、保健と社会保障が相互に関係すると見ていたソ連・社会主義諸国であった。しかし米国は、これを社会主義的思想に根ざすアプローチだと批判した。米国の協力を得られないことを懸念したWHOは結局、後者、即ち、病原菌や治療法などの研究を行う病理学に焦点を移すようになった。中でも、病理学と連動した救済復興支援活動と感染症対策を重視するようになった。*1

一方、第二次世界大戦中に病院や医療器具が破壊された東欧諸国は、住居やインフラの不足という戦後の課題をまだ克服していなかった。戦時中に多大な人的・物的犠牲を払ったソ連・東欧諸国は、WHOが物資支援より技術支援を重視する画一的なアプローチをとっていたことに反感を覚えた。それどころか、ペニシリンが不足していたチェコスロバキアやポーランド、ユーゴスラヴィアなどでその生産工場を建設しようとした時、米国はこれを阻止しようと試みた。*2 社会主義圏の目には、これに介入できなかったWHOが既に米国の支配下にあるように映った。やがてソ連は、「差別的態度」を社会主義国に対してとるWHOから、負担に見合うだけの見返りを得ていないと判断した。ベルリン封鎖後の1949年、ソ連とウクライナ、白ロシア・ソビエト社会主義共和国はWHOから離脱した。やがて、ブルガリア、ルーマニア、アルバニア、ポーランド、チェコスロバキア、ハンガリーが続いた。もっとも、当時のソ連のこの態度はWHOに限ったことではなく、同国には、国連の専門機関を冷戦における「敵の道具」とみなす傾向があった。多数の社会主義陣営が離脱すると、米国と西側同盟国は、WHOの政策や人事に支配的影響力を行使することが容易くなった。WHOも、ソ連不在の1949年から1956年までの期間、自らの活動と米国の利益を密接に繋げるようになっていた。

ところが、敵視する米国との協力に消極的だったスターリンの死後、平和共存の姿勢に転じたフルシチョフ政権下のソ連は、その態度を大きく変えた。1955年、国際保健分野における資本主義圏との友好的競争・協調の外交を模索し、WHOに復帰することを明言したのである。そして翌年、ソ連と社会主義諸国はそれを実行した。ちなみに、WHOを離脱している間も、ソ連は住宅や衛生設備、保健インフラ、年金、社会保障といった問題において社会主義陣営との協力を継続していた。同国はその高い技術力を駆使し、社会主義陣営国家間の知識・実践の統合と共有、医療研究などの特定分野における専門化を推進した。やがて、国際保健分野でのこのような活動は社会主義圏を超え、アジアやアフリカの途上国にも拡大した。[*3]

2　天然痘根絶計画の始まり

ところで、ＷＨＯはその設立当初より、天然痘の根絶を課題の一つに挙げていた。[*4]そこには、天然痘で苦しむ人々の救済という意図だけではなく、まだ成果の乏しいＷＨＯにあってその国際的立場を向上させる狙いがあった。だが、天然痘はあくまで地域的課題でありグローバル・イシューではないと見ていた加盟国は、予算拠出に非協力的であった。また当時、米国が提唱・実行していたマラリア根絶プログラムが失敗に陥りそうであったことも、加盟国の支持を十分に得られない理由であった。ＷＨＯの天然痘根絶計画も、同じ道を辿るものと見られたからである。たしかに、両者には共通する問題点があった。途上国の公衆衛生基盤の脆弱性のため、思い通りに計画を進められなかったし、ワクチンを国内に拡充するだけの予算確保や品質管理は難しかった。ＷＨＯ初代事務局長ブロック・チザム（Brock Chisholm）は、１９５３年の世界保健総会で5年間の天然痘根絶計画を提案するも、いくつかの感染国への資金援助とワクチンの提供に関する合意が得られただけで他は否決された。このように、当初、加盟国は天然痘に対する取り組みに理解は示しても、その実効性には懐疑的だった。限りある予算は、成功の見込みが低い計画ではなく、確実に効果を引き出せる事業に投資されるべきとの声は国連内でも広がり、国連児童基金（ＵＮＩＣＥＦ：United Nations Children's Fund）でさえも天然痘根絶計画には否定的だった。[*5]

この事態に転機をもたらし、天然痘根絶計画が動き出すきっかけをつくったのはソ連だった。当時、インドやパキスタンで天然痘流行が始まっており、自国への感染流入を懸念したソ連は天然痘根絶を提唱した。ただ、そこには別の思惑も働いていた。同国には、1930年代のスターリン体制下、ワクチン接種によって国内の感染者数を大きく減少に転じさせた経験と自信があった。そこで、天然痘の世界的拡がりを国際協力によって阻止するだけでなく、DDT（ジクロロジフェニルトリクロロエタン）生産やマラリア根絶プロジェクトで先を行く米国に対抗し、国際保健分野での指導力の挽回を図った。[*6] そしてソ連には、この計画を支えるだけの科学力があった。天然痘ワクチンを過酷な環境で保存し、凍結乾燥ワクチンを製造する独自のプロセスを開発していたのである。そしてソ連のウイルス学者であり副保健相のヴィクトル・ジダノフ（Viktor Zhdanov）は、1958年、天然痘根絶計画をWHOに初めて提案するとともにワクチンの提供を約束した。[*7]

3　米国の参加とソ連との協力

1949年以降は自国内での天然痘の自然発生がなかった米国は根絶計画にさほど熱心ではなかったし、米国の外交政策上の利益と矛盾するかもしれないソ連の事業をあえて支持することもなかった。しかし当時、マラリア根絶の展望はますます遠のいていた。またベトナムでの北爆も始まり、国際的緊張は高まっていた。そのような状況にあった1965年、米国は、世界保健総会の場で、政策転換となる重要な宣言を行う。それは、天然痘根絶計画への同国の参加であった。歴史学者のボブ・ラインハート（Bob H. Reinhardt）によると、この転換の根拠は、ジョンソン政権の内政と外交を支える柱であった「偉大な社会」（Great Society）政策[*8]にある。リンドン・

ジョンソン（Lyndon B. Johnson）大統領個人が暖めてきた理想が、公衆衛生の専門家らの自由主義的信念によって具現化され、天然痘根絶計画への協力の決定に繋がったというのである。その理想とは、冷戦期における米国の国益に連動したもので、感染症の苦境から解放された途上国が経済上生産的になることで迫り来る共産主義の脅威をかわす、というものであった。[*9] 米国の計画参加の意思表示により、国際的関心が天然痘根絶へと一気に向かうこととなった。

だがここにきて、ソ連の立場は微妙になった。1965年、WHOが、米国疾病予防管理センター（CDC）所属のドナルド・ヘンダーソン（Donald A. Henderson）を天然痘根絶計画の部長に指名したためである。ヘンダーソンによると、WHOが彼を指名した理由は、もし天然痘根絶計画が失敗しても、その責任を米国に転嫁できることにあった。天然痘の専門家でないにも拘らず、たまたまWHOとの接点が強かっただけで着任を米国公衆衛生局より命じられたヘンダーソンは当初、戸惑いを隠せなかったようである。また、どのような動機や事情があったにせよ、ソ連はこの任命を快く思わなかった。ソ連副保健相のディミトリ・ベネディクトフ（Dimitri Venediktov）は、WHOに対し、根絶計画を最初に提唱し貢献してきた同国こそ指導的立場にふさわしいと抗議したが聞き入れられなかった。だが、ワクチン生産の技術と量で圧倒するソ連の協力がなければ、この計画がいずれ立ち行かなくなることをよく知っていたのはヘンダーソンだった。そこで彼は、ベネディクトフらに直に接触するなどして、科学者同士としての信頼関係を社会主義圏の輪の中で強固なものにしていった。その甲斐もあってか、ワクチン提供に加え戦略面や後方支援でも協力を取り付けることに成功した。米国もこれに応じ、年間５０００万回分の接種を提供することに同意した。[*10]

天然痘根絶計画の基本方針は、この感染症が常に流行している33カ国の全住民80％に対し、3年以内にワクチンの接種を行うことであった。成功の鍵を握ったのはワクチンの質と量だった。天然痘ワクチンには、ジェット噴射法と、皮膚に傷をつけて直接塗る方法がある。前者には噴射機が故障しやすく、後者には手間がかかり痛みが伴うという問題があった。そこで、二又針接種法という新たな方法が開発された。これは、二又に分かれた針の先をワクチン液に浸し、皮膚に15回上下させて接種する方法である。痛みも少なく、ワクチン接種量を4分の1に節約できる。しかも、医療従事者に頼る必要がなく、一般人でも簡単に接種できる。このような利点から、ジャングルも含め世界の隅々まで分け入り、人々に素早く簡単に接種できるようになった。[*11]

WHOは、各国の天然痘ワクチンが合格基準に達するよう働きかけ、質の高いワクチン接種を進めていった。当初、国際社会の協力や寄付も少なく予算的には厳しかったため、WHOの賭けと言われていた。しかし、西アフリカやブラジル、インドネシアといった特定地域の成功を契機に、1970年代中盤から、懐疑的だった各国からの期待も高まった。また、メディアから注目されたことで寄付金も集まり、軌道に乗り出した。そして、1977年にソマリアで確認された患者アリ・マオ・マーラン（Ali Maow Maalin）を最後に、ヒトとヒトとの間の感染は見られない。そして1980年5月、WHOはついに天然痘の根絶を宣言した。この時期の米国はカーター政権であった。このように、冷戦期において多方面で主導権争いを演じた米ソであったが、両国の思惑とWHOの事情が一致すると、協力に向かっていった。

4 天然痘根絶以外での協力

東西陣営の垣根を超えた感染症に関する協力は、天然痘根絶計画にとどまらず、他の感染症のワクチン開発でも見られた。ただし、表舞台で脚光を浴びるようなものではなく、地道な共同イニシアチブを通じて達成されていった。一例が、生ポリオのワクチンである。[12] 冷戦時代、ソ連でポリオ患者が急増していたこともあり、スターリンの死後、ソ連当局は国際協力を提案した。ソ連のウイルス研究者ミハイル・チュマコフ（Mikhail Chumakov）は、簡易でより安価な生ポリオワクチンに注目し、米ソの技術協力が必要不可欠と主張した。一方、米国では、生ポリオワクチンの安全性を確認するため数百万人規模の被験者が必要だったが、国内では既に不活性化ワクチンを接種した者がほとんどであったため、十分な人数を確保できずにいた。そこで、米ソ当局は、米国のウイルス学者で生ワクチンの生みの親であるアルバート・セービン（Albert Sabin）と、チュマコフらソ連の科学者らとの連携を進めた。「ソ連国家保安委員会」（ＫＧＢ：Komitet Gosudarstvennoy Bezopasnosti）の監視下で、彼らは米国在住のセービンを訪問し、またセービンも彼らをモスクワに訪ねている。その後、数百万人のソ連国民を対象とし、初回試験に適した規模の経口ポリオワクチンを共同で生産した。[13]

第２節　背景と経緯

米ソの利害とＷＨＯの事情が合致する中で天然痘根絶計画が実行されようとしていた頃、ＷＨＯを中心に、国際保健において鍵概念となるある用語の再定義が図られていた。それは、「サーベイランス」（surveillance）である。"surveillance"という単語は国際衛生条約の中でも用いられていたが、元々、感染に晒された人々の徴候をいち早く探知し、隔離などの手段を迅速にとるための監視を意味していた。ちなみに本書では、このような「個人に対するサーベイランス」(personal surveillance)という意味の"surveillance"には「監視」の訳語をあてている。

公衆衛生に関する計画・決定を行うための疫学情報の提供という漠としたサーベイランスの用法もかねてよりあったが、1950年代終盤以降、これが意識的に定義されるようになった。それは、関連するデータを系統的に収集・分析することで、疾病の発生状況やその推移などを継続的に監視し、基礎的データと解釈を必要とするものに対し、それを定期的に還元することである。これを、「疫学サーベイランス」(epidemiological surveillance)と表現することもある。その特徴は、他国での感染症発生の報告を受動的に待つのではなく、多様な情報源に能動的に接近し、データを入手・解析して事前に備えることで、感染症の拡大を予防するとともに制御することにある。サーベイランスの新概念が主流化するのと反比例し、検疫の実用性が消えていくようにも思われた。しかし、両者は二律背反ではない。例えば、ある国家が検疫の実行を決定する場合には、各国より国際機関などに集められたデータを分析し共有するというサーベイランスが必要である。

サーベイランスの新概念の源は、データの分析・評価の面で開発されてきた疫学的手法にある。1950年代にこれを主張し始めたのは、米国疾病予防管理センター(CDC)のアレクサンダー・ラングミュア(Alexander D. Langmuir)であった。1960年代になってサーベイランス研究の先駆者カレル・ラシュカ(Karel Raška)の主導でチェコスロバキアにおいて新概念が承認されると、WHOでもより活発に議論されるようになった。この審議にあたった1968年の世界保健会議の技術会議は、概念を構成する要素が、第一にデータの制度的収集、第二に収集されたデータの統合と分析、第三に疫学報告書による情報の還元であることを確認した。WHOの組織再編もこれと歩調を合わせた。1968年には「検疫部」が「疫学サーベイランス部」に統合され、「国際検疫委員会」は「伝染病に関する国際サーベイランス委員会」に改名された。

サーベイランスの新概念は、天然痘根絶計画にも影響を与えた。この計画で当初重視されていたのは、どれだけ多くのワクチン接種を実施できるかであった。サーベイランスの考え方が導入されると、天然痘感染者を発見し、その濃厚接触者と周辺の住民にワクチン接種を施すような戦略に移行した。それは、診断のために「かさぶた」を採取してラボに送り、村から村まで、家から家まで、くまなく感染者を捜索するような作業だった。サーベイランスを下地としたこの方法では、地元社会の能力と協力が重要であった。天然痘根絶計画の成功と繋がったこともあり、サーベイランスの新概念はやがて国際的に認知されるようになった。*14

第3節　国際衛生規則から国際保健規則へ

1969年の第22回世界保健総会において、「国際衛生規則」は「国際保健規則」（1969年規則）に改名された。*15 1960年代と1970年代には、国際衛生規則の全体構成が組み替えられるような抜本的変革はなかったが、名称変更以外でも重要な変化はあった。それは、サーベイランスの新概念の1969年規則への導入である。

１９６９年規則では、疫学原則の強化とその国際的適用、感染症拡大源の探査とその縮小・根絶が企図され、国内での疫学活動が推奨されている。[*16] 具体的には、ＷＨＯがより機能的にデータの収集や統合・分析、情報の還元に関われるよう、その責任・役割などが第2編「通告及び疫学情報」に追記された。

まず、サーベイランスの事業を通じて得られた、ＷＨＯにとって利用可能な追加的な疫学データやその他の情報は、妥当な時期に、すべての加盟国の保健行政当局が利用できるようにしなければならない。[*17] これは、国内の関係機関がより有効に機能することを期待してのことである。またＷＨＯは、１９６９年規則が対象とする疾病（規則対象疾病＝検疫感染症）に関する疫学的状況を見直してデータを公表するとともに、サーベイランスの事業を通じて得た情報を刊行しなければならない。[*18] サーベイランスと間接的に関連性を持ち得る規定もある。ＷＨＯは、関係政府の同意の下、周辺国や国際保健に対して重大な脅威を構成するような規則対象疾病のアウトブレイクを調査することができる。そのような調査は、あくまで、関係国政府が妥当な制御措置を準備するための支援として実施される。[*19] しかしこれは、継続的監視・警戒や情報収集といった反射的利益も生む。このように、１９６９年規則では、サーベイランスの新概念を強調することでＷＨＯの機能強化が図られた。もっともそれは、大胆な改革と言えるほどのものではなかった。データ収集や解析、情報共有は、第二次世界大戦前より公衆衛生国際事務局（ＯＩＨＰ：*Office International d'Hygiène Publique*）が既に実践してきたことである。過去の経験実績に基づき、ＷＨＯがとり得る行為を１９６９年規則上明文化したと見るのが妥当だろう。「（疫学的）サーベイランス」という用語をとり入れてはいるものの、同規則の全体像は相変わらず、国境での衛生的措置に軸足を置く組み立てである。加盟国の内部の能力強化に切り込む視点や、感染症への対応をグローバルに調整する感覚は限られたものである。

サーベイランスの新概念の導入の他にも、この時代には言及に価する変更がなされた。それは、規則対象疾病の削減である。１９６９年規則では国際衛生規則にあったチフスと回帰熱が対象から外され、コレラとペスト、天然痘、黄熱が規則対象疾病に残った。このことは、同規則の対象範囲が、１９１２年国際衛生条約の範囲まで縮小したことを意味する。

ところで、ＷＨＯには、保健に関する新たな課題が生じた場合、規則を新たに制定する権限がある。しかし、本章が対象とする時代にこれが行使されたことはない。その代わりに頻繁に用いられたのが「脚注」である。「脚注」とは、特定の条文の解釈や実施のあり方を中心に、ＷＨＯが１９６９年規則「本文」に、採択後に付け足す説明や勧告のことである。これは、世界保健総会の正式な承認と、同規則の内容を見直し、追加規定を準備するＷＨＯの権能[20]に基づく行為である。言わば、ＷＨＯが適切と考える解釈・実施に関する指針であり、新たな条文（本文）の公式な制定には当たらない。したがって、「脚注」自体に法的拘束力はないものの、正式な承認と権限に基づき付されるものであるから一定の権威を有する。[21]

第４節　乖離と衰退

国際衛生規則の枠組みを継承しつつサーベイランスの新概念も取り入れた１９６９年規則は、一見、国際的実践の足場となりそうな外形を持つものだった。しかし時とともに、１９６９年規則は現実世界から乖離するものとなった。まず、既述した通り、１９６９年規則が扱える疾病の範囲が、１９１２年国際衛生条約のそれまで縮減された。さらに１９８１年の第34回世界保健総会では、規則対象疾病の定義から天然痘が除かれた。[22]このことは、前年の天然痘根絶宣言を受けてのことだったので、むしろ現実に即していた。問題は、同規則が、対象の感染症以外の感染症に対してほぼ接点を持ち得ないことだった。

国際規範の範囲の縮減とは対照的に、ＷＨＯの業務全般においては、サーベイランスの対象となる感染症は規則対象疾病に限定されない。当時は政策上、マラリアやインフルエンザのみならず、規則対象疾病から外されたチフスと回帰熱も含めた５種が対象となった。１９６９年規則の規定と同様、これら５種について通告などを求めている。[23]また加盟国も、国際保健規則が扱っていない感染症にはそれぞれの政策で対応することとなり、そこには規則の法的縛りはなかった。

またもう一つ顕著だったのは、加盟国による通告・情報共有の不実行である。国際衛生条約がそうであったように、１９６９年規則の有効性を確保する上でこれは前提である。また、通告・情報共有なくして効果的なサーベイランスは成立しなかった。加盟国が、自国領域内での感染症の発生や措置（の変更）を外部に通告することではじめて、ＷＨＯは情報を分析して他国と共有し、国際社会は予防などに備えることができるからである。そこには、迅速かつ正確な情報を含む通告によって、各国が冷静な対応をとるとの期待も働いていた。この重要性にも拘らず、経済的打撃や国際的評判の低下などをおそれた各国は、幾度となく大切な局面で通告・情報共有の義務を破り、不遵守・違反はもはや一般化していた。あるいは通告が一応あっても、かなり遅れたタイミングでなされた。また１９７０年代後半になると、年次報告をきちんと提出する加盟国はわずか30カ国強に過ぎなかった。

１９６０年代後半から１９７０年代中盤にかけ、第7次コレラ・パンデミックが発生し、世界各地がこれに巻き込まれた。この時、各国がコレラの存在を通告しなかったため、相互不信の空気が国際社会を覆った。その中で各国は、製品や人の国際移動を不当に厳しく制限する措置をとるようになった。感染が全くないような国家から訪れる旅行者に対してさえ、ワクチン接種証明書の提示を義務付けるなどした。また、感染症発生国は通告をしないことで自国の国際交通や貿易を守ろうとしたのだが、それは達成できなかった。他国は、報道機関が提供する不完全な情報や憶測、時には「噂」に依拠して過剰な措置をとるなどしたためである。このような過剰な対応に加え、各国の慣行は統一性を欠くこととなり、国際貿易・交流が妨げられ、国際航空や国際輸送の業界に混乱を来たした。

１９６９年規則は、各国が国際基準に沿った行動をとることで感染症を可能な限り抑え、貿易・国際流通を可能な限り保護しようとするものである。他方、「最小限の制約による最大限の保護」を各国の共通利益に定めた制度は、履行を確実に担保する強力なメカニズム（例えば制裁などを含むもの）を装備していない。国際衛生条約の歴史を見ても、例えば強力な権限をＯＩＨＰに預けた試しがない。

１９６９年規則の実効性の確保についても、ＷＨＯは加盟国の報告を通じて監視はできても、感染症の発生・存否を認定するための強制的な査察制度などはない。そのような制度下で加盟国が合理性を見出すのは、通告・情報共有の義務によって守られる国際的な共通利益ではなく、これを破ることで守られる各々の国益の方である。感染症発生を正直に自己申告したところで、周辺国を含め他国が過剰な対処措置をとらないという制度上の裏付けはない。むしろ、自衛の意識やその他の理由からそのような措置をとることも少なくない。１９７０年にコレラのアウトブレイクがあった時、イスラエルはその事実を通告した。その時、他国は同国に対し、食料や飲料の輸入の制限といった、同規則の定めを超える措置を講じた。加盟国によって一旦とられた措置を覆すだけの権限はWHOにはなく、せいぜい、その事実を公にし、非公式なチャネルで説得にあたるしかなかった。

このように、通告・情報共有や措置に関する義務では問題点が際立ったが、1969年規則が比較的うまく機能した場面もある。同規則上、国家からの正式な通告により、サーベイランスの要請を果たす行動をWHOは開始できるのであって、それなくして一方的に行動を起こすことは難しい。だが例外もあった。ギニアがコレラの発生を否定したにも拘らず、WHOは1970年、その存在を公にした。この判断は、WHOが入手済みの証拠の信頼性の高さや、西アフリカでは初のパンデミックという重大性に鑑みてのものだった。WHOがこのような行動を能動的にとったのは、もしWHOが沈黙を保てばコレラの侵入を避けられないような周辺諸国に対し、予防の準備を促すためだった。

また、紛争解決制度が機能した場面もあった。[*24] コレラ・パンデミックの際、トルコは同規則の関連規定に従った手続を正式に開始することで、ルーマニアとブルガリアによる措置を変更に向かわせた。トルコによれば、ルーマニアとブルガリアは国境を閉鎖し、食料品を積んだ輸送車の入国を拒否した。またトルコは非感染国だと宣言されていたのに、ワクチン接種の証明書の提示を求められるなどした。WHOは規定に従い関係委員会を開き、当事国の見解などを調査した。紛争解決手続の最終段階にあった1971年、ルーマニアは、トルコから訴えのあった措置をとりやめ、以降とられる措置が同規則で定められた上限を超えないことに同意した。ブルガリアも同様に、コレラを予防するのに適切な措置をとることをトルコと合意した。[*25]

たしかに、WHOの能動的行動や紛争解決制度の活用はそれなりに意義がある。しかしながら、1969年規則の現実からの乖離は、それをもって埋めるにはあまりに距離があった。仮に、加盟国が通告・情報共有と措置に関する同規則の定めを完璧に遵守したところで、その適用は基本的に規則対象疾病の3種に限られるのであった。１９８０年代以降、先進国でのこの3種の発生がほぼ稀となった一方、たとえ歴史に爪痕を残すほどの脅威を持つ新興感染症が登場しても、同規則の関与は極端に限られていた。他方、同規則に代わり、天然痘根絶計画という政策が成功を収めた。１９６０年代より「感染症の時代は終わった」との認識が拡がると、１９７０年代初頭には国際保健の関心は、先進国の高血圧症や糖尿病といった慢性疾患、途上国のプライマリ・ヘルス・ケアに移っていった。この時流において、同規則はしだいに国際関係の周辺で沈滞した。

要約すれば、１９６９年規則は、第一に対象となる感染症が少数に限定され、第二に加盟国が通告・情報共有を行わないことが一般化し、第三に加盟国が過剰な措置をとることを十分に防ぐことができなかったことで、現実世界から乖離していった。やがて、感染症に対抗する手段としての国際法の価値に疑問符がつくようになり、同規則は衰退の道を歩むこととなる。[*26] このことは、感染症に対する国際的対応の足場が、国際規範から、WHOや加盟国の政策に移行したことを意味していた。

第8章　註——

（1）　安田佳代『国際政治のなかの国際保健事業：国際連盟保健機関から世界保健機関、ユニセフへ』ミネルヴァ書房、2014年、165頁。

（2）　Sławomir Łotysz, “A ‘Lasting Memorial’ to the UNRRA?: Implementation of the Penicillin Plant Programme in Poland, 1946-1949,” *Journal of the International Committee for the History of Technology*, 20:2 (2014).

（3）　当時のソ連・社会主義諸国とWHOの関係については次を参照。Marcos Cueto, Theodore M. Brown and Elizabeth Fee, *The World Health Organization: A History* (Cambridge University Press, 2019), pp. 62-71. Javed Siddiqi, *World Health and World Politics: The World Health Organization and the UN System* (University of South Carolina Press, 1995), pp. 104-109. Anne-Emanuelle Birn and Nikolai Krementsov, “‘Socialising’ Primary Care? The Soviet Union, WHO and the 1978 Alma-Ata Conference,” *BMJ Global Health*, 3: e000992 (2018), p. 3. Dora Vargha, “A Forgotten Episode of International Health,” History, University of Exeter (March 2017) < https://historyofmedicineinireland. blogspot.com/2017/03/a-forgotten-episode-of-international.html> (last access: 10 December 2020).

（4）　本書第3章第1節参照。

（5）　詫摩佳代『人類と病：国際政治から見る感染症と健康格差』中央公論新社、2020年、72－74頁。World Economic Forum, “At the height of the Cold War, the US and Soviet Union worked together to eradicate smallpox,” < https://www.weforum.org/agenda/2016/07/at-the-height-of-the-cold-war-the-us-and-soviet-union-worked-together-to-eradicate-smallpox/> (last access: 15 December 2020).

（6）　Cueto, Brown and Fee, *op.cit*., p. 119. Birn and Krementsov, *op.cit*., p. 4. Donald A. Henderson, *Smallpox: The Death of a Disease: The Inside Story of Eradicating a Worldwide Killer* (Prometheus, 2009), pp. 63-64.

（7）　Peter J. Hotez, “Russian-United States vaccine science diplomacy: Preserving the legacy,” *PLoS Negl Trop Dis*, 11:5 (2017), p. 1.

（8）　「貧困との闘い」を中軸に据え、経済的機会の平等化や差別の撤廃、社会保障制度の充実などを具体的内容とする。

（9）　Bob H. Reinhardt, *The End of a Global Pox* (University of North Carolina Press, 2018), pp. 52-85.

（10）　Donald A. Henderson, *Smallpox: The Death of a Disease: The Inside Story of Eradicating a Worldwide Killer* (Prometheus, 2009), pp. 101-102. Donald Henderson, “Smallpox eradication: a cold war victory,” *World Health Forum*, 19 (1998), pp. 113-116. 詫摩、前掲、77－78頁。

（11）　山本太郎『感染症と文明：共生への道』岩波新書、2011年、133－135頁。

（12）　発熱や消化器症状、髄膜炎、小児麻痺といった症状が主に子どもに現れる感染症である。

（13）　詫摩、前掲、83－84頁。Hotez, *op.cit*., p. 1.

(14) サーベイランスの概念の変化と実践など全般については次を参照。S. Declich and A. O. Carte, "Public health surveillance: historical origins, methods and evaluation," *Bulletin of World Health Organization*, 72:2 (1994), pp. 285-287. World Health Organization, *The Second Ten Years of the World Health Organization, 1958-1967* (WHO, 1968), pp. 95-96. World Health Organization, *The Third Ten Years of the World Health Organization, 1968-1977* (WHO, 2008), pp. 175-177. David P. Fidler, *International Law and Infectious Diseases* (Oxford University Press, 1999), pp. 42-47. Alexander D. Langmuir, "The surveillance of communicable diseases of national importance," *The New England Journal of Medicine*, 268 (1963). Cueto, Brown and Fee, *op.cit.*, p. 131.

(15) WHA 22.46

(16) International Health Regulations (1969, Third Annoted Edition), Forward.

(17) 一九六九年規則第一一条第2項。

(18) 同第13条第3項。

(19) 同第一一条第3項。

(20) WHA 6.20.

(21) 「脚注」については次を参照。Sev S. Fluss, "The Development of National Health Legislation in Europe: The Contribution of International Organizations," *European Journal of Health Law*, 2 (1995), p. 212. David M. Leive, *International Regulatory Regimes: Case Studies in Health, Meteorology, and Food: Vol. I* (Lexington Books, 1976), pp. 50-54.

(22) これに伴い、天然痘に関する規定が削除され、修正のための手続が追記された。Additional Regulations amending the International Health Regulations of 1969, as amended by the Additional Regulations of 23 May 1973.

(23) P. J. Delton and World Health Organization, *The International Health Regulations: A Practical Guide* (World Health Organization, 1975), p. 25.

(24) 国際衛生規則第一一二条。一九六九年規則第93条。

(25) Leive, *op.cit.*, pp. 62-64 and pp. 89-95.

(26) 一九六九年規則の実施状況や評価など全般については次を参照。Simon Carvalho and Mark Zacher, "The International Health Regulations in Historical Perspective" in A. Price-Smith (ed), *Plagues and Politics: Infectious Disease and International Policy* (Palgrave Macmillan, 2001), pp. 247-250. Sara E. Davies, Adam Kamradt-Scott and Simon Rushton, *Disease Diplomacy: International Norms and Global Health Security* (Johns Hopkins University Press, 2015), p. 5. Lawrence O. Gostin, *Global Health Law* (Harvard University Press, 2014), p. 180. Fidler, *op.cit.*, p. 66.

第3編

1980年代—2020年

第9章 1980年代―1990年代
――国際人権法との連動

第1節　HIV／エイズ

1　HIV／エイズとは何か

第3編では1980年代から2020年までの流れを可視化するが、本章が検討する1980年代－1990年代では、感染症をめぐる国際法の軸に国際人権法が加わる。その発端は、HIV／エイズであった。

エイズ（後天性免疫不全症候群）とは、HIV（ヒト免疫不全ウイルス）に感染した人の免疫機能が低下し、日和見感染（宿主の抵抗力が弱っている時に病原性を発揮して起こる感染症）や悪性腫瘍が合併した状態をいう。HIVは免疫システムを攻撃する。これに感染すると、特定の陽性リンパ球数が減少し、無症候性の時期（無治療で数年から10年程度と長い）を経て、免疫機能が低下し深刻な免疫不全に陥る。そのため、HIV陽性者は、通常の免疫機能を持つ人が感染することのない、ニューモシスチス肺炎やカポジ肉腫などにも感染しやすくなる。下痢や寝汗、体重減少などの症状が見られることから、ウガンダなどでは「痩せ病」とも呼ばれる。HIVの感染経路は様々だが、コンドームなどを用いない性交渉による感染や、輸血、注射針・注射器の共用、授乳を通じた感染、妊娠・出産の際の母子感染がその例である。

他の感染症と同様、HIV／エイズの登場は唐突で、その原因や感染の仕組みが不明な間、世界をパニックに陥れた。この感染症が、哲学者のミシェル・フーコー（Michel Foucault）や映画俳優のロック・ハドソン（Rock

Hudson)、テニス選手のアーサー・アッシュ（Arthur Ashe）といった著名人の命を奪ったのはショッキングだった。2020年末の統計によると、世界中の感染者は約3800万人であり、未だ年間170万人の新規感染者と69万人の死亡者が出ている。*1

2　HIV／エイズの歴史

エイズという名称を使い始めた組織の一つは、米国疾病予防管理センター（CDC）だった。1981年6月、CDCは、ロサンゼルス在住の若くて健康だった5人の同性愛者の男性が、ニューモシスチス肺炎に感染していることを報告した。この肺炎はニューモシスチス・カリニという寄生微生物が引き起こす疾病であるが、本来、人間に深刻な被害をもたらすようなものではなかった。この稀な肺炎の他にも、彼らは数々の珍しい症状を呈していた。原因が免疫不全にあると考えた研究者たちは、調査に乗り出した。世界で初めてエイズの症例を正式に確認したCDCがそれを公にすると、ニューヨークやカリフォルニアを含め全米各地から同様の報告が相次いだ。患者は同性愛の男性が中心であった。

HIVの起源は、19世紀末から20世紀初期のアフリカ中西部の密林にあるとみられる。チンパンジーが持っていたサル免疫不全ウイルスに人間が感染し、HIVに変異したようだ。1959年、現在のコンゴ民主共和国在住の男性からHIVのDNAが検出されていた。エイズ研究が進み、HIVのDNAやRNAのメカニズムが解明されるにつれ、かつては診断がつかなかった症例もあらためて検証されるようになった。アフリカでは1960年代までに2000人がHIVに感染していた可能性がある。しかし、日和見感染を起こす前に亡くなった人が圧倒的に多く、気づかれることはなかったようである。

１９６０年代にコンゴにいたハイチ人労働者が帰国の際にＨＩＶをハイチに持ち込み、ハイチ人移民が米国にこれを持ち込んだ。後の調査で、１９６９年に死亡した米国ミズーリ州の少年からＨＩＶが検出されたことが判明した。ＨＩＶはやがて、米国からカナダ、南米、欧州、オーストラリア、そして日本に拡がった。１９８０年代後半には、世界での感染者数は10万人から30万人程度に達していた。

3　差別と偏見

ＨＩＶ陽性者やエイズ患者は、様々な形で差別や偏見に晒されてきた。まだその実態や感染経路が解明されていなかった１９８０年代前半、エイズは「ゲイのペスト」などと呼ばれ、患者は好奇の目で見られた。患者に男性同性愛者が多かったためである。中世の教義を持ち出し、ＨＩＶに感染するのは乱交や同性愛といった行為に対する神の罰だと決めつける者も現れた。既述した経緯から、ハイチ人に多くのＨＩＶ陽性者が確認されたため、ハイチ経済は打撃を受けた。その上、ハイチ人や米国のハイチ人コミュニティーが差別の対象となった。

感染経路が分かり、治療法が見つかった現在においてすら、エイズ患者やＨＩＶ陽性者への差別や偏見は社会に根深く残る。ＨＩＶは、通常接触では感染しない。しかし、国連合同エイズ計画（ＵＮＡＩＤＳ：Joint United Nations Programme on HIV/AIDS）の調査によると、ＨＩＶ陽性者からは野菜を買いたくないという人は世界全体で3割以上だという。就職や結婚といった人生の重要な局面のみならず、日々の生活でもＨＩＶ陽性者が差別や偏見に晒されている現実をここから垣間見ることができる。また２０１３年から２０１４年にかけ、サブサハラ・アフリカ出身女性のＨＩＶ陽性者を対象に、ベルギーの医療現場で受けた差別や偏見について調査が行われた。それによると、エイズを「外国の病気」と捉え、またアフリカ出身者が多数と性的関係を持っているとの誤った理解もあった。中には、侮辱するような言葉を看護師から吐かれた患者もいた。[*2] このように、医療現場においてでさえも、エイズ患者やＨＩＶ陽性者への差別や偏見が払拭されたわけではないようだ。

4 課題

現在においても、ＨＩＶ／エイズは「社会的病」といわれる。「社会的病」たらしめるのが貧困である。ＨＩＶ／エイズが終焉を迎えない理由として、脆弱な立場に置かれる人々の環境を無視しえない。例えば、女性が教育や就労で差別されている社会に、富・力の不平等な配分といった要因が加わると、女性は自立を阻まれる。経済的・社会的に男性に依存しなければ生きていけない環境下で性交渉を求められれば、これを拒否したり、コンドームの使用を要求する選択肢など女性にはないに等しい。そもそも、コンドームを買うだけの経済的余裕すらないかもしれない。ひとたびＨＩＶに感染すれば、パートナーから暴力を受け、親戚から非難されるとともに、共同体から汚名を着せられることもある。

また、性交渉は閉鎖された私的空間で営まれるため、この病を確実に予防するのは難しい。コンドームなどの避妊器具を使ったセーフセックスにより感染を防げるにせよ、それを監視・強制することはできない。かつて、カトリック教会は自然調節以外の避妊法を認めず、したがって、コンドームの使用も認めない立場を伝統的にとっていた。「神が子をつくること」＝「妊娠」を、人間が制御すべきではないとの解釈が根幹にあったためである。さらに、「セーフセックス燃え尽き症候群」ともいうべき現象もある。男性間性交渉者（MSM：Men who have Sex with Men）、異性間性交渉者に拘らず、長年、安全な性行為を実行してきた年長者が、これに疲れて放棄することもある。[*3]

第2節　背景と経緯

1980年代－1990年代は、感染症と国際人権法が交差し始める時代であった。そこでまず、国際人権法の歴史を簡単に振り返っておこう。戦間期において、人権の国際的保障は未発展だった。人権は、国家主権の原則により他国が介入できない国内問題であり、各国の憲法で扱われるべき事柄だった。たしかに、国際連盟規約における「人道的な労働条件の確保」[*4]の定めや国際労働機関（ILO：International Labour Organization）の創設、少数者保護条約の締結といった取り組みはあった。しかし、これらの多くは各国の国益や国家安全保障の枠組みにおける動きであり、人権の国際的保障の観念は希薄であった。

だが戦前と戦中を通じ、ナチス・ドイツの人権侵害に対する黙認が、全体主義的諸国の暴走と戦争を助長したとの反省が国際社会で深まるようになった。やがて、平和を達成する上で人権保障が不可欠であることが認識されると、国連憲章の目的で人権の尊重が謳われた。人権の地位が国際的平和観において変化していた当時、19

46年の第1回国連総会に、ジョン・フォスター・ダレス（John Foster Dulles）らと国連の米国代表団員として参加したのが、エレノア・ルーズベルト（Eleanor Roosevelt）であった。彼女は、終戦前に死去したフランクリン・ルーズベルト（Franklin D. Roosevelt）大統領の夫人であった。国連総会の「人道・教育・文化委員会」（第三委員会）に参加したエレノア・ルーズベルトは、欧州に残されたソ連国籍の難民の処遇をめぐりアンドレイ・ビシンスキー（Andrey Vyshinsky）と対峙した。

奇しくも、第三委員会が難民問題をめぐって米ソの主戦場となったのは、人権がやがて東西の対立軸の一つとなる予兆でもあった。その後、国連人権委員会委員長に任命されたエレノア・ルーズベルトは、世界人権宣言の作成に心血を注いだ。だが、東西対立下での交渉は容易ではなかった。例えば、ソ連は表現の自由を国家の統制下におくべきとしたが、西側はこれを全体主義的と批判した。最終的に、自由・平等、差別禁止、生命に対する権利、教育を受ける権利、労働者の権利、社会保障を求める権利などを幅広く網羅した世界人権宣言は、パリのシャイヨ宮殿で開かれた1948年12月の第3回国連総会で採択された[*5]。

世界人権宣言は、国連憲章に登場する重要な文言の一つの「人権」[*6]を解釈するための補完的文書であり、その機能において法的拘束力を持つとの見解もある。しかしこの宣言は、国連総会決議として採択されただけで条約ではない。補完的文書に位置付けるための手続もとられていない。このようなことから、この文書自体の法的拘束力を否定するのが通説である。ただし、1966年の国連総会で採択された二つの国際人権規約、即ち、「経済的、社会的及び文化的権利に関する国際規約」[*7]（社会権規約）と「市民的及び政治的権利に関する国際規約」[*8]（自由権規約）は、この宣言の主な内容を引き継いだ、法的拘束力を持つ条約である。

国際人権規約の起草は世界人権宣言採択直後から始まったが、当時は冷戦が本格化した時代であり、西側諸国と東側諸国の関係は緊張の中にあった。東側は、自由権と社会権の同等性を主張し、一つの文書にまとめることを主張した。一方、西側は両者の性質の違いを理由に、文書を二つに分けることを提案した。両者は対立したが、最終的には西側諸国が主張する二分論が採用された。このような経緯から、国家から制約を受けず、強制されない自由を基幹とする自由権規約には、身体の自由と安全、移動の自由、思想・信条の自由、差別の禁止などの保障が盛り込まれた。また自由権規約では、即時の実現が求められる。他方、国家の積極的介入が必要となる権利を中心に定めた社会権規約は、労働の権利や社会保障についての権利、教育についての権利などの保障を含む。その実現は国家の経済・財務情勢と時間に左右されることから、漸進的義務として規定されている。

国際人権規約を支柱とする国際人権法は、様々な対象や課題に拡張した。既に1965年の国連総会では、「あらゆる形態の人種差別の撤廃に関する国際条約」が採択されていた。これを皮切りに、1970年代には「女性に対するあらゆる形態の差別の撤廃に関する条約」[*9]（1979年）、1980年代には「拷問及びその他の残虐な、非人道的な又は品位を傷つける取扱い又は刑罰に関する条約」[*10]（1984年）や「子どもの権利に関する条約」[*11]（1989年）が相次いで採択された。以上に加え、この時代には、実施措置の面でも、各条約の委員会や国連の人権委員会といった組織による対応も注目されるようになった。個人の自由と権利を中心に扱う国際人権法は、伝統的な主権並立型の社会で構築されてきた国家中心的な国際法に対し、新機軸を打ち立てるものであった。

ただし、世界人権宣言と国際人権規約の交渉過程が象徴するように、国際人権法もまた、国際政治の下で生まれた建造物である。既述したように、冷戦期の人権の観念は、西側・東側をそれぞれ主導する国々の影響下で構成されたものだった。その後の国際人権条約の基礎も、自由権／社会権の人権観から成り立っている。それが歴史的に諸国に受容されてきたとはいえ、「中心―周辺」の構造や欧米諸国以外の地域の主体性を考慮してはいないとの批判もあった。それが先鋭化したのが、貧困が半永久化している「南」の視点から提起された「第三世代の人権論」であった。第三世代の人権とは、国家からの自由を求める自由権（第一世代の人権）と国家に対して生活の保障を要求する社会権（第二世代の人権）には属さない、新たな歴史的段階を意識した類型であった。その内容として、「発展の権利」や「平和への権利」、「健康で生態学的に調和のとれた環境についての権利」などが唱えられた。第三世代の人権の最大の特徴は、「政府と人民」や「支配者と被支配者」、「国家と国家」といった従来の図式ではなく、組織や個人を含む多様な主体の国境を越えた結びつきによる「連帯の権利」を訴えた点であった。つまり、新たな歴史的段階で取り扱われる人権問題は、グローバルな協力体制での対応を基礎とすべしというのである。[*12]

第3節　1980年代——自由権

1　HIV／エイズと人権の間の距離

さて、このように展開してきた国際人権法は、感染症とどのような交わりをもったのだろうか。2020年以降のCOVID‐19（新型コロナウイルス）のパンデミックの最中にあっても、理論と実践の両面から、国際人権法の適用や遵守が議論された。このことは、感染症対応戦略に国際人権法が既に宿っていることを暗示する。国際人権法と感染症への対応との関係は時間の経過とともに変化しており、なおもそれを続けているが、両者の交差の始まりはさほど古くない。第二次世界大戦前には、公衆衛生と人権は相容れない別個の課題と捉えられていた。たしかに19世紀の英国政府は、住民の健康を守ることの重要性に目を向け、そのための政策をとり始めていた。しかし、それは現在の感覚での人権を起点としたものではなく、健康な住民こそが国力の源泉との発想に基づくものだった。[*13] また、１９０５年の米国最高裁判所の判決では、天然痘ワクチン接種の強制が米国憲法に定められた自由と安全に対する権利に違反しているかが問われ、公衆衛生政策と人権の間に何らかの関係性があることが示されることとなった。[*14] しかし、第二次世界大戦後においても、公衆衛生と人権が同一の事象を扱う場面では、公衆衛生政策上の義務が優先され、そこに国際人権法が関与する余地はほとんどなかった。

　感染症と人権の接近が国際法の次元で試みられたのは、比較的最近のことである。１９４６年から翌年にかけて行われた「医師裁判」（Doctors' Trial: 12のニュルンベルク継続裁判のうちの初の法廷）では、ナチス・ドイツ体制下における感染症の人体実験なども明らかとなった。これにより、感染症と人権の関係性に関心が持たれるようになった。１９６０年代から１９７０年代には、特にメンタルヘルスや女性のリプロダクティブ・ヘルスといった課題において保健と人権の交差が見られた。公衆衛生政策に人権の理念を持ち込む潮流は、やがて公衆衛生の他の課題にも拡がっていった。もっとも、当時の議論の中心は理論面であった。[*15] 転機は、１９８０年代のエイズ・パンデミックとともに訪れた。ＨＩＶ／エイズの脅威が世界に拡大した１９８０年代前半から中盤にかけ、各国政府は、感染症の制御に係る義務を優先する伝統的公衆衛生アプローチを採用していた。当時の公衆衛生上の措置の多くは、「エイズから社会を守る」という公衆衛生保全の目的の下、本人の同意を求めず強制的に実行された。だが、感染症に対する政策や措置を、国際人権法の視点から批判する態度が現れるのは遅緩だった。人権をほとんど視野に入れない措置や政策に対し、当初、はっきりと異議を唱える声は大きくなかった。それまで公衆衛生の人権問題にも積極的に反応してきた国際人権NGOでさえ、HIV／エイズに関心を向け行動をとるのは遅く、その様子は「重い腰をあげる」[*16]ようなものだった。

国際人権法がHIV／エイズにまつわる課題との距離をすぐに詰められなかったのには、いくつかの理由がある。まず、前章で見たように、戦後の感染症対応では外交や国際協力事業を優先する潮流ができていたので、HIV感染が流行し始めた頃には、国際法全般と感染症の間には距離が生まれていた。[*17]感染症をめぐる国際法の主軸であった1969年国際保健規則は、対象とする感染症を指定しており、この規則とHIV／エイズとの接点はかなり限られていた。[*18]第二に、HIV／エイズ登場まで、感染症を国際人権法の視点で真正面から考える機会が歴史上なかった。HIV／エイズほどの規模と深刻な感染症との交差は、国際人権法がある程度の成熟を遂げてから初めてのことだった。第三に、得体のしれない疫病の恐怖がもたらす「不安の空気」に世界は包まれ、支配されていた。病原体や流行の疫学的特徴・感染経路も十分明らかではなかったエイズに恐れを抱いた各国政府は、通常であれば躊躇するかもしれない強制的措置をこの「非常事態」で発動した。世論もこれに概ね賛同し、HIV陽性者やエイズ患者に対する差別さえ支持した。[*19]

しかしやがて、強制を手段とする公衆衛生アプローチに、人権を基調とした新たなアプローチが対峙するようになった。この中で、米国の医師であったジョナサン・マン（Jonathan M. Mann）を筆頭とする実務家や研究者が展開した活動を忘れてはならない。後に世界保健機関（WHO：World Health Organization）のエイズに関するグローバル事業の部長に任命されるマンは、1980年代前半、当時のザイールのキンシャサでエイズの症例に遭遇した。彼の先駆的研究は、ＨＩＶ／エイズが、「単なる医学的課題ではなく社会的課題でもある」との確信に根付いたものだった。彼は次のように記していた。[20]

諸個人、諸集団、諸国の間の沈黙、排除、孤立が、我々全員に危険を及ぼすことを、エイズは再び示している。

マンは、国際人権法を、「現代の公衆衛生の課題を分析し対応するにあたり、これまでの生物医学の伝統の中で利用可能なあらゆる枠組みよりも有用なアプローチを提供する」[21]と評した。その観点から、強制検査や隔離そのものが、人権侵害を構成する可能性を指摘した。[22]この動きにロレンス・ゴスティン（Lawrence Gostin）やジタ・ラザリーニ（Zita Lazzarini）らも加わり、ＨＩＶ／エイズにまつわる現象が人権というレンズではっきりと投影されるようになった。エイズと人権の関係の概念化から始まったこの流れは、１９８０年代後半になると、健康と人権の関係の概念化まで拡がった。さらに、国際機関や保健担当者の間で、人権と公共衛生政策は必ずしも相反するものではなく、むしろ前者を保障することで後者が効果的に達成されることが認識されるようになった。[23]ＨＩＶ／エイズのある一面を例にとると、ＨＩＶ陽性者に対する差別があれば、人々が安心して医療サービスに出向いて陽性・陰性を確かめたり、医療サービスにアクセスすることを躊躇うことになる。これでは、ＨＩＶの感染拡大に効果的に対抗することはできない。人権に無配慮な態度はやがて社会全体への脅威となる、というのである。[24]

2　自由権の侵害への認識化

1980年代初頭、少なくとも17カ国で、HIV陽性者やエイズ患者を隔離、拘禁、検疫、治療、監禁するための措置がとられていた。[*25] このような措置の法的・政策的目的は、医療的試験や強制治療であった。マンなどの実務家・研究者を中心に、そのような措置や行為が自由権（特に身体の自由及び安全についての権利や移動の自由）を侵害し、あるいはそれに否定的影響を及ぼす危険が指摘された。もっとも、国際人権法上、すべての自由権が常に絶対的に保障されるわけではなく、その制限は一定の条件下で正当化され得る。[*26] 1985年に国連経済社会理事会で採択された「シラクサ原則」[*27]は、制限の範囲を明確化するための国際指標である。これに従うなら、エイズ対策においても、以下を考慮しなければならない。

(1) 制限は法によって規定されなければならない
(2) 制限は無差別の方法で適用されなければならない
(3) 制限は必要不可欠な公共の利益に関連していなければならない
(4) 制限は公共の利益を達成する上で必要でなければならない（目的と手段の均衡＝同一の目的を達成するような、より制限の程度の低い代替手段の利用が不可能である）

このように、公衆衛生上の懸念から自由権を制限する措置がとられる場合、人権に関する義務から国家が免除される具体的範囲がこの時期に可視化されようとしていた。例えば、表現の自由や集会の自由などについては、これらの条件を満たせば、公衆衛生上の事情で制限されることが正当と認められる可能性がある。[*28]

HIV／エイズへの公的対応で特に問題視されたのが、無差別の方法での適用の要求についてである。当時、政府が実施した措置には、同性愛者やセックスワーカー、麻薬常用者といった特定の集団のみを狙い撃ちにした強制的な隔離や収容があった。これらの多くは、非差別適用の原則に反するものだった。なお、このような措置の対象となったのは、往々にして、エイズ危機以前に別の文脈で既に差別・排除されていた集団であった[*29]。また、プライバシーの権利[*30]についても、HIV／エイズの事態で争点となった。「ソドミー法」（sodomy law）[*31]による同性愛行為の犯罪化は、HIV蔓延の抑止という目的を達成する手段とはならない。オーストラリア初の個人通報事件で、自由権規約委員会がそう指摘したのは1990年代に入ってからのことだった[*32]。

ただし、自由権の中には、公衆衛生にかかる理由であっても、権利の制限を認めないものがある[*33]。その一つが、拷問や非人道的処遇からの自由である[*34]。当時、刑務所に収容されたエイズ患者やHIV陽性者が、他の受刑者から分けられて、劣悪な環境に監禁・隔離されることがあった。その状況が人間性を貶めるほどの心理的・身体的窮乏をもたらす場合、拷問や非人道的処遇を構成する可能性がある[*35]。

第4節　1990年代——社会権

1　エイズ治療の進歩

エイズの治療薬第1号として1988年に登場したのは抗レトロウイルス薬（ARV：Anti-Retrovirals）のジドブジン（ZDV：zidovudine）であったが、その効果は限られたものだった。だが、1996年に画期的開発があった。複数の治療薬を併用することで、HIVの増殖と耐性ウイルスの発生の抑制、HIVの数の減少に同時に効果を発揮できる、多剤併用療法（HAART：Highly Active Anti-Retroviral Therapy）の認可である。そのおかげで、先進国ではHIVの感染による死者数が激減し、現在では、早期発見と適切な治療によってエイズの発症を防ぐことができる。かくしてエイズは、先進国において、治療不能の感染症から制御可能な慢性病となった。現在でもエイズ治療の研究は進められ、より副作用を抑え、より簡単に服薬できる治療薬の開発が続いている。

HAARTが開発されてもしばらくは高額で、年間で150万円－200万円程度の価格であった。このような価格設定でも、公的医療や医療保険、社会保障といった制度が整備されている先進国であれば、公的負担で賄われるのが通例である。英国では、HIVに罹患したと判明した者のうち96％が治療を受けている。日本では、一般の健康保険に加え、HIVの感染経路を問わず「免疫障害者」として認定を受けることにより、「身体障害者手帳」を持つことができる。これにより医療費の自己負担を軽減する制度を利用し、継続的に治療を受けることが可能である。

だが、保健に関する公的制度が不十分な途上国に目を向けると、そうではない。その理由は、国家間の経済格差にある。途上国での限られた予算は、より優先度の高い公衆衛生事業にまず使われ、HIV感染に関する制度整備は後に回される。結果、高額のエイズ治療を自己負担で受けられるのは少数の人々に過ぎない。2000年前後において、一般的に、途上国のHIV陽性者のうち治療薬にアクセスできる者は5％であった。エイズ・パンデミックの中心地であったサブサハラ・アフリカでは、わずか1％に過ぎなかった。[*36]

2　健康への権利

1980年代において、HIV／エイズにまつわる問題は主に自由権の視角から訴えられたが、やがてそれは、ジェンダーや貧困、差別に関する人権のイシューとしても語られるようになった。[*37] そして、1990年代に入ると、社会権とも結び付けられるようになった。[*38] 中でも注視したいのが、「健康への権利」である。この文言が登場したのは、WHO憲章を制定するために1946年に設置された世界保健委員会準備委員会の小委員会が用意した憲章前文の草案だった。そこで、「健康への権利は、人種、性別、言語、宗教による区別なく、すべての人々に与えられた基本的権利の一つである」ことが示された。この案は、WHO憲章前文に、「到達しうる最高基準の健康を享有することは、人種、宗教、政治的信念または経済的もしくは社会的条件の差別なしに万人の有する基本的権利の一つである」という一文として残ることとなった。[*39]

健康への権利とそれにまつわる概念は、後の国際文書に引き継がれる。世界人権宣言は1948年に、「すべての人は、衣食住、医療及び必要な社会的施設などにより、自己及び家族の健康及び福祉に十分な生活水準を保持する権利並びに失業、疾病、心身障害、配偶者の死亡、老齢その他不可抗力による生活不能の場合は、保障を受ける権利を有する」[*40] と表明していた。WHO憲章前文中の健康への権利の概念により接近した規定は、社会権規約で登場した。本規約では、「……すべての者が到達可能な最高水準の身体及び精神の健康を享受する権利」[*41] が定められている。なお、これを達成するために、「伝染病、風土病、職業病その他の疾病の予防、治療及び抑圧」や「病気の場合にすべての者に医療及び看護を確保するような条件の創出」といった措置をとることが締約国に求められている。[*42] その他、1965年「あらゆる形態の人種差別の撤廃に関する国際条約」[*43] や1979年「女性に対するあらゆる形態の差別の撤廃に関する条約」[*44]、1989年「子どもの権利に関する条約」[*45] にも、健康への権利に関連する規定がある。

以上を受け、社会権規約委員会の2000年「一般的意見第14号」[*46] で健康への権利の概念がより明確にされ、締約国が行うべきことが示唆された。同年、国連人権委員会も初代特別報告者にポール・ハント（Paul Hunt）を任命し、健康への権利の調査に乗り出した。さらに「ミレニアム開発目標6」では、HIV／エイズの蔓延を阻止し、その後減少させることが謳われた。このように様々な国際文書に定められた健康への権利であるが、国連を中心として、その概念ととるべき行動の具体化が図られた。この系譜の中で、1990年代には、HIV／エイズに関する議論でも健康への権利の適用が説かれるようになった。[*47]

3 「生きる」は特権か？

エイズの治療の関連で注目すべき規定の一つは、社会権規約が定める「科学の進歩及びその利用による利益を享受する権利」[*48] である。科学の進歩によって確立したエイズ治療であるが、高額であるため、「南」の人々はそれに与ることはできない。ただその場合、「南」の政府を、義務を果たしていないと一方的に責め立てることはできない。社会権の一部であるこの権利は、より長期的展望の下で立てた目標を漸進的に達成するという性格を有しており、即時の実現が求められるわけではない。[*49] しかしHIV／エイズは、社会権という類型に与えられた実施速度の劣位性が、現実で歪みを生ずることを証した具体的事例の一つであった。「科学の進歩及びその利用による利益を享受する権利」の実現に時間がかかれば（あるいは実現不可能が恒久的に継続するようであれば）、その間、生存が危機に瀕する。命を奪うかもしれないウイルスや細菌が身体に侵入したとする。その時、「生きる」は、富める政治共同体の「プラチナ国籍（あるいはプラチナ在留権）」を所持しているか、富裕層に属する者だけに許された特権なのだろうか。そうでない者は、理不尽ではあるが、自分では制御できない運・不運の結果として死を受け入れ、「生きる」を諦めるしかないのか。

ＨＩＶ／エイズの脅威の南への拡散は、図らずも、自由権／社会権という権利の二分化の正当性を再び疑う契機となった[*50]。この二分的分類に拘らず、すべての権利・自由が不可避に連動しているなら、科学の進歩から得られる恩恵は、対価を支払える者だけの特権ではなく、すべての者の権利である。これを実現するためには、経済的理由でエイズ治療を人々に保障できない「南」の政府に対して、「北」が費用を分担すべきである――このような主張は、「北」の経済的・政治的・軍事的都合で「南」が搾取され、そのために発展が阻害されたという歴史観に基づく。あるいは、グローバルな連帯と協力を求めた「第三世代の人権論」のアプローチとも相通ずるものがある。たしかに、１９９０年代頃から、このような論調と歩調を合わせるかのように、「南」への支援が目立つようにもなった。ＨＩＶ感染が拡がらないよう、また患者への差別や偏見が抑制されるよう、国際社会が様々な取り組みを活性化したのはこの時期だった。「ユニタイド」（Unitaid）や、「ビル＆メリンダ・ゲイツ財団」なども含め多様な主体が関与した「グローバルファンド」（The Global Fund）などの組織の登場があった。民間のチャリティ財団の活動も活発となった。クイーンのフレディ・マーキュリー（Freddie Mercury）がエイズで１９９１年に死去した後に組織された「マーキュリー・フェニックス・トラスト」（The Mercury Phoenix Trust）もその一つである。

このような組織の活動は多かれ少なかれ、途上国のHIV新規感染者の減少に貢献してきた。しかしながら、当初、WHOとUNAIDSは、限られた予算は治療ではなく予防に使われるべきとの立場を公式にとっていた。そのため、途上国に治療薬を供給するための国際的資金を準備することはなかった。[*51] 公的次元でのそのような潮流もあり、国際連帯の動きは各国の政策や非国家主体の慈善行為という域を出ず、国際人権法の要請に応えた結果だと説明できるほど十分な理論と実証性を備えてはいなかった。[*52] その一方、HIV／エイズの治療薬へのアクセスは、知的財産権（特許権）の国際法とも結びつけられるようになった。1990年代以降、南北対立の構図の中でこの課題は激しく揺れ動くこととなる。[*53]

第9章　註——

(1) UNAIDS, "Global HIV & AIDS statistics: 2020 fact sheet," <https://www.unaids.org/en/resources/fact-sheet> (last access: 7 December 2020).

(2) Agnes Ebotabe Arrey, Johan Bilsen, Patrick Lacor and Reginald Deschepper, "Perceptions of Stigma and Discrimination in Health Care Settings towards Sub-Saharan African Migrant Women Living with HIV/AIDS in Belgium: A Qualitative Study," *Journal of Biosocial Science*, 49:5 (2017), p. 585.

(3) 本節におけるＨＩＶ／エイズ全般は次を参照。ベルナール・セイトル『エイズ研究の歴史』白水社、１９９８年、32頁。サンドラ・ヘンペル『ビジュアル　パンデミック・マップ：伝染病の起源・拡大・根絶の歴史』日経ナショナルジオグラフィック社、２０２０年、１９４－２０３頁。アリグザンダー・アーウィン／ジョイス・ミレン／ドロシー・ファローズ『グローバル・エイズ：途上国における病の拡大と先進国の課題』明石書店、２００５年、40－41頁、47－48頁。詫摩佳代『人類と病：国際政治から見る感染症と健康格差』中央公論新社、２０２０年、１１２－１２７頁。Richard A. Crosby and Ralph J. DiClemente, *Structural Interventions for HIV Prevention: Optimizing Strategies for Reducing New Infections and Improving Care* (Oxford University Press, 2018). Lawrence O. Gostin and Zita Lazzarini, *Human Rights and Public Health in the AIDS Pandemic* (Oxford University Press, 1997), p. 77.「後天性免疫不全症候群」厚生労働省〈https://www.mhlw.go.jp/bunya/kenkou/kekkaku-kansenshou11/01-05-07.html〉(last access: 25 November 2020)。

(4) 国際連盟規約第23条（イ）。

(5) General Assembly, Resolution 217 A (III), A/RES/3/217 A, 10 December 1948.

(6) 国連憲章前文、第１条、第13条、第55条、第62条、第68条、第76条。

(7) International Covenant on Economic, Social and Cultural Rights. UN Treaty Registration Number 14531.

(8) International Covenant on Civil and Political Rights. UN Treaty Registration Number 14668.

(9) Convention on the Elimination of All Forms of Discrimination against Women. UN Treaty Registration Number 20378.

(10) Convention against Torture and Other Cruel, Inhuman or Degrading Treatment or Punishment. UN Treaty Registration Number 24841.

(11) Convention on the Rights of the Child. UN Treaty Registration Number 27531.

(12) 国際人権法の略史全般については主に次を参照。田畑茂二郎『国際化時代の人権問題』岩波書店、１９８８年。

(13) 小川眞里子『病原菌と国家：ヴィクトリア時代の衛生・科学・政治』名古屋大学出版会、２０１６年、11頁。

(14) *Jacobson v. Massachusetts*, 197 U.S. 11 (1905). 本件において最高裁判所は、予防接種の場合、公益が個人の権利を上回ると判断した。

(15) Daniel Tarantola and Sofia Gruskin, "The recognition and evolution of the HIV and human rights interface: 1981-2017" in Gian Luca Burci

and Brigit Toebes (eds), *Research Handbook on Global Health Law* (Edward Elgar Publishing, 2018), pp. 304-305.

（16） ジョナサン・マン／ダニエル・タラントゥーラ（編）『エイズ・パンデミック：世界的流行の構造と予防戦略』日本学会事務センター、１９９８年、２９１頁。

（17） David P. Fidler, *International Law and Infectious Diseases* (Oxford University Press, 1999), p. 216.

（18） その接点とは、医療証明書の提示の要請の禁止である。ＷＨＯは、入国しようとする者に対し、ＨＩＶに感染していないことを証する医療証明書の提示を求めることは、１９６９年国際保健規則に反すると指摘していた。Jonathan Mann, Daniel Tarantola and Thomas Netter (eds), *AIDS in the World* (Harvard University Press, 1992), pp. 554-555.

（19） *Ibid.*, p. 542.

（20） Lawrence O. Gostin, "A Tribute to Jonathan Mann: Health and Human Rights in the AIDS Pandemic," *The Journal of Law, Medicine & Ethics*, 26:3 (1998), p. 256.

（21） Jonathan Mann, "Health and human rights: Protecting human rights is essential for promoting health," *BMJ* , 312 (1996), p. 924.

（22） Jonathan Mann, Lawrence Gostin, Sofia Gruskin, Troyen Brennan, Zita Lazzarini and Harvey V. Fineberg, "Health and Human Rights," *Journal of Health and Human Rights*, 1:1 (1994), pp. 6-23.

（23） マン／タラントゥーラ、前掲、２８９頁。

（24） Jonathan Mann, "AIDS: Discrimination and Public Health," presentation at the International Conference on AIDS (Stockholm, 1988).

（25） Gostin and Lazzarini, *op.cit.*, pp. 102-103.

（26） 例えば、自由権規約第19条第３項、第21条。

（27） Siracusa Principles on the Limitation and Derogation of Provisions in the International Covenant on Civil and Political Rights, Annex, UN Doc E/CN.4/1984/4 (1984).

（28） Lawrence O. Gostin, *Global Health Law* (Harvard University Press, 2014), p. 256. B. M. Meier and D. P. Evans and A. Phelan, "Rights-based Approaches to Preventing, Detecting, and Responding to Infectious Disease" in B. M. Meier and L. O. Gostin (eds), *Human Rights in Global Health: Rights-Based Governance for a Globalizing World* (Oxford University Press, 2018).

（29） Mark Heywood and Dennis Altman, "Confronting AIDS: Human Rights, Law, and Social Transformation," *Health and Human Rights*, 5:1 (2000), pp. 151-152. Fidler, *op.cit.*, p. 203.

（30） 自由権規約第17条。

（31） 特定の性行為を「自然に反する」などとして犯罪化する法律。実際には概ね、同性間の性行為に対して適用される。

(32) *Toonen v. Australia*, Communication No. 488/1992, U.N. Doc, CCPR/C/50/D/488/1992 (1994).
(33) 自由権規約第４条第２項。
(34) 世界人権宣言第５条、自由権規約第７条。また、同第10条も参照。
(35) Gostin and Lazzarini, *op.cit.,* pp. 13-14.
(36) Laurence R. Helfer and Graeme W. Austin, *Human Rights and Intellectual Property: Mapping the Global Interface* (Cambridge University Press, 2011), pp. 145-146.
(37) Lara Stemple, "Health and human rights in today's fight against HIV/AIDS," *AIDS*, 22 (NIH Public Access version, 2008), p. 4.
(38) Gostin and Lazzarini, *op.cit.*, pp. 27-32. Fidler, *op.cit.*, pp. 209-217. Virginia A. Leary, "The Right to Health in International Human Rights Law," *Health and Human Rights*, 1:1 (1994). Heywood and Altman, *op.cit.*, pp. 155-156.
(39) John Tobin, *The Right to Health in International Law* (Oxford University Press, 2012), pp. 27-30.
(40) 世界人権宣言第25条第一項。
(41) 社会権規約第12条第一項。
(42) 同第12条第２項（c）（d）。
(43) 第５条（e）（iv）「公衆の健康、医療、社会保障及び社会的サービスについての権利」。International Convention on the Elimination of All Forms of Racial Discrimination. UN Treaty Registration Number 9464.
(44) 第11条第一項（f）「作業条件にかかる健康の保護及び安全（生殖機能の保護を含む）についての権利」。Convention on the Elimination of All Forms of Discrimination against Women. UN Treaty Registration Number 20378.
(45) 第24条「到達可能な最高水準の健康の享受」。Convention on the Rights of the Child. UN Treaty Registration Number 27531.
(46) CESCR General Comment No. 14: The Right to the Highest Attainable Standard of Health (Art. 12), E/C.12/2000/4.
(47) Gostin and Lazzarini, *op.cit.,* pp. 27-30. Mann, Gostin, Gruskin, Brennan, Lazzarini and Fineberg, *op.cit.,* pp. 19-22.
(48) 社会権規約第15条第一項（b）。
(49) 同第２条。
(50) Heywood and Altman, *op.cit.*, pp. 155-156.
(51) Helfer and Graeme, *op.cit.*, p. 145.
(52) Fidler, *op.cit.*, pp. 211-212.
(53) 本書第13章参照。

第10章

2000年代——国際保健規則の再生を目指して

第1節　重症急性呼吸器症候群（SARS：Severe Acute Respiratory Syndrome）

2000年代に入って、国際保健規則に新たな動きが生まれる。そのきっかけの一つは、重症急性呼吸器症候群（SARS：Severe Acute Respiratory Syndrome）という新興感染症の登場であった。2002年11月、中国南部広東省で農業を営む男性が未知の肺炎に感染し入院した。その後数週間にわたり、同じ症状を訴える患者が続々と現れた。感染は、生きた家禽や魚、爬虫類、哺乳動物などが売られている市場で発生したようだ。翌年、この肺炎の治療にあたったある医者が香港の宿泊施設を利用したことで、同じ階に宿泊していた16人に感染した。後に、この未知の肺炎はSARSコロナウイルスによって引き起こされたものだと判明した。

SARSに感染すると、頭痛、せき、下痢、筋肉痛といった風邪に似た症状がでる。潜伏期間は2－10日で、ウイルスが血管に侵入して全身感染を引き起こし、感染者の約20％は重症化する。致死率は年齢層によって大きく異なるが、平均9・6％程度である。風邪を引き起こすヒトコロナウイルスの一種であることから、当初は健康への影響は大きくないと思われていた。ところが、このウイルスはその能力を高めていった。やがて、21世紀の人類に、感染症の恐ろしさについて警鐘を鳴らすこととなる。*1

SARSの感染経路のほとんどは、飛沫感染や、ウイルスが手などに付着することによって起こる接触感染である。感染者の糞からもウイルスが排出されるため、これが昆虫に付着すると感染が拡がる。一般のヒトコロナウイルスと比較してSARSコロナウイルスの感染力が高い一因に、エアロゾル感染と呼ばれる伝播方式の可能性がある。例えば、床や物に付着した患者の飛沫は蒸発し、浮遊したウイルスが感染を拡げる。ウイルスは3時間程度浮遊するため、密室での感染リスクが高くなる。それもあって、広東省で確認されたSARSコロナウイルスは、現代の高速大量輸送手段である航空機に乗って瞬く間に世界各地に拡散した。2002年11月－2003年7月の間、主に北米、南米、欧州、アジアの各国で計8098人の感染者が報告された。[*2] 中国の隣国である日本でも、いつウイルスが侵入してくるか分からない緊迫した状態が続いた。SARSについて連日大きく報道され、空港・港での検疫も強化された。香港で初めて感染拡大が確認された宿泊施設には日本人も宿泊していたが、日本にウイルスが持ち込まれることはなかった。

当時、未知の肺炎の解明と感染抑止に貢献した重要人物が、世界保健機関（WHO：World Health Organization）ハノイ事務所のイタリア人医師カルロ・ウルバニ（Carlo Urbani）であった。彼は、香港の宿泊施設で発生した感染爆発に巻き込まれた一人を2003年2月28日に診察していた。この患者は当初、トリ型インフルエンザだとハノイの病院で診断されていた。しかし、ウルバニはその病院で何か異常な事態が起こっていると感じ、直接そこに赴くと、データの整理やサンプルの処理を行った。既に院内感染が始まっていることを確認した彼は、隔離を含む感染防止対策に乗り出した。そして、これがインフルエンザではなく、今までにない感染症であるとの結論に達した。このことは直ちにWHO西太平洋地域事務局に報告された。WHOは広東省における感染拡大を既に認識していて、この疾病に強い関心を寄せていた。そのため、SARSが国境を越えたとの情報は、WHOに危機的事態を予期させるに十分であった。

2003年3月9日、ベトナム政府官僚を交えての緊急会議が開かれ、その後の処置が検討された。3月11日、ウルバニは、バンコクで開催される学会に参加するために搭乗した航空機内で、自分がSARSに感染していることに気づく。彼はこのことを報告し、空港に待機していた職員には自分に近づかないように忠告して救急車を待った。翌12日、WHOは彼の報告に基づき、未知の肺炎を警告するグローバル・アラートを発令した。バンコクで入院することになったウルバニは、ハノイでの感染拡大を予見し、そこに在住していた家族に対してイタリアに帰国するように指示した。3月29日、治療の甲斐なく、彼は42年の人生に幕を閉じた。治療の間も、自身の健康状態を逐一WHOに報告し、対策について助言を与えたという。[*3]

2003年4月16日、WHOは病原体不明の感染症をSARSと命名した。中国は最初のSARS患者の発生を認めず、情報を隠蔽した疑いで世界から批判されたが、後に報告が遅れたことを謝罪した。北京では市の3分の1にあたる地域が封鎖され、3万人を対象とする大規模な隔離や移動制限策がとられた。また、航空機や船舶におけるSARS感染防止ガイドラインが定められた。やがてベトナムではSARSが終息し、ついでシンガポール、香港、北京でもその兆しが見られるようになった。同年7月の初め、中国ではSARSの脅威が過ぎ去ったと判断したWHOは、SARS感染者が確認された29カ国で終息宣言を発した。しかし最終的に、世界では計774人の死者が確認され、アジアを中心に経済的にも甚大な被害をもたらした。[*4]

第8章で述べたように、1969年「国際保健規則」（1969年規則）は矮小化・硬直化し、感染症が次々と登場・再登場する現実世界と乖離した規範になっていった。そんな折、米国医学研究所（IOM：Institute of Medicine）は1992年に報告書「新興感染症：米国の健康への微生物の脅威」[*5]を発行した。本報告書は、冷戦終結後初めて本格的に、安全保障の視座で感染症の位置付けを試みたものであった。また、サーベイランスを重視し、WHOを梃子に、感染症に対応するための能力をすべての国家が高めることを提言していた。IOMの報告書にすぐさま反応したのが、1969年規則の実用性の限界に危機感を募らせたWHOであった。そこで、WHOの権能を拡大することで加盟国の能力強化に貢献し、グローバルなサーベイランス体制の構築を目指すべきとの方向性を打ち出すようになった。感染症が世界に拡散する前にアウトブレイクを封じ込める必要がある。そのためには、グローバルなネットワークを通じた情報の共有と各国の能力向上を図らなければならない。WHOはこれを実現するため、1969年規則の改定が必要であることを会議や非公式な協議で訴え、やがてこの提案は加盟国に受け入れられるようになった。[*6]

1969年規則を再び現実世界に紡ぎ直そうとする動きは、起こりうる感染症の脅威を背景に、同規則の改定を求める1995年の世界保健総会決議[*7]から公式に始まった。WHOは同規則の抜本的改定案を練ったが、その起草過程で現れた論点は次の三つであった。まず、1970年代以降、新興感染症が30以上確認されたにも拘らず、1969年規則の対象疾病が3種に限定されていたことである。そこで、19世紀から続いてきた感染症の指定・一覧化をやめ、危機となり得る感染症すべてに対応できるようにする。そして、国際的な公衆の健康に関し、緊急・重大と捉えられる様々な「症候群」を報告する制度を採用する。この制度には次の含意があった。加盟国側からすれば、この規則の対象の定め方により、あらかじめ指定された感染症の一つに該当するか否かを正確に判断する必要がなくなる。よって、より柔軟かつ迅速に、潜在的事態をＷＨＯに通告できる。また、未知の感染症にも対応できる未来志向型のこの制度であれば、過去に経験した若干の感染症のみに限定される１９６９年規則の欠点を克服できる。

起草過程での第二の論点は、加盟国の通告・情報共有の義務の不遵守をどうするかであった。これについてＷＨＯは、加盟国以外の出所から得られる情報のうち、信用性があり、時宜を得たものを活用できるようにすることを提案した。これにより、関係加盟国がたとえ通告を怠り情報提供を拒否したとしても、ＷＨＯは他の情報源から得られる情報を使うことができる。この提案の背景には、国際社会における非国家主体と情報通信技術のめざましい台頭もあった。

第三の論点は、加盟国が講ずる過剰な措置についてであった。新たな提案では、規則で定められた措置が上限であるとの、国際衛生規則の歴史で確立したアプローチを捨てた。その代わり、科学的証拠や専門家の分析によるリスク評価に基づいて感染を遮断するための措置を講ずることが提案された。これは、先の第一の論点と関連している。規則の対象を「症候群」に拡大したことで、特定の感染症とそれに応じた個別の措置を事前に想定しておくことはもはやできない。当時のＷＨＯの提案は最終的に多くの点で変更を余儀なくされたが、新規則策定の方向性を決定づけるものとなった。*8

新規則の暫定案の準備と同時期、ＷＨＯは、実践面でもある重要な動きを見せていた。それは、ＧＯＡＲＮ（Global Outbreak Alert and Response Network）というグローバルな情報ネットワークの構築であった。ＧＯＡＲＮの目的は、感染症の国際的拡散の防止、迅速かつ適切な技術支援の提供、長期間の感染流行に対する備えと能力向上に寄与することである。カナダが１９９７年に確立した電子サーベイランス制度のＧＰＨＩＮ（Global

Public Health Information Network）を基礎に形成が始まったＧＯＡＲＮは、２０００年に正式に承認された。ＧＯＡＲＮの登場により、サーベイランスを中核とするグローバルな感染症対応が強化されるようになるが、とりわけ、ＷＨＯの情報収集・情報活用機能が飛躍的に向上した。ＧＯＡＲＮを使うことで、ＷＨＯは個別に存在していたネットワークを繋ぎ、グローバルなネットワークの形成を促すとともに、規則対象疾病のみならずそれ以外の感染症の情報も入手できるようになった。その結果、１９９８年から２００２年の間に、１３２カ国において５３８件のアウトブレイクが発見された。ＧＯＡＲＮはまず、感染症の対応に苦慮していた途上国から支持を得た。また２００１年の米国での炭疽菌事件が追い風となり、安全保障におけるグローバルなネットワークの重要性を認識した欧米諸国からも支持を集めた。ＷＨＯはＳＡＲＳへの対応で一定の評価を得たが、これは、有益な情報へのアクセスや、専門家の派遣などを含む国際調整を容易にしたＧＯＡＲＮに負うところも大きい。[*9]

１９９８年に新規則の暫定草案をある程度整えたＷＨＯであったが、ＳＡＲＳの発生により新興感染症に対する危機感が欧米諸国を中心に高まる中でとりまとめを急ぎ、新規則成立のペースは加速した。ＳＡＲＳでの経験を通じ、何が問題で、何が改善されるべきかが徐々に鮮明になっていった。まず、感染症に襲われるのは途上国だけではないという想定が単なる想定に終わらず、いつか現実化するという実感が特に欧米諸国で共有された。ＳＡＲＳは、高い医療技術を持つカナダや香港であっても、新興感染症を制御することが容易ではないことを世界に見せつけた。したがって、先進国も含めすべての国家が例外なく感染症に備えなければならない。第二に、１９６９年規則が現実世界と乖離していることが改めて浮き彫りとなり、その部分で改定が必要であることを再確認した。中国はＳＡＲＳ発生の隠蔽を批判されたが、３種の感染症しか対象としていなかった１９６９年規則上、そもそも通告義務はなかった。とはいえ、もし仮に中国が初動でＷＨＯに迅速に通告していたなら、犠牲者数と経済損失は少なくて済んだのかもしれない。第三に、非国家主体から得られる情報の地位である。SARSに関して中国側が提供した情報と感染地域にいた人々の情報の間に矛盾が見られた際、WHO事務局長は、後者も重視して行動の決定を行った。WHOの立場からすると、この行為は政治的には微妙でもあった。そこで、非国家主体からの情報の入手・活用を国際規範に織り込むことで、そのような行為に正当性を与えておく必要が生じた。第四に、感染症の封じ込めに失敗した場合の世界経済の代償の大きさである。SARSにおいては、特にアジアでの人の移動が減少し、各国の経済に打撃を与えた。そのため、新興・再興感染症へのグローバルな対応のあり方を規範で明確に定めることで、経済的損失を予防する必要が再確認されるようになった。*10

GOARNの構築が進められていた時期、新規則の草案の議論で重要な進展があった。当初の「症候群」報告制度は受け入れられなかったのだが、WHOはそこで大胆な提案をした。それは、GOARNの有効性と可能性を念頭に置き、非感染性疾患も新規則の射程に入れるというものだった。このことは、新規則が、生物兵器を原因とする感染症のみならず、化学兵器や核兵器、放射能兵器といった大量破壊兵器に起因する公衆衛生上のリスクまでも扱えることを意味した。さらに、加盟国の疾患対応能力の強化を含むサーベイランスの構築などについても、より具体的な規則案が提示された。*11

2003年5月、世界保健総会はWHOのSARSへの対応を支持し、新規則の完成を求めた。これに応じ、WHOは、2004年1月に草案の完全版を公開した。*12 加盟国政府やその他からのコメントなどを踏まえた最終草案は、同年11月の政府間交渉会議で諮られた。しかしこれは合意に至らず、2005年2月の第2回政府間交渉会議での承認を目指すこととなった。2004年から翌年の間の交渉では、重要な論点が浮上した。その一つが、WHOが発令する「国際的に懸念される公衆衛生上の緊急事態」(PHEIC：Public Health Emergency of

International Concern）であり、この対象範囲や発動の条件などであった。

もう一つの論点は、新規則の下で拡張するＷＨＯの権能が、加盟国の安全保障上の関心と衝突する可能性であった。もしある加盟国について、大量破壊兵器に起因する疾病の国際的拡散のリスクが存在するとの証拠がある場合、その加盟国は、関連する情報やサンプルをＷＨＯに開示しなければならないかもしれない。これは、安全保障の分野にＷＨＯが足を踏み入れることを暗示するものだった。ＷＨＯに影響力を及ぼせる立場にあった米国はこの提案に賛成したが、イランなどは反対した。さらに、ＷＨＯが非国家主体からの情報を入手し活用することも争点となった。そのような情報の重要性がＳＡＲＳ危機で証明されたのは確かだが、国家主権侵害のおそれや、非国家主体が提供する情報の信憑性、情報源の保護などを危惧する意見もあった。そこで、ＷＨＯがこれを入手・活用する際の基準や制約などが話し合われた。[*13] 以上のように、最終段階でも意見の擦り合わせが必要だったが、交渉の末、２００５年５月23日の世界保健総会前には最終案について各国は合意に至った。[*14] そして２００５年「国際保健規則」（２００５年規則）[*15]が総会で承認され、２００７年６月に発効した。

第3節　2005年「国際保健規則」の内容と性質

1　構成と目的・対象

2005年規則は、第1編「定義、目的及び範囲、諸原則及び管轄機関」[*16]、第2編「情報及び公衆衛生対策」[*17]、第3編「勧告」[*18]、第4編「入域地点」[*19]、第5編「公衆衛生上の措置」（第1章：一般規定、[*20]第2章：輸送機関及び輸送機関の運行者に関する特別規定、[*21]第3章：旅行者に関する特別規定、[*22]第4章：物品、コンテナ及びコンテナ積み込み区域に関する特別規定）[*23]、第6編「保健上の書類」[*24]、第7編「料金」[*25]、第8編「一般規定」[*26]、第9編「国際保健規則専門家名簿、緊急委員会及び再検討委員会」（第1章：名簿、[*27]第2章：緊急委員会、[*28]第3章：再検討委員会）[*29]、第10編「最終条項」[*30]の全10編・全66条から成る。また、九つの附録もある。[*31] [*32] 2005年規則の拘束を受けるのは、全WHO加盟国とリヒテンシュタイン、教皇聖座（Holy See）である。

2005年規則の目的は、国際交通と国際取引に対する不要な阻害を回避し、公衆衛生リスクに応じて、それに限定した方法で、疾病の国際的拡大を防止・防護・管理し、そのための公衆衛生対策を提供することである。[*33]国際交通・国際取引に不要な損害を与えないという歯止めは、「最小限の制約による最大限の保護」という国際衛生条約の性格をある程度引き継いだものである。だがこの目的は、かつての国際衛生条約や国際衛生規則、1969年規則のように閉じられた種類の感染症において達成されればよいというわけではなくなった。2005

年規則では特定の感染症を指定・一覧化せず、また感染症にすら限定せず、「公衆衛生リスク」を対象とする。公衆衛生リスクとは、人の集団的健康に負の影響を及ぼすおそれのある事態、とくに国際的に拡大するおそれのあるものまたは重大かつ直接の危難をもたらすおそれのあるものを指す[*34]。

2005年規則における「疾病」（病原・源泉に拘らず人に対して重大な害を生じさせる、またはそのおそれのある病気・医学的症状）[*35]の概念の導入は、斬新な改革との評価を受けることもある。だが、従前に指定した感染症以外にも対応するアプローチは、感染症をめぐる国際法の系譜においてまったく新奇というわけではない。1944年「1926年国際衛生条約を修正するための条約」（1944年海陸条約）は、条約感染症以外の感染性疾患のアウトブレイクであっても、それが越境して他国に脅威となるような場合、通告する義務を締約国に課していた。また同条約上の措置は、条約感染症以外の感染性疾患にも適用できた[*36]。しかしながら、「疾病」を対象とする2005年規則は、原因（病原・源泉）を問わないキャッチオール（catch-all）・アプローチをとる。これにより、公衆衛生リスクにかかる広い事柄に包括的に対応でき、非感染性疾患に起因するリスクまで捕捉する。例えば、国際取引中の製品に含まれる化学・放射性物質に起因した非感染性疾患の国際拡散や、恣意あるいは事故による化学・放射性物質の流出などの事態も同規則の射程に入る[*37]。

さらに、キャッチオール・アプローチは、生物兵器などの大量破壊兵器（の研究開発や実験）に関わる事柄も排除しない。しかし、この実施運用により、同規則とWHOが軍事問題に巻き込まれることは起草段階より懸念されていた。そこで、草案にあった「大量破壊兵器・物質」という文言を省き、また大量破壊兵器の入手・保有などについての違法性の判断に同規則が立ち入らないことで、この懸念は中和された[*38]。このように、キャッチオール・アプローチは、感染症か非感染性疾患か、起源が自然発生的か人為的か事故かに拘らず、疾病全般を規則に包摂する間口となっている。そして、過去に経験した感染症のみに縛られない未来志向の姿勢と、感染症だけに縛られない健康の一般的追求の姿勢を表象している。

2 国際的拡大の予防と人権尊重の原則

２００５年規則の目的は、国際交通・国際取引に対する不要な阻害の回避や公衆衛生対策の提供などである。ただ、そこに二つの重要な原則が追加された。その一つが、「疾病の国際的拡大から世界のすべての人々を保護する」[*39]ことである。同規則作成の起点となり推進の動力となったのは、欧米諸国とＷＨＯによる感染症の安全保障上での認識であった。特に欧米諸国は、感染症の自国への侵入と国内での拡大を、国民の生命と国家の経済に甚大な打撃を与えかねない安全保障上の課題と捉えた。単独行動としての国境管理や国内衛生能力の向上だけでは十分ではない。感染症の脅威に対する自国の安全は、国際社会全体の安全に依存するとの考えである。同規則のサーベイランスなどは、このような国際的感染拡大防止の理解を基礎に組み立てられている。

次に、人権尊重の原則である。感染症をめぐる国際法の土台は、国際人権法が登場し展開する以前に形成された。しかし第二次世界大戦終結後も、国際衛生規則と１９６９年規則は人権の国際的地位の変化を反映することなく、国際衛生条約時代の枠組みと内容を維持した。そのため、ＨＩＶ／エイズ危機で生じた人権にまつわる現象や言説に１９６９年規則が関与して機能する余地はほとんどなかった。その間、この問題に関与したのは国際人権法であった[*40]。その意味で、同規則は現実世界のみならず、人権に関する国際規範とも乖離を生じていた。そこでこの距離を詰めるべく、２００５年規則では、「人間の尊厳、人権及び基本的自由を完全に尊重して」これを実施しなければならないことが謳われている。[41]

このように、人権尊重は2005年規則を築く原則の一部となったわけだが、それは個別の規定においても具現化している。特に、1980年代における国際人権法のHIV／エイズ問題への関与という歴史の経験は、自由権の侵害を構成し得る措置に制限を課す形で2005年規則に盛り込まれている。その姿勢は、無差別の適用、利益の関連性の考慮、制限度の低い代替措置についての考慮などに見られる。[42]

また、疾病や汚染の拡大を防止するための措置の人に対する適用においても、人権原則による制御が図られている。それは、閉鎖的空間で厳しい処遇を受ける危険度の高い旅行者に関する規定においてである。例えば、旅行者への対応では、性別や社会文化的・人種的・宗教的関係に配慮して人権を尊重しなければならない。[43] また原則として、侵襲（皮膚の穿刺・切開、器具や異物の身体への挿入、体腔の検査）[44]を含む医学検査、予防接種やその他の予防法を、旅行者が加盟国の領域に入域する条件として要求してはならない。[45] さらに、インフォームド・コンセントがない状態での旅行者に対する医学的検査や予防接種といった措置も原則禁止される。[46]

このように、2005年規則では主に旅行者の自由権の制限に関する個別規定は用意されたが、加盟国の住民の保護、例えば、治療薬へのアクセスやワクチンの分配などに関わる定めはない。なお前者については、「知的所有権の貿易関連の側面に関する協定」（TRIPS協定：Agreement on Trade-Related Aspects of Intellectual Property Rights）や関連の政策に統治が委ねられている。[47]

1851年の国際衛生会議での交渉から国際衛生条約の採択・改正の過程における争点の一つは、「最小限の制約による最大限の保護」の均衡の図り方（の内実）であった。疾病からのすべての人々の保護と人権尊重という新たな原則が加わった2005年規則の運用も、1969年規則より複雑で困難なものとなった。これら諸原則をどのように実行に移すかは、個別具体的な経験に委ねられていると言えよう。

3 サーベイランスと通告・情報共有

２００５年規則で定義されるサーベイランスとは、公衆衛生を目的とするデータの体系的継続的収集や分析を行い、必要な場合にアセスメントや公衆衛生対策のために公衆衛生上の情報を適宜伝達することである。[*48] サーベイランスのアイディアは、なにも突然ふって湧いたようなものではない。観念としての起源は、感染症をめぐる国際法が生まれた19世紀まで遡る。[*49] また、「（疫学）サーベイランス」は、１９６９年規則でも明示された。[*50] ２００５年規則では、ＳＡＲＳの経験や情報通信技術の発展、国際社会における主体の多様化を受け、サーベイランスが制度として整備された。グローバルに拡大する疾病の脅威を封じ込める上でサーベイランスは決定的に重要であり、これが国際保健規則改定における目玉の一つであった。２００５年規則の範囲が特定の感染症から疾病に拡張されたこともあり、各国が様々な事態に適切に対処できるよう、その能力の向上や準備体制の構築などを含めた枠組みとなっている。大雑把に分ければ、同規則は、国内レベルとグローバル・レベルでの行動を定めている。国内レベルは各国の領域内や国境での対応について、グローバル・レベルは国際的関心となる脅威を発見・制御するための協調的対応についてである。両次元を通じて目標を達成するための鍵は、サーベイランスの有効性である。

まず、有効なサーベイランスを支える一つの柱は、加盟国の能力の強化である。各国は、同規則が定める事象（疾病の顕在化または疾病を潜在させる事態の発生）[*51]を検知・アセスメント・通告・報告する能力を構築するとともに、公衆衛生リスク及びPHEICに迅速かつ効果的に対応する能力を構築・強化・維持しなければならない[*52]。そして、2005年規則上の義務の履行を実現するため、各国は、整備すべき中核的能力（地域から国家レベルまでの最低限の対応能力）を一定の水準で確保しなければならない[*53]。

もっとも、各国国内における能力強化の必要性に対する認識は同規則から始まったわけではない。1851年に始まったコレラ・パンデミック時、貿易や国際関係上の理由で検疫を避けることを主張し、自国でもそれを実質的に放棄しつつあった英国は、困難をうまく乗り切った。それは、国際協力ではなく国内公衆衛生改善の成果であった。また、2005年規則の「祖先」にあたる1893年「国際衛生条約」は既に、「政府が自国領域内におけるコレラの発生や疑わしい症例に気づかなければ、［通告・情報共有の制度は］何の価値もない[*54]」と明記していた。さらに、国内公衆衛生システムの改善・強化こそ感染症対策における有効な戦略であるとの認識を踏まえ、1969年規則では、国内の関係施設や当局がなすべきことが具体的に明記された。ただし、それは概ね、限られた種類の感染症についての入域地点（港や空港）を中心とした能力であって、グローバルなシステムの一環としての位置付けではなかった。加盟国が疾病の発生を検知できるか否かが予防における最初の鍵であることは、21世紀になっても変わりはない。そこで、2005年規則の対象が大幅に拡張されたこともあり、未知の感染症や想定外の事故も含め、これらに対処できるよう相対的に高い能力が求められることとなった。

2005年規則において、国家の能力強化はサーベイランスというシステムの要だが、懸念されたのが途上国だった。人的・財的資源が乏しく、紛争や貧困でインフラが破綻した状態で、これら諸国が自力で公衆衛生リスクに十全に対応できる組織を形成するのは難しい。また、公衆衛生に常に高い優先順位を置くわけではない諸国が、高い能力を維持し続けることは現実的でもない。そこで2005年規則は、加盟国の要請に基づき、WHO

がその能力の構築・強化・維持を援助することなどを予定している。[*55] ただし、援助実現の裏付けとなる拠出義務まで加盟国に課しているわけではない。[*56]

ところで、効果的なサーベイランスを実現する上でもう一つ不可欠なのは、国内で得られた情報の通告と共有である。加盟国がたとえ適切な能力をもって情報を獲得・分析できたとしても、それを共有しない限り、WHOと加盟国は適切な対応をとりようがない。そこで2005年規則では、加盟国は、自国管轄圏内において、同規則に基づく保健上の措置の実施を所管する機関と国家連絡窓口を指定・設置することとなっている。国家連絡窓口は、自国内の関係部局と情報をやりとりし、国内で必ずしも一元化されていない関係部署の情報・見解を整理するとともに、WHOの連絡窓口と常に連絡をとるための要所となる。[*57] 国家連絡窓口は、国家間のみならず地方レベルからグローバル・レベルに至るまで、サーベイランスに関する情報をリアルタイムで流す役割を果たす。[*58]

加盟国は、附録第2の決定手続に従って自国領域内で発生した事象についてアセスメントし、PHEICを構成する「おそれ」のある事象と実施される保健上の措置を、アセスメント後24時間以内に、WHOに通告しなければならない。[*59] 2005年規則上のPHEICは、二つの事態から構成される。一つは、「疾病の国際的拡大により他国に公衆衛生リスクをもたらすと認められる事態」、もう一つは「潜在的に国際的対策の調整が必要な事態」である。[*60] この通告後も、加盟国は連絡を継続しなければならない。即ち、可能な限り、通告した事象に関して入手しうる正確かつ十分詳細な公衆衛生上の情報などを適宜、WHOに伝達する。[*61] なお通告は、国家連絡窓口を通じ、利用できる最も効率的な伝達手段で行われる。[*62] これ以外にも、2005年規則は、「PHEICを構成するおそれのある予期されない又は特異な公衆衛生上の事象が発生した場合の情報の共有」を加盟国に求める。[*63] 加えて、通告する範囲は、国家領域内の事柄にとどまらない。出入国時の人の症状や輸出入に伴う感染・汚染された動物・物質から判明した、「自国の領域外」で確認された国際的拡大をもたらすおそれのある公衆衛生リスクに関する証拠も、WHOに通知しなければならない。[*64] このように、各加盟国は、1969年規則よりもはるかに広い範囲について通告することになる。

4 WHOの権限・機能

WHOには、得られた情報を共有する責任がある。公衆衛生リスクに対処するのに必要な公衆衛生上の情報については、これを可能な限り速やかにかつ最も効率的な手段により、機密扱いで、すべての加盟国と（適当な場合には）関係の政府間組織に提供しなければならない。[*65] 注目すべきは、2005年規則下でWHOが活用できる情報が、感染症発生が疑われる加盟国から提供される情報に制限されていた1969年規則より広い点である。加盟国が通告を怠り情報共有を拒否すれば、1969年規則上、原則、WHOは何も行動を起こせなかった。これを克服する一手段として、2005年規則では、WHOは、通告・協議以外の情報源（非国家主体やマスメディア、インターネットなど）にアクセスし、そこから得られるデータを活用することができることとなった。[*66]

WHOは、SARS危機におけるGOARN活用の経験から、特に非国家主体から得られる情報がサーベイランスの構築において不可欠であることを学んだ。[*67] 国内の対応能力の低さや政治経済的理由などによる不遵守で国家が通告・情報共有の義務を満たさない局面で、非国家主体から得られる情報が活かされることが期待されたのであった。また、国家側の情報を相対化する上でも価値があった。究極的には、多様な情報をもとに、WHOと加盟国が、感染症拡大などのリスクを回避・削減する行動をとれる可能性を高める試みであった。このことは、加盟国の側からすれば、情報の独占が難しくなったことを意味した。

その一方、多様な情報源からの報告の確保をどれだけ実現できるのかは、度々疑問視されてきた。通告・協議以外の情報源から得た報告について、WHOがそれに基づき何らかの行動を講じる前に、領域内で事象が発生していると申し立てられた加盟国と協議し、当該国から検証を得るよう試みることが前提となっている。[*68] その際、WHOは情報を加盟国が利用できるようにするのだが、その情報源を秘匿できる。ただし、その秘匿性は完全なものではなく、「適正に正当化される場合のみ」有効である。[*69] しかも、秘匿性放棄に関する基準は同規則で示されていない。独裁国や強権的な政府であれば、リスクの証拠を伝えた科学者や活動家を処罰するかもしれない。嫌がらせや報復のおそれがあれば、情報提供が抑止されるのではないかとの懸念がある。[*70]

また2005年規則は、自国の領域内で事象が発生している加盟国などから受理した情報に基づき、その事象がPHEICを構成するか否かを認定する権限をWHOに与えている。加盟国はPHEICの「おそれ」がある場合に通告しなければならないが、WHO事務局長はその通告などをもとに、PHEICが発生していると考える場合には、当該事象が発生している加盟国と予備的決定について協議する。WHO事務局長と加盟国が認定について意見の一致をみた場合、WHO事務局長は、緊急委員会に適当な暫定的勧告に関する見解を求める。協議の後48時間以内に、事象がPHEICを構成するか否かについて意見の一致がない場合でも、同規則の手続に付され認定が進められる。[*71] WHO事務局長がPHEICの認定において考慮するのは、加盟国から提供された情報、附録第2の決定手続、緊急委員会の助言、科学の諸原則・入手可能な科学的証拠、その他の関連情報、人の健康に対するリスク・疾病の国際的拡大のリスク・国際交通を阻害するリスクに関するアセスメントである。[*72] 過去、WHO事務局長は、2009年4月のインフルエンザA（H1N1）、2014年5月の野生型ポリオウイルス、

２０１４年８月のエボラ出血熱（西アフリカ）、２０１６年２月のジカ熱、そして２０２０年１月のＣＯＶＩＤ－19（新型コロナウイルス感染症）でこの認定を宣言した。一方、ＭＥＲＳ（中東呼吸器症候群）ではこれを行わなかった。

２００５年規則はさらに、勧告を発布・修正・延長・解除する権限をＷＨＯに与える。まず、ＰＨＥＩＣの認定がなされた場合、ＷＨＯ事務局長は暫定的勧告を行う[*73]。また、日常的・定期的に適用される保健上の措置に関する恒常的勧告を行い得る[*74]。いずれの勧告の発布・修正・解除においても、直接関係する加盟国の見解、緊急委員会などの助言、科学の諸原則と入手可能な科学的証拠・情報などを考慮する必要がある[*75]。勧告に法的拘束力はないが、講じようとする措置を含め、加盟国の行動をある程度制御する事実上の効果が期待されていた。

5 ＷＨＯと加盟国の関係の政治性

国際衛生条約・国際衛生規則・１９６９年規則と比較し、２００５年規則は扱う対象や手段を全体的に刷新するものとなった。一見大胆な改革のようにも思える同規則の仕組みやアプローチは、しかし、国家主権が侵食されないよう注意深く設計されている。まず、同規則は、人権のような普遍性を持つ原則を表明すると同時に、加盟国が「自国の保健政策に基づき立法を行いかつそれを実施する主権的権利を有する」ことの確認も怠らない。

国家主権防御の意思は、現地調査についての規定案での交渉でも明らかだった。２００４年の規則草案には、ＰＨＥＩＣに関連する管理上の措置を決定するため、加盟国領域内で独自に現地調査するＷＨＯの権限が提案されていた[*76]。しかしながら、「適切でも実行可能でもない」という多数国の意見により[*77]、ＰＨＥＩＣを構成するおそれのある事象に関する情報を受理した場合には、「アセスメントするために関係参加国と協働することを申し出る」との規定にとどまった。[*78]これは、ＷＨＯからの申し出を受諾するか拒否するかを決定する裁量が、加盟国の手中にあることを意味する。

次に、２００５年規則におけるＷＨＯの機能の制約についてである。情報を集約・検証・分析した上で、緊急事態を国際的・統一的に認定するとともに、適切な措置・行動についてすべての加盟国に勧告するという権限を、同規則はＷＨＯに与える。公衆衛生リスクへの国際対応に関し、ここまで広い権限を制度上担う国際機関は歴史上なかった。しかし、ＷＨＯが時宜を得た認定や適切な勧告を行わないなら、国際的な公衆衛生リスクを回避・軽減するためのグローバルな行動は始まらない。例えば、ＰＨＥＩＣの認定やＷＨＯの勧告の発布・修正・解除の手続においては、事象に関係する加盟国が制度上関与している。関係国の積極的協力は、ＷＨＯ事務局長の適切な判断に貢献するものとなろう。だが、関係国が非協力的な姿勢や妨害する態度をとれば、逆の効果となって現れる。

影響力のある諸国の作用は、２００５年規則の運用において決定的な要素となり得る。既述したような採択の経緯からも分かるように、２００５年規則は、欧米諸国が認識する脅威や国益の観念の上に構築されている。[*79]そのため、観念の形成に参加せずこれを共有しない国家には特に、遵守のインセンティブは生まれにくい。たとえ欧米諸国であろうと、また観念をある程度受容する諸国であろうと、短期的視点に基づく国益や政策を優先させやすい。[*80]ＷＨＯが大国から影響を受けてきたこれまでの歴史や、[*81]紛争解決制度の現実的な活用・効果における限界などを考え併せると、[*82]同規則が機能不全を起こす可能性は常に伏在している。

このような政治的制御の現実がある一方で、２００５年規則は、これで完結し固定化された国際規範ではない。

国際衛生条約がそうであったように、また国際衛生規則が１９６９年規則へ変容したように、この系譜の最新型である２００５年規則もまた、変化を前提としている。[*83]つまり、歴史と付き合う柔軟性は、過去から継承されている。その柔軟性を活用し、各国の利害が国際政治上収斂するところで同規則を再定義し続けることで、実用性と政治的中立性を同時に獲得し得る能力を秘めているように感じるのである。

第10章　註

（1）　SARS全般については次を参照。サンドラ・ヘンペル『ビジュアル　パンデミック・マップ：伝染病の起源・拡大・根絶の歴史』日経ナショナルジオグラフィック社、2020年、60－69頁。加藤茂隆『続・人類と感染症の歴史：新たな恐怖に備える』丸善出版、2018年、181－191頁。竹田美文／岡部信彦『SARSは何を警告しているのか』岩波書店、2003年。「SARS（重症急性呼吸器症候群）とは」国立感染症研究所〈https://www.niid.go.jp/niid/ja/kansennohanashi/414-sars-intro.html〉（last access: 19 February 2021）。

（2）「重症急性呼吸器症候群（SARS）の国別報告数のまとめ」（2002年11月1日－2003年7月31日）国立感染症研究所〈http://idsc.nih.go.jp/disease/sars/cumm-0926.pdf〉（last access: 19 February 2021）。

（3）　ウルバニに関しては次を参照。竹田／岡部、前掲、12－13頁。加藤、前掲、181－182頁。当時のSARSの感染拡大の状況は同書、187頁。

（4）　A. J. Tatem, D. J. Rogers and S. I. Hay, "Global Transport Networks and Infectious Disease Spread," *Advances in Parasitology*, 62 (2006), p. 302.

（5）　Joshua Lederberg, Robert E. Shope and Stanley C. Oaks, Jr. (eds), *Emerging Infections: Microbial Threats to Health in the United States* (National Academies Press,1992).

（6）　当時の背景については次を参照。Sara E. Davies, Adam Kamradt-Scott and Simon Rushton, *Disease Diplomacy: International Norms and Global Health Security* (Johns Hopkins University Press, 2015), pp. 23-30.

（7）　WHA Resolution 48.7 (12 May 1995).

（8）　当時のWHOの動きに関する一次資料は次を参照。World Health Organization, "The International Response to Epidemics and Applications of the International Health Regulations: Report of a WHO Informal Consultation," WHO/EMC/IHR/96.1, (11-14 December 1995). World Health Organization, "International Health Regulations: Provisional Draft" (January 1998). これを検討した資料は次を参照。David P. Fidler, "From International Sanitary Conventions to Global Health Security: The New International Health Regulations," *Chinese Journal of International Law*, 4:2 (2005), pp. 342-343. Simon Carvalho and Mark Zacher, "The International Health Regulations in Historical Perspective" in A. Price-Smith (ed), *Plagues and Politics: Infectious Disease and International Policy* (Palgrave Macmillan, 2001), pp. 250-225. Davies, Kamradt-Scott and Rushton, *op.cit.*, pp. 30-34.

（9）　GOARNについての一次資料は次を参照。World Health Organization, "Global Health Security-Epidemic Alert and Response,"

WHA 54/14 (21 May 2001). World Health Organization, "Severe Acute Respiratory Syndrome (SARS): Status of Outbreak and Lessons for the Immediate Future," (2003). ＧＯＡＲＮについての検討は次を参照。 Fidler, *op.cit.*, pp. 347-348.

(10) Davies, Kamradt-Scott and Rushton, *op.cit.*, pp. 51-52.

(11) この時期の１次資料は次を参照。 World Health Organization, "Revision of the International Health Regulations: Progress Report, February 2001," 76 *Weekly Epidemiological Record* (2001). World Health Organization, *Global Crises: Global Solutions*, (WHO, 2002). これらを検討した資料は次を参照。 Fidler, *op.cit.*, pp. 350-351. Davies, Kamradt-Scott and Rushton, *op.cit.*, pp. 35-40.

(12) World Health Organization, "International Health Regulations: Working Paper for Regional Consultations," IGWG/IHR/Working paper/12.2003, (2004).

(13) この交渉過程の１次資料は次を参照。 World Health Organization, Revision of the International Health Regulations, WHA 56.28 (28 May 2003). World Health Organization, "Update on Recent Developments in the International Health Regulations Revision Process," (2004). World Health Organization, "Review and Approval of Proposed Amendments to the International Health Regulations," A/IHR/IGWG/A/Conf. Paper No. 2, (2004). これを検討した資料は次を参照。 Fidler, *op.cit.*, pp. 355-357. Davies, Kamradt-Scott and Rushton, *op.cit.*, pp. 63-65.

(14) World Health Organization, Revision of the International Health Regulations: Note by the Secretariat, A58/4 (16 May 2005).

(15) International Health Regulations (2005). UN Treaty Registration Number 44861.

(16) ２００５年規則第１条－第４条。

(17) 同第５条－第14条。

(18) 同第15条－第18条。

(19) 同第19条－第22条。

(20) 同第23条。

(21) 同第24条－第29条。

(22) 同第30条－第32条。

(23) 同第33条－第34条。

(24) 同第35条－第39条。

(25) 同第40条、第41条。

(26) 同第42条－第46条。

(27) 同第47条。

(28) 同第48条、第49条。

(29) 同第50条－第53条。

(30) 同第54条－第66条。

(31) 同附録第1（A：サーベイランス及び対応のための中核的能力に関する要件、B：指定空港、湾港及び陸上越境地点の中核的能力に関する要件）、附録第2（国際的に懸念される公衆衛生上の緊急事態を構成するおそれのある事象のアセスメント及び通告のための決定手続、国際的に懸念される公衆衛生上の緊急事態を構成するおそれのある事象の評価及び通告のための決定手続の適用例）、附録第3（船舶衛生管理免除証明書・船舶衛生管理証明書の様式、船舶衛生管理免除証明書・船舶衛生管理証明書様式の添付書類）、附録第4（輸送機関及び輸送機関の運行者に関する技術的要件）、附録第5（節足動物媒介疾病に関する特別措置）、附録第6（予防接種・予防薬及び関連証明書、予防接種又は予防薬に関する国際証明書の様式）、附録第7（特定の疾病のための予防接種又は予防薬に関する要件）、附録第8（海運保健宣言書の様式、海運保健宣言書様式の添付書）、附録第9（航空機一般宣言における健康）。

(32) 本書においては、2005年規則の日本語訳として次も参考にした。厚生労働省、国際保健規則・日本語（仮訳）〈https://www.mhlw.go.jp/bunya/kokusaigyomu/kokusaihoken_j.html〉（last access: 30 January 2021）。

(33) 2005年規則第2条。

(34) 同第1条。

(35) 同条。

(36) 本書第5章第3節参照。

(37) David P. Fidler and Lawrence O. Gostin, "The New International Health Regulations: An Historic Development for International Law and Public Health," *The Journal of Law, Medicine & Ethics*, 34:1 (2006), pp. 86-87.

(38) Fidler, *op.cit.*, pp. 365-366.

(39) 2005年規則第3条第3項。

(40) 本書第9章参照。

(41) 2005年規則第3条第1項。

(42) 同第23条第2項、第42条、第31条、第43条第1項。

(43) 同第32条。

(44) 同第1条。

(45) 同第31条第1項。

(46) 同第23条第3項。
(47) 本書第13章・第14章参照。
(48) ２００５年規則第１条。
(49) 本書第１章第３節参照。
(50) 本書第８章第２節・第３節参照。
(51) ２００５年規則第１条。
(52) 同第５条第１項、第13条第１項。附録第１「Ａ：サーベイランス及び対応のための中核的能力に関する要件」。
(53) 同附録。詳細な検討は次を参照。鈴木淳一「世界保健機関（ＷＨＯ）・国際保健規則（ＩＨＲ２００５）の発効と課題：国際法の視点から」『獨協法学』84、２００５年、１９２－２０１頁。
(54) １８９３年「国際衛生条約」第１附属書第１章。
(55) ２００５年規則第５条第３項、第13条第３項・第６項。
(56) Lawrence O. Gostin, *Global Health Law* (Harvard University Press, 2014), p. 188.
(57) ２００５年規則第４条。
(58) Gostin, *op.cit.*, p. 187.
(59) ２００５年規則第６条第１項。これに関する検討は次を参照。鈴木、前掲、２０１－２０７頁。
(60) ２００５年規則第１条。
(61) 同第６条第２項。
(62) 同条第１項。
(63) 同第７条。ただし、デイヴィッド・フィドラー（David Fidler）によれば、第６条と第７条の趣旨・目的の違いは自明ではない。第７条が大量破壊兵器・物質に起因する公衆衛生上の緊急事態の回避を企図して制定されたとの仮説もあろうが、それも不明である。関連の議論は次を参照。Fidler, *op.cit.*, pp. 365-366.
(64) ２００５年規則第９条第２項。
(65) 同第11条第１項。
(66) 同第９条第１項。これに関する検討は次を参照。鈴木、前掲、２０７－２０９頁。
(67) World Health Oragnization, The International response to epidemics and applications of the International Health Regulations: Report of a WHO informal consultation, WHO/EMC/IHR/96.1, (11-14 December 1995).

(68)「検証」とは、加盟国がその領域内で発生した事象の状況を確認するために、ＷＨＯに情報を提供することをいう。２００５年規則第１条。なお、検証についての定めは第10条。

(69) ２００５年規則第９条第１項。

(70) Gostin, *op.cit.*, p. 193.

(71) ２００５年規則第12条。緊急委員会の定めは第48条、認定手続の定めは第49条。

(72) 同第12条第４項。関連の規定・手続に関する検討は次を参照。鈴木、前掲、２１１－２１８頁。

(73) ２００５年規則第15条。

(74) 同第16条。

(75) 同第17条。

(76) World Health Organization, Revision of the International Health Regulations, WHA 56.28 (28 May 2003).

(77) Fidler, *op.cit.*, pp. 380-381.

(78) ２００５年規則第10条第３項。

(79) この点に関する検討とまとめは次を参照。Sara E. Davies, "Securitizing infectious disease," *International Affairs*, 84:2 (2008), pp. 298-302 and pp. 308-313.

(80) エリック・マック（Eric Mack）によれば、短期的視座での経済的利益の維持確保が難しいようなら、加盟国が２００５年規則を遵守することはない。Eric Mack, "The World Health Organization's New International Health Regulations: Incursion on State Sovereignty and Ill-Fated Response to Global Health Issues," *Chicago Journal of International Law*, 7:1 (2006), pp. 366-367.

(81) ＷＨＯと国家の関係は、その時代の国際体制や国際関係、導かれる国益の見方、政権の思惑や国内の事情といった複数の要因によって規定されてきた。１９４０年代終盤、ソ連が他の社会主義諸国を引き連れてＷＨＯから離脱したとき、その国際的地位を高めようとしていた設立まもないＷＨＯには打撃だった。ＷＨＯにとって、その立て直しのため、米国の政治経済力に大きく依拠せざるを得ない時期となった。また、経済規模によってＷＨＯへの分担額が決まることから、多額を拠出する大国がＷＨＯに揺さぶりをかけることもある。ＷＨＯが準備した安全・有効な薬品リストに対し米国の大手製薬企業が反発した際には、米国政府は分担金支払いを拒否した。２００３年にＷＨＯが糖分摂取量制限を勧告した時も、米国砂糖協会のロビー活動を受けた政府は、分担金支払い停止をちらつかせた。詫摩佳代「先進国の保健外交：フランスとＷＨＯの連携を中心に」山城英明（編）『グローバル保健ガバナンスの構造』東信堂、２０２０年、１７２－１７３頁。

(82) ２００５年規則は、その解釈・適用について加盟国間で紛争が生じた場合の解決手続を定める。紛争が生じた場合、交渉、周旋、仲介、調停を含む平和的手段によって解決しなければならない。それで解決されなかった場合、関係国は紛争をＷＨＯ事務局長に付託することができ、その場合、ＷＨＯ事務局長は解決のためにあらゆる努力を行う。また、仲裁も解決手段である。仲裁請求がなされたときに有効な「二国間の紛争を仲裁するための常設仲裁裁判所選択規則」に従って行われる。仲裁を強制的なものとして受諾することに同意した加盟国は、仲裁の裁定を拘束的かつ最終的なものとして受諾しなければならない。さらに、同規則の加盟国が、当事国である国際的な合意に基づき、他の国際組織や国際合意の下で設定された紛争解決枠組に訴えることを妨げない。同規則は、加盟国間の紛争解決の他、ＷＨＯと加盟国のそれについても定める。ＷＨＯと加盟国との間で解釈・適用に関して紛争が生じた場合、その問題は世界保健総会に付託される。第56条。

(83)　２００５年規則は、加盟国のみならずＷＨＯ事務局長の提案によっても修正できる。第55条第１項。

第11章

2010年代——安全保障との連動

第1節　エボラ出血熱

２０１０年代、感染症をめぐる国際法の歴史は新たな局面を迎える。それは、安全保障との交差である。きっかけは、アフリカで大流行したエボラ出血熱だった。これに感染すると、多くは苦しみながら死を迎える。２０１４年3月下旬に西アフリカのギニアで発生が確認されたエボラ出血熱は、隣国のシエラレオネとリベリアに急速に拡大した。４月上旬時点で１００人だった死亡者数は、８月上旬には１０００人に達した。この年のエボラ出血熱の感染者数は1万８６０３人、12月14日までの死亡者数は６９１５人となった。エボラウイルスはアフリカ全土のみならず、米国やスペイン、英国、イタリアなどにも拡散した。[*1]

エボラウイルスの自然宿主は野生動物で、主にオオコウモリである。フィロウイルス科に属するエボラウイルス属には5類の亜種（ザイール、スーダン、ブンディブギョ、タイフォレスト、レストン）があり、それぞれが症状を引き起こす。２０１４年の流行は、病原性が最も高いザイール株であった。エボラウイルスは、感染者の血液や体液、糞尿、吐物などを介して感染し、潜伏期間は2日－21日間である。一旦収まっても数カ月後に再発し、ウイルスが再検出されるなど、不明な点も多い。そのため、治療薬や予防ワクチンは実用化に至ってない。現在までのところ、症状に合わせた適宜治療で対処している。[*2]

かつては臨床研究も乏しく、エボラ出血熱といえば、出血を伴う発熱と致死率の高い病という程度の認識しかなかった。しかし、２０１４年のアウトブレイクが契機となり世界保健機関（ＷＨＯ：World Health Organization）を中心に研究が進むと、症状の全体像が見えてきた。これに感染すると、出血と発熱だけではなく、倦怠感や嘔吐、下痢、食欲不振といった全身症状に加え、消化管に不快な症状が起こる消化器症状も見受けられる。また、出血を伴う症状が、実は全体の2割に満たないことも分かってきた。

エボラ出血熱は当初、アフリカの風土病だと考えられていた。確認された初の患者は、コンゴ共和国の修道女だった。彼女は1976年9月、キンシャサの病院で死亡した。血液検査をした医師が下した診断は黄熱病だった。しかし、彼女は最新の黄熱病ワクチンを接種していたし、出血を伴う症状があったので黄熱病ではなかった。その後、彼女が拠点としていたヤンブク村でこの謎の疫病が猛威を振るい、死者は200人に達した。

ベルギーのアントワープにある熱帯医学研究所の研究者らが、修道女の死亡直前に採取された血液から原因を探ったところ、それが未知のウイルスであることが分かった。そこで、検体は米国疾病予防管理センター（CDC）に送られた。CDCは、病原性が極めて高い新種のウイルスの発見を公表した。その病原体は、コンゴ川支流のエボラ川にちなんで、エボラウイルスと命名された。

この公表後、欧米諸国は専門家から成る対策チームを現地へ派遣し、感染経路特定に努めた。死亡の状況について聞き取り調査を進めるうち、エボラウイルスの感染力が強いわけではなく、感染にはある程度の濃厚接触が必要であり、空気感染の可能性が低いことが分かってきた。やがて、体の開口部を素手で洗う伝統的儀式を伴う葬式が終わった後、相当数の患者が参列者の中から発生したことも明らかになった。また、適切な消毒が行われないまま使いまわされる注射で感染した妊婦が犠牲者の大半を占めていることも判明した。このことから、研究チームは、体液を介して感染するとの仮説を立てた。そして、感染の危険に晒されるのは、患者の看護にあたる医療従事者や、患者と近い関係（特に性的関係）にある人々に限定された。

このように、感染経路はある程度判明したのだが、現地の人々は予防にあたる医療チームの説得を受け入れようとしなかった。特に文化的理由から、伝統的葬式の中止や変更にはことさら反対した。[*3] かといって、効果的な治療法は見当たらず、1976年以降、エボラ出血熱はアフリカで定期的に発生していた。2014年のエボラ出血熱のアウトブレイクでも、医療従事者が葬式をとりやめるよう住民に求めても一向に受け入れられないなど、同じことが繰り返された。さらに、エボラ専用のホットラインに通報しなかったり、救急車を恐れたり、隔離施設から逃げ出す住民もいた。その一因はやはり、文化の相違であった。西洋医学とは異なる理解の下で伝統的医療が根付いた地域では、予防がうまくいかなかった。[*4]

2013年12月にギニアで死亡した2歳男児から始まった2014年のアウトブレイクは、これまでと異なり、広範囲に飛び火した。国境なき医師団などが現地に赴き尽力したが、感染拡大を食い止めることはできなかった。元来、血液や体液を介して感染するエボラは拡大速度が遅く、発生規模も限定的であった。にも拘らず、急速に世界に拡散した。移動技術などの発展により人と人の結びつきがより速く、広く、活発になると、感染が急速かつ広範囲に及ぶようになったためである。また次節で触れるように、WHOの対応が遅く実効的でなかった点も、感染拡大を助長した一因であった。

エボラ出血熱の震源地となったアフリカ諸国に対し、協力の姿勢をいち早く見せたのは、ＳＡＲＳで感染症対策を経験した中国であった。中国本土への将来的な感染上陸阻止だけではなく、重要な貿易先であるアフリカで影響力を高めたいとの狙いがあった中国にとって、「保健外交」は有効な手立ての一つであった。まず、シエラレオネとリベリアへの支援に続き、２０１４年の４月初めにはギニアに現金を寄付した。西アフリカ全般では、２０１４年には4回にわたり計1億２３００万ドルの人道援助を行った。経済的援助だけでなく、エボラ診断キットの作成や医療対応策の策定、医療チームの配置への協力から食糧の援助といった生活面まで網羅した。さらに10月までに、10万人の治療に十分な量の実験的抗エボラウイルス薬ＪＫ－05を西アフリカに送り、多くの医療関係者を派遣した。このように、中国の行動は迅速で、広い地域と分野にまたがるものだった。[*5]

２０１４年のエボラ出血熱への対応において最も特徴的だったのは、各国の軍の関与であった。中国と欧米諸国から、計５０００人以上の軍人がアフリカに派遣された。[*6] 米軍は、リベリアを中心とする西アフリカに約２９００人を派兵した。そこで、療養施設の建設や医療従事者の訓練施設の設置、輸送などを行った。英国はシエラレオネに約８００人の部隊を派兵した。英国軍も、治療施設建設や医療従事者のための訓練支援などを行った。

軍の関与が、エボラ出血熱の封じ込めに寄与したとの評価がある。例えば、非政府組織の活動の再開・維持への貢献である。国境なき医師団や赤十字といった経験豊富な大手は、エボラ出血熱患者のケア活動の優先順位を変えるなど、自力で対応を調整することができた。しかし、多くの組織は、この種の危機に対する備えが十分ではなかったため、事業閉鎖と感染国からの撤退を余儀なくされた。これらの組織が事業を再開できたのは、アフリカ外の各国政府による軍隊の配備のおかげであった。また、エボラ出血熱対策に関する限り、軍と現地住民の関係は比較的良好であったという。

しかし、課題も浮上した。まず、エボラ出血熱の状況に対する認識のあり方と体制の乖離である。過去の世界規模での感染症発生と同様、エボラ出血熱も当初は健康上の緊急事態と解されていた。しかし、軍が関与する過程で、事態への見方が人道危機に変化した。それにも拘らず、実際に機能するような人道調整システムは不十分で、多くの関係機関に混乱を招いた。後述する「国連エボラ緊急対応ミッション」（UNMEER：United Nations Mission for Ebola Emergency Response）は、このような文脈で登場したものだった。また、各国軍が依拠できる共通の行動枠組みはなく、全体的に統制のないばらばらの動きだった。例えば、米軍は独立した立場を維持し、米国国際開発庁（USAID：United States Agency for International Development）を通じてリベリアの保健社会福祉省を支援した。英国軍は、英国国際開発省（DFID：Department for International Development）主導の文民の指揮下で活動したが、一部要員はシエラレオネ軍に統合された。だが、英国軍内でも方向性は定まっていなかったようで、一部の軍隊は臨床治療を提供したが、他の軍隊は生体試料や患者の輸送さえ拒否した。*[7]

第3節　国連エボラ緊急対応ミッション

1　概要

エボラ出血熱の流行に対し、国連もこれまでにない動きをとった。２０１４年８月８日、ＷＨＯは「国際的に懸念される公衆衛生上の緊急事態」（ＰＨＥＩＣ：Public Health Emergency of International Concern）を認定した。同年９月17日に、潘基文国連事務総長は、国連安保理と国連総会宛てに書簡を送付し[*8]、ＵＮＭＥＥＲ設置の意向を表明した。翌日、国連安保理緊急会合では関連の決議が採択され、国連総会も国連事務総長の意向を歓迎する決議を採択した。これにより、国連初の公衆衛生ミッションとなるＵＮＭＥＥＲが誕生した。

ＵＮＭＥＥＲは、ＷＨＯや公衆衛生機関との協力体制のなかで、物資の供給や人員の派遣など後方支援的活動に従事した。ＵＮＭＥＥＲの主要任務は、ケース・マネージメントや症例の発見・検査、接触者の追跡、安全な埋葬、コミュニティへの関与と社会的動員であり、活動原則は以下であった。

(1) 感染症発生国政府のリーダーシップの再強化
(2) 現地で成果を迅速にもたらすこと
(3) 国連外の主体との緊密な調整・協力
(4) 国ごとの個別ニーズに即した柔軟な対応
(5) ＷＨＯがすべての健康問題を指導すべきことの再確認
(6) 緊急対応後への移行に関する基準の特定と態勢強化のための行動の確保

また２０１４年12月に採択された国連安保理決議[*9]に基づき、ＵＮＭＥＥＲは、当時既に展開していた国連リベリア・ミッション（ＵＮＭＩＬ：United Nations Mission in Liberia）の人道的支援活動と協調を図るようになった。

ＵＮＭＥＥＲは、２０１４年12月１日までに、遺体の70％を安全に埋葬し、新規感染者の70％に治療を受けさせるという目標を設定した。前者の目標はギニア、リベリア、シエラレオネの３カ国で、後者のそれはギニアとリベリアで達成した。２０１５年に入り流行が制御され始め、ＵＮＭＥＥＲは同年７月31日に活動を終了した。ＷＨＯは、２０１６年１月にエボラ出血熱の終息を宣言したが、最終的な感染者数は２万７千人以上、死亡者数は１万１千人以上に達した。[*10]

2　国連安保理決議とＵＮＭＥＥＲ設立

２０１４年９月18日、国連安保理は緊急会合を開催し、西アフリカでのエボラ出血熱の流行が「国際の平和及び安全に対する脅威」（国連憲章第39条の概念の一つ）を構成することを決定する安保理決議２１７７を採択した。同決議は、特定地域における感染症の流行といった公衆衛生分野における緊急事態に対して、そのような脅威を史上初めて認めた点で革新的であった。ただし、その内実に目を向けると、革新性にはいくつかの留保がつく。まず、同決議では、国連憲章第39条の解釈に関し、感染症という非伝統的脅威への関与にかかる分析がなされていない。また、新たな解釈・適用のための枠組みが構築されたわけでもない。同決議は、エボラ危機の影響を強く受ける脆弱な諸国で進展している平和構築が後退してしまうことや、これら諸国の政治と安全が不安定化・悪化するおそれに関心を示してはいる。だが、これを「国際の平和及び安全に対する脅威」に結びつける明確な理論がない。さらに、決議２１７７は、共通の戦略や具体的対応方法などを示さなかった。加えて、国連憲章第７章上の義務に具体的措置を紐付けることも、執行を確保するための権能を特定の組織に与えることもなかった。

もし同決議が、例えば、国連憲章第7章と2005年規則やWHO暫定的勧告の履行を連動するような仕組みを提供していたなら、それは歴史的に斬新と言えたかもしれない。

国連安保理決議2177と国連総会決議[*11]は、複数の国連専門機関を繋ぐ包括的枠組みとなる役割をUNMEERに与える土台となった。ただし、従来のPKOなどの基盤となった過去の国連の決議とは異なり、両文書の関係・位置付けや国連憲章上の根拠は曖昧である。まず、UNMEERは、国連事務総長の主導で設立が決められた。これを受けた決議2177には国際的関与の示唆はあったが、UNMEERを通じた活動を指定しているわけではない。もっとも、同決議は明示に、エボラ出血熱に対して行動をとるよう国連事務総長に要請している。また決議2177を踏まえた国連総会決議は、UNMEERの設立の提案を歓迎するとともに、その実現を国連事務総長に要請している。以上の一連の流れは、国連憲章第98条（国連機関から国連事務総長への任務の委託）に基づくものとも受けとれる。なお、「エボラ出血熱に関する国連システム上級調整官」と「エボラ出血熱対応の副調整官・緊急危機対応責任者」は、第98条を根拠に事務総長を補佐している。[*12]

3　2005年「国際保健規則」とWHO

エボラ危機は、2005年に改定された国際保健規則（2005年規則）の有効性を試す機会となった。2009年のインフルエンザA（H1N1）や2014年5月の野生型ポリオウイルスと同様、同規則で定められたPHEICの枠組みが活用された。しかし、課題も明らかとなった。まず、WHOによるPHEIC認定の遅れである。[*13]これが発せられたのは、国境なき医師団が「前例のない事態だ」と警告を発してから4カ月も経過した後だった。[*14]行動が遅れた原因の一つは、2005年規則の仕組みに起因していた。同規則には、PHEIC認定の手続の一環に関係加盟国との協議が含まれるが、その場合には当該国の見解を考慮しなければならず、[*15]それがPHEIC認定の決定の速度に影響を与え得る。エボラ危機においてWHO事務局長は、同規則に従いギニア政府と協議したのだが、同政府の意向を尊重したことでPHEIC認定が遅れたとの指摘もある。[*16]

また国連安保理決議2177は、エボラ危機において、「グローバルな公衆衛生安全保障に寄与する」2005年規則を遵守することの重要性を想起し、同規則の下で発布されるWHOの暫定的勧告の各国での実施を訴えていた。国連安保理決議が国際保健規則に言及するのは初めてのことだったが、[*17]加盟国が同規則の要請に応えることができず、あるいはこれを軽視する場面もあった。ギニア、リベリア、シエラレオネは、公衆衛生にかかる国内の能力を高めることができず、エボラ出血熱を適切に監視し、これに対応することができなかった。そのため、感染症は西アフリカの隣国に飛び火し、やがて地域外にも拡散することとなった。そして、40カ国以上が、WHOの暫定的勧告が許容しない旅行・輸送・貿易関連にかかる追加的措置を実施した。さらに、相当数の加盟国が通告の義務を怠った。[*18]

1969年国際保健規則が2005年に改定された理由の一つは、感染症を含む国際的公衆リスクに迅速かつ有効に対応し、加盟国による違反や不遵守を防ぐことであった。しかし、エボラ危機では、2005年規則が設計した通りには作動しなかった。このことは、同規則の存在価値に少なからず動揺を与えることとなった。そのため、世界保健総会では、途上国の中核的能力の向上や同規則の実施評価機能の強化などが提案された。[*19]

次に、WHOとUNMEERの関係について簡潔にまとめる。繰り返しになるが、WHOはエボラ危機の初期対応で出遅れた。また発生国現地での活動でも、感染症対策の司令塔としての役割を発揮できなかった。特に危機の初期段階でWHOは人員・資金を工面できずに苦しみ、国際社会はこれを補完する工夫が必要であることを知る。潘基文国連事務総長も、危機対応に必要な指導力と調整能力をWHOが欠いていたことを認め、UNMEER設置に踏み切ったのだった。この経緯から分かるように、UNMEERは、WHOの能力や活動を補うために誕生したミッションだった。実際、UNMEERを軸として国連がエボラ危機に関与したことで、必要な人材と資金が調達可能となった。[*20]

WHOに対するUNMEERの補完的役割としての効果は、組織・機能面でも現れた。WHOは、調整機能を担う機関として当初、「WHO準地域エボラ運用センター」を設置していた。しかしUNMEERが誕生すると、ガーナ本部にこのセンターは統合され、効率性を確保できた。[*21]またWHOは、UNMEERの枠組みを活用し、「保健対応戦略」を主導するとともに、2005年規則に沿った感染状況の定期的レビュー、暫定的勧告の修正、関連するWHO理事会決議や世界保健総会決議の実施に対応することができた。[*22]WHOの機能を補完するこのような役割と主導性は、国際的対応に一貫性を持たせることとなった。

第4節　感染症の安全保障化と米国

1　米国の外交

国連安保理決議2177を提案したのは米国であった。なぜ、米国だったのか。それは、米国で進行していた「感染症の安全保障化」(securitisation of infectious diseases)が、同国の企図により国連のフォーラムで展開したからである。ここでは、その経緯を説明したい。なお、「安全保障化」とは、非対称的性格を帯びた事柄が脅威と認識され、脅威対抗措置が政治的に選択されていく過程である。[*23] これによれば、安全保障化の過程は、脅威の実体ではなく発話行為を反映して進む。この見方によれば、感染症もまた安全保障化の過程にある。[*24]

感染症の安全保障化が国連安保理で顕在化したのはエボラ危機だったが、国際関係史では、「感染症＝脅威」からの「国家の防衛」という構図は古い。19世紀後半から1930年代までの国際衛生条約に刻印された目的は、東方がもたらす脅威からの欧州の「防衛」であった。第二次世界大戦中、「感染症に対する勝利」がなければ「戦争での勝利」もないとの理解が連合国側に潜在していた。[*25] 冷戦の時代になると、資本主義陣営は、「敵」である社会主義陣営との闘いという対立構図に、感染症を含む疾病を組み込む。「病は貧困を生み、貧困は更なる病を生むが、国際共産主義は両者を糧に成長する」のだから、国際的保健活動が共産化を防ぐという期待もあった。[*26] 米ソ協力の下、天然痘を克服していった1960年代－1970年代、主要先進国は、感染症の時代が終わったととらえた。この時代、感染症からの防衛という大国の感覚は薄らいでいった。

しかし、感染症の脅威が人類から立ち去ったわけではなく、それは深く静かに進行していた。1981年に世界で初めて公式に確認されたエイズの米国における症例は、感染症時代の新たな幕開けの合図だった。これを契機に、米国において「感染症の安全保障化」が本格化する。早期からHIV／エイズを米国の国家安全保障というレンズで捉えたのはカーター政権だった。そして、生物兵器攻撃のシナリオも想定し、対外戦略として具体化を図ったのがクリントン政権だった。安全保障の下での感染症の脅威は、次のように概念化された。

(1) 外部からウイルス・病原菌が米国に侵入する脅威
(2) 他国での感染症の拡散が米国の外交政策の目標（貿易など）を害する脅威
(3) 感染症が国家の能力と安定性を損ない、他国の経済損失（市場の喪失など）や国家安全保障上の懸念（地域的不安定化と地域外からの介入など）を招く脅威

このような脅威の概念に基づいた戦略は、米国外での感染症の封じ込めと、米国への侵入の予防だった。例えば、ビル・クリントン（Bill Clinton）大統領は、生物兵器の攻撃に対する防御の能力を促進するため、国外にある研究機関などと提携する国際ネットワークを構築した。それが、1996年の大統領令で設置された国防省のGEIS（Global Emerging Infectious Surveillance and Response System）である。[*27] またアル・ゴア（Albert Gore）副大統領は、2001年の国連安保理におけるスピーチで、エイズを「国際平和と安全にとって脅威」と表現した。これは、感染症の安全保障化が進展していることを国際社会に印象付けるものだった。

G・W・ブッシュ政権もこの流れを継承し、HIV／エイズ問題で具体的な政策をとるとともに、この問題が、貿易自由化や途上国の経済発展といった米国の対外政策の目標を害する脅威であると理解した。想像に難くないが、2001年の米国同時多発テロ事件後、感染症も、国家安全保障に直結しやすくなった。アフリカはHIV感染拡散を十分に抑制できずにいたが、「対テロ戦争」という優先度の高い目標の脅威に、HIV／エイズが結び付けられたのもこの時期だった。そこでブッシュ政権は、2003年の「米国大統領エイズ救済緊急計画」を実行に移した。当初約束していたのは計画成立から5年間で150億ドルの支出であったが、2020年までに

約850億ドルが国際的なエイズ対策で使われている。[*28]
そして、エボラ危機の時代になると、米国における感染症の安全保障化は新たな局面を迎える。これを主導したのがオバマ政権だった。エボラ出血熱がやがて市場や社会を破壊し、国際経済と国際政治を不安定化させることで米国に損害をもたらす危険を想定したバラク・オバマ（Barack H. Obama II）大統領は、次のように述べた。[*29]

今、我々が努力を払わなければ、［エボラ出血熱は］アフリカだけではなく世界各地に拡大する。……それは米国に重大な危険をもたらすかもしれない。

それまでの米国における感染症の安全保障化は、WHOとの接点を明確に持つのではなく、どちらかと言えば独自路線で進められた。これを修正したのがオバマ政権だった。エボラ危機を自国の国家安全保障上の優先課題とした米国は、国連大使のサマンサ・パワー（Samantha Power）を通じ、国連安保理緊急会合の開催を提案した。また、UNMEER設立に合わせ、これを支援するため、国際社会の動員に尽力することをジョン・ケリー（John F. Kerry）国務長官が明言した。[*30]
オバマ政権は、感染症の安全保障化の概念を国連安保理決議の次元と手続に持ち込むことで、これを国際的に正当化し一般化した。エボラ出血熱の流行を脅威と認定した国連安保理決議2177は、結果的に、WHOを大いに助けることとなる。UNMEERが、国際的リーダシップの不足と現地での調整などの能力の限界に苦しんでいたWHOの側面支援を果たしたことは、既述した通りである。このような国際的対応の強化は、安全保障化にかかる米国の理屈からすれば、自国の安全を強化することに繋がった。

2 保健分野の軍事化——光と影

感染症の安全保障化が国連のフォーラムまで拡張すると、保健分野でも軍民協力を通常活動として推進し、軍事ドクトリンを改定すべきとの見解などが登場した。これらは概ね、感染症の流行を、国家の安定に不可欠な政治的・経済的・社会的基盤を損なう要因であると見る。それが周辺国や地域の不安定化要因にもなると考え、公衆衛生と安全保障の不可分性を強調する。[*31] また、公衆衛生分野では、深刻かつ慢性的な人員・資金不足が課題となりがちである。そのため、エボラ危機の時のように、感染症対応を安全保障の枠内に据えることで、豊富な人員と資金を軍隊からプールすることは、受け入れ国・地域にとっても好都合なのかもしれない。

しかし、「保健分野の軍事化」に違和感や危機感を持つ立場もある。決議２１７７は国連安保理がもたらしたミッション・クリープ（組織が本来の任務や目的から外れて活動を拡大すること）の一つであって、むしろ他の国連機関の役割を損なうとの指摘である。また、国際社会にはＵＮＭＥＥＲ以上の経験がないため、国際保健事業に軍隊が関与する場合の原則が何かがよく分かっていない。緊急支援・人道支援の一般基本原則に依拠するにせよ、公衆衛生という特殊分野で、どの原則がどの程度適用可能かも不明である。[*32] 人員・予算の恒常的不足は保健分野の構造的課題として改善の道を探るべきであって、感染症の猛威がなくなればいなくなるような軍部に解決を求めるべきではない。なにより、人権を包容する公衆衛生の目標と、国益の計算を基礎とした安全保障政策との間に、何らかのトレードオフが生ずる可能性は否定できない。軍隊動員を含む軍事的対応の色彩が濃くなったエボラ危機で、安全保障の性格が前面に出るにつれ、人権の位置付けは不明瞭となっていった。国連安保理や国連総会、ＷＨＯ事務局長といった鍵となる主体が、ミッションと人権の関係を正面から論ずることはなかったのである。

第11章　註――

（1）　当時の状況全般や統計などは次を参照。小松志朗「世界政府の感染症対策：人の移動をめぐる国境のジレンマ」（第2章）大庭弘継（編）『超国家権力の探求：その可能性と脆弱性』南山大学社会倫理研究所、2017年、34－35頁。「2014年12月18日更新：エボラ対応に関するロードマップ（更新26）」厚生労働省〈https://www.forth.go.jp/topics/2014/12181032.html〉(last access: 1 November 2020)。

（2）　エボラウイルスの性質や症状、治療法などについては次を参照。増田道明「国境を超える感染症：エボラ出血熱／エボラウイルス病」『Dokkyo Journal of Medical Sciences』42（3）、2015年、171－172頁。有馬雄三／島田智恵「西アフリカのエボラウイルス病発生状況」『ウィルス』65（1）、2015年、47－48頁。「エボラ出血熱とは」国立感染症研究所〈https://www.niid.go.jp/niid/ja/kansennohanashi/342-ebola-intro.html〉(last access: 22 February 2020)。

（3）　金山敦宏／神谷元／山岸拓也／神垣太郎「エボラウイルス病流行への疫学的支援：シエラレオネにおける活動経験から」『感染症雑誌』90（4）、2016年、499－505頁。

（4）　エボラ出血熱の全般については次を参照。サンドラ・ヘンペル『ビジュアル　パンデミック・マップ：伝染病の起源・拡大・根絶の歴史』日経ナショナルジオグラフィック社、2020年、184－189頁。

（5）　中国の支援については次を参照。Yanzhong Huang, “China’s Response to the 2014 Ebola Outbreak in West Africa,” Global Challenges (January 2017) <https://onlinelibrary.wiley.com/doi/epdf/10.1002/gch2.201600001> (last access: 1 November 2020), pp. 2-3.

（6）　各国の軍の対応については次を参照。防衛省『防衛白書』「4　エボラ出血熱の流行に対する国際社会の取組（第2章第1節）」（平成27年版）〈http://www.clearing.mod.go.jp/hakusho_data/2015/html/n1214000.html〉(last access: 1 November 2020)。Adam Kamradt-scott, Sofie Harman, Clare Wenham and Frank Smith 3rd, “Civil-military cooperation in Ebola and beyond,” *Lancet* (January 2016), p. 104.

（7）　軍の関与による貢献と問題点については次を参照。Kamradt-scott, Harman, Wenham and Smith 3rd, *op.cit*., p. 104.

（8）　A/69/389-S/2014/679.

（9）　UNSC Resolution 2190 (2014).

（10）　UNMEERの任務や活動の全般は次を参照。UNSC Resolution 2177 (2014). A/69/404 (2014). 詫摩佳代『人類と病：国際政治から見る感染症と健康格差』中央公論新社、2020年、138頁。鈴木淳一「2014年の西アフリカにおけるエボラ出血熱の流行への国際社会の対応：国際法の視点から」『獨協法学』98、2015年、59－61頁。植木俊哉「国際組織による感染症対策に関する国際協力の新たな展開」『国際問題』642、2015年、22頁。Adam Lupel and Michael Snyder, *The Mission to Stop Ebola: Lessons for*

UN Crisis Response (International Peace Institute, 2017), p. 9.「国連、エボラとの闘いに地域別アプローチを採用」国連広報センター〈https://www.unic. or.jp/news_press/features_backgrounders/11277/〉(last access: 30 September 2020)。
(11) A/RES/69/1 (2014).
(12) ＵＮＭＥＥＲ設立の特徴や法的根拠については次を参照。植木、前掲、24頁。Robert Frau, "Law as an Antidote? Assessing the Potential of International Health Law Based on the Ebola-Outbreak 2014," *Goettingen Journal of International Law*, 7:2 (2016), pp. 255-256.
(13)「エボラ検証パネル」の指摘による。Frau, *op.cit.*, p. 251.
(14) 詫摩、前掲、１３６頁。
(15) ２００５年規則第17条。
(16) 勝間靖「なぜエボラ出血熱は西アフリカで多くの命を奪ったか？」『WASEDA ONLINE』〈https://yab.yomiuri.co.jp/adv/wol/opinion/international_160620.html〉(last access: 13 September 2020)。
(17) 鈴木、前掲、58頁。
(18) エボラ出血熱発生国の対応と、他国の措置の問題については次を参照。鈴木、前掲、49－51頁。Lawrence O. Gostin, Devi Sridhar and Daniel Hougendobler, "The Normative Authority of the World Health Organization," *Public Health*, 30 (2015), pp. 4-6.
(19) WHO A69/30. その他、ＷＨＯの権限強化や２００５年規則の改善についての提案の例として次を参照。Alison Agnew, "A Combative Disease: The Ebola Epidemic in International Law," *Boston College International & Comparative Law Review*, 39:97 (2016), pp. 128-129.
(20) ＵＮＭＥＥＲ設立とＷＨＯとの関係は次を参照。国境なき医師団『史上最大のエボラ流行の１年：極限まで、そしてその先へ』国境なき医師団、２０１６年、14頁。鈴木、前掲、64頁。勝間、前掲。
(21) 鈴木、前掲、45頁。
(22) Gian Luca Burci and Jakob Quirin, "World Health Organization and United Nations Documents on the Ebola Outbreak in West Africa," *International Legal Materials*, 54:3 (2015), p. 534.
(23) 安全保障化におけるコペンハーゲン学派については次を参照。Barry Buzan, Ole Wæver and Jaap De Wilde, *Security: A New Framework for Analysis* (Lynne Rienner Publishers, 1997).
(24) 感染症の安全保障化については例えば次を参照。Sara E. Davies, "Securitizing infectious disease," *International Affairs*, 84:2 (2008).
(25) 本書第１編参照。
(26) Elizabeth Fee, Marcu Cueto, and Theodore M. Brown, "At the Roots of The World Health Organization's Challenges: Politics and

Regionalization," *AJPH*, 106:11 (2016), p. 1913.

(27) Davies, *op.cit.*, p. 299.

(28) US Department of State, "About Us: PEPFAR," <https://www.state.gov/about-us-pepfar/> (last access: 14 December 2020).

(29) Heather Higginbottom (Deputy Secretary of State for Management and Resources), "The U.S. Government Response to the Ebola Outbreak," Statement Before U.S. Department of State Diplomacy in Action, The U.S. Senate Committee on Appropriations Washington, DC (12 November 2014).

(30) *Ibid*.

(31) 肯定的立場のまとめは次を参照。Gian Luca Burci, "Ebola, the Security Council and the Securitization of Public Health," *Questions of International Law Zoom In*, 10 (2014), p. 35.

(32) 安全保障化に否定的立場については次を参照。Burci, *op.cit.*, p. 35. Burci and Quirin, *op.cit.*, p. 534. Adam Kamradt-Scott, "Responding to Health Emergencies: The Ethical and Legal Considerations for Militaries" in Mark Eccleston-Turner and Iain Brassington, *Infectious Diseases in the New Millennium: Legal and Ethical Challenges* (Springer, 2020), pp. 43-63. World Peace Foundation, "United Nations Ebola Emergency Response (UNMEER) Short Mission Brief" (African Politics African Peace, July 2017) <https://sites.tufts.edu/wpf/files/2017/07/United-Nations-Ebola-Emergency-Response-brief.pdf> (last access: 14 September 2020), p. 5.

第12章

2020年
——COVID-19（新型コロナウイルス感染症）と新たな課題

第1節　COVID－19（新型コロナウイルス感染症）

ことの発端は、2019年12月31日に、中国政府が「原因不明の肺炎」の発生を世界保健機関（WHO：World Health Organization）に通告したことだった。WHOが後にCOVID－19と命名するこの感染症は、この通告から1年以上経過しても収束の気配を見せなかった。2021年3月5日時点で、世界で累計およそ1億1560万人がCOVID－19に感染し、256万人以上が死亡した。[*1] 発生から短期間で世界の情景は一変した。いつもは多くの観光客やビジネスパーソンで賑わっているはずの街から人が消えた。旅客機の運行はほぼなくなり、空を飛ぶのは貨物機だけになった。国際通貨基金（IMF：International Monetary Fund）の試算によれば、COVID－19が原因で失われる世界経済の損失は、6年間で3000兆円に達するという。[*2] 休校がピークに達した2020年4月には、世界中でおよそ16億人、割合にして90％以上の子ども達が学校に通うことができなかった。[*3]「必要不可欠であるだけでなく生命維持に必要な芸術家」[*4]は、観客に作品を直に届ける術を失い、拍手も声援もないオンラインなどでそれを「配信」するようになった。2020年に予定されていた東京オリンピックを含め、多くのスポーツ大会が延期あるいは中止となった。

WHOや米国疾病予防管理センター（CDC）によると、COVID－19の症状には、発熱や咳、倦怠感、筋肉や体の痛み、喉の痛み、下痢、頭痛、味覚・嗅覚の喪失、呼吸困難、吐き気や嘔吐などがある。数ある中でも熱、乾いた咳、倦怠感は一般によく見られる症状である。呼吸困難や胸の痛み・圧迫感、顔色の悪化、会話の減少、動作の鈍化は、重大な症状の前兆でもある。高齢者や基礎疾患を持つ者には、深刻な合併症が引き起こされるリスクが高い。一般には感染してから平均5日－6日で発症するが、遅い場合は2週間ほど経って発症する。[*5]

COVID－19は、コロナウイルスの一種であるSARS－CoV－2によって引き起こされる病である。まだ不明な点も多い。ただ、主な感染経路が飛沫感染と接触感染であることははっきりした。飛沫感染は、COVID－19に感染している者の咳やくしゃみ、発話といった行為に伴う飛沫でウイルスが空中に飛び散り、周りがそのウイルスを吸入する、もしくは鼻や口の内側にある粘膜に沈着することによって起こる。COVID－19の感染者がくしゃみや咳を押さえた手で触れるなどしたものに他者が触れ、その手で自分の口や鼻、目を触ると感染する。約180センチ以内での感染者との接触で感染リスクが生ずる。これを予防する手段である「ソーシャル・ディスタンス」は、人々の日常用語のリストに加わるほど定着した。[*6]

COVID－19の最初の集団感染は、中国・武漢にある海鮮市場で発生したと一般には見られている。中国政府は2020年1月20日、これがヒトからヒトにうつるウイルスであることを認めた。その時点での感染者は440人、死者は9人だった。1月23日、武漢の駅が封鎖されると、空港にも警察官が配置された。武漢はロックダウンにより孤立した。ロックダウン2日目の24日、感染者は1287人、死者41人となった。これに対し日本は民間機を計5回チャーターし、828人を武漢から連れ帰った。中国の協力も得られたが、そこには、日中関係を改善したいとの外交的思惑も伏在していた。

WHOは2020年3月11日になってようやくCOVID－19のパンデミックを宣言したが、感染はかつてないような速度で世界に拡がっていた。欧州やカナダなどでは7月までに感染者数は一旦減少するものの、米国やブラジルでは急拡大した。この時期、米国における1日の新規感染者数は7万人に迫る勢いだった。アジアではインドでの感染が急拡大し、国内感染者総数が１００万人を超えた。[*7] その後も各地を第二波、第三波が襲い、２０２１年３月４日現在、米国では２８５７万人以上、インドでは１１１３万人以上、ブラジルでは１０７１万人以上の累計感染者が確認された。[*8] その間、ボリス・ジョンソン（Boris Johnson）英国首相、ジャイール・ボルソナーロ（Jair Bolsonaro）ブラジル大統領、そしてドナルド・トランプ（Donald Trump）米国大統領といった各国要人も次々に感染した。

第２節　背景と経緯

世界の人々の日常を一変させたように、ＣＯＶＩＤ－19は国際政治の風景をも大きく変えつつある。具体的に言えば、米中の力の差が狭まり、冷戦的な対立構図がより鮮明化するとともに、覇権闘争が激化しつつある。ＣＯＶＩＤ－19の発生地と目され、最初にこれが流行した中国にとって、コロナ危機は、世界の覇権に近づくための追い風となった。デジタル技術やドローンを駆使した監視体制など徹底したコロナ対策をとることで、武漢や北京では他国と比較して早期にこれを沈静化した。その後、国内の経済再建に着手し、各国の工場が停止する中で輸出を伸ばし、インフラや不動産開発への投資も進めた。それもあって、同国の２０２０年の国内総生産の成長は２・３％となり、主要国で唯一プラスの経済成長を止めなかった。またＣＯＶＩＤ－19によって、海洋進出の継続やデジタル技術の躍進にブレーキがかかることはなく、むしろ勢いを得たようにも見える。加えて、アフリカなどでマスクや医療機器、ワクチンを提供するなど、「保健外交」を積極的に展開し、自国の影響力拡大を図った。そして、中国の「成功物語」は世界に流布され続けている。[*9]

一方、米国は初動でつまずき、2020年には世界最大規模の感染国となった。経済活動の急速な鈍化を受け、同年の国内総生産の伸び率は前年と比較してマイナス3・5%となった。これは、第二次世界大戦直後の1946年以来のマイナス水準である。また、「自国第一主義」に終始するトランプ大統領の態度に国際社会は失望し、その世界的指導力を疑うのだった。このように、コロナ危機の時期における米国と中国の姿は対照的だった。ジョー・バイデン（Joe Biden）米国大統領が、「米国の繁栄や民主的な価値観に挑戦する中国に直接対処する」と表明した就任後初の外交演説（2021年2月）は、覇権に挑戦する中国とこれを守ろうとする米国の関係を象徴するかのような場面だった。[*10]

ただし、米中の覇権的地位の逆転や中国の覇権掌握といったシナリオには疑問符も付く。とりわけ、軍事力や経済力に依拠した強権的振る舞いでこれを実現することは難しいだろう。これまで受容されてきた民主主義や人権ともし決別するつもりであれば、世界規模で人心掌握できるような新たな魅力的理念を実証して提示しないかぎり、長期的に安定した覇権確立は望めない。[*11] コロナ後の時代が国際体制への移行期となりそうな予感に世界が包まれる中、米中は互いに批判の応酬に明け暮れた。そして、この国際政治上の米中間の対立・緊張の中、感染症をめぐる国際法ではある言説——「中国の国家責任」論——が構成されるのであった。

第3節　中国の国家責任

1　国際義務違反

トランプ米国大統領は、２０２０年９月の国連総会の一般討論演説で、ＣＯＶＩＤ－19について、中国が「世界に感染を拡大させた」と批判し、「中国に責任をとらせる必要がある」と主張した。この演説以前に、欧米などの国際法学者らは「中国の国家責任」問題を議論していた。その多くは、感染症発生源とされた中国による国際義務の違反が、世界に健康被害と経済的損害をもたらしたとの前提や仮定に立ったものだった。その上で、中国に対する国家責任の追及や賠償の要求を行う根拠などを探っている。本節では、この議論を、国際義務違反と賠償、対抗措置、その他の方法という項目で整理しまとめておく。

現行の国家責任制度の中心は、２００１年に採択された国際法委員会の「国際違法行為に対する国の責任に関する条文」（国家責任条文）[*12]に記されている。これによれば、国際法の主体である国家の国際違法行為は、国家責任を生む。つまり、国家は、自らの作為または不作為によって国際法上の義務に違反した場合には責任を負う。国際違法行為の成立要件の一つは、国家が国際法上負う義務に違反することである。[*13]その義務の範囲には、条約やその他の義務が含まれる。ＣＯＶＩＤ－19の文脈では、感染症発生源とされる中国による、２００５年国際保健規則（２００５年規則）の違反が主に問われた。同規則によれば、加盟国は、「公衆衛生上の情報をアセスメントした後24時間以内に、国際的に懸念される公衆衛生上の緊急事態（ＰＨＥＩＣ：Public Health Emergency of International Concern）を構成するおそれのあるすべての事象」と、「そのような事象に対して実施される一切の保健上の措置」をＷＨＯに通告しなければならない。[*14] また、「通告した事象に関して入手しうる正確かつ十分詳細な公衆衛生上の情報」を適宜ＷＨＯに伝達する義務がある。[*15] さらに、ＰＨＥＩＣを構成するおそれがある予期されないまたは特異な公衆衛生上の事象が国内で発生した証拠がある場合には、関連するすべての公衆衛生上の情報をＷＨＯに提供しなければならない。[*16]

中国はＷＨＯ加盟国であり２００５年規則に法的に拘束されるが、中国政府が規則の義務を遵守していれば、事態の深刻化を回避できたかもしれない、というのが欧米を中心とした国際法学者らの指摘である。[*17] それによれば、ＣＯＶＩＤ－19発生・拡大の初期段階で中国政府は、２００５年規則で求められる通告を怠った。２０１９年12月31日、武漢保健委員会は新興感染症のアウトブレイクを認めたが、武漢での発生はそれより数週間前に遡り、武漢の病院でも原因不明の肺炎の症状を確認していた。またこれらの指摘によれば、２００５年規則の有効性を担保するのは国家以外の主体から得られる情報であったが、武漢当局は、医療関係者や科学者などに圧力をかけ、情報を統制しようとした。さらに、翌年1月になっても、中国中央政府からの情報提供は遅く、内容も不正確で制限的だった。以上はおおよそ、中国中央政府と武漢当局の対応（特に初動）に問題があった、と言うのである。他方、中国が国際義務に違反したとしながら不可抗力による違法性阻却事由を主張する立場があるなど、これらの見解には立論のみならず結論において統一性はない。このことは、中国にかかる国家責任の判断が事実認定のみならず、通告の時期や速度の妥当性、中国の行為・他国への損害の因果関係の性質への評価によることを示唆する。[*18]

2　賠償

他国の国際違法行為によって被害を受けた国家には、賠償を請求する権利がある。加害国には国家責任を排除する義務があるが、[*19] その具体的な方法の一つは（金銭）賠償である。[*20] 原状回復が見込めない、ＣＯＶＩＤ－19で生じた損害について、中国は相応の賠償をするべきとの主張がある。中国政府が２００５年規則上の義務を遵守していれば、多くの国々は健康面と経済面で甚大な損害を被ることはなかった、と言うのである。もっとも、世界経済の損失だけでも天文学的金額に達する。仮に中国に賠償の意思があるにせよ、全額の支払いは非現実的であるし、支払額は限定的にならざるを得ないだろう。

また、賠償の決定においては、請求国の損害への寄与が考慮される。[*21] 被害を抑えるために必要な措置を講じなかった被害国には、回避し得たであろう損害の賠償を請求する権利はない。[*22] ＣＯＶＩＤ－19危機において、罹患率が高い国家では、その政策や対応が不十分であった可能性もあり、因果関係にその国家が関与していたことも示唆される。感染症の拡散を許してしまった違反行為から生じた損害について、中国に主たる責任があるとしよう。その場合でも、もし寄与による因果関係の証拠があれば、その損害分については、中国が賠償する必要はない。[*23] つまり、中国が負う義務は、不作為の違反行為によって引き起こされた損害の賠償にとどまり、具体的な金額の計算の段階になれば、中国側に有利に働くとの予測もある。[*24] またそもそも、因果関係の証明自体が科学的にどの程度可能なのかも不明である。

3　対抗措置

対抗措置とは、国際違法行為の違法性阻却事由の一つであり、[25] 先行する違法行為が相手国側にある場合、当該違法行為の中止を目的として、自らも相手国に対する何らかの義務違反行為をもって対処することである。[26] 他国の違法行為に対する復仇にあたる対抗措置が正当化されるためには条件がある。第一に相手国に先行違法行為があること、第二に当該違法行為の中止ないし賠償の請求を提起すること、第三に自国が講じる措置が相手国の違法行為により被った損害と均衡性を保つことである。対抗措置は、「責任ある国家による国際義務の不履行」に対して「義務に従うことを説くため」にとられる。[27] また対抗措置は、国際人権法や国際人道法の義務などと整合性を保つ必要もある。[28]

新型コロナ危機については、対抗措置の条件を満たしたという仮定の下で、米国などの被害国が賠償を促す観点から、中国政府に対して負う既存の法的義務を一時的に停止すべきとの議論もあろう。武力行使や中国国民の基本的人権を侵害するような措置は認められないが、対抗措置は、同国が犯した違反の種類に明示に連結している必要はない。また、被害国の行動は単一でも共同でもよい。したがって、感染症に起因した損害に対処するよう、中国に仕向ける方法であれば有効となる。例えば、国連機関で要職にある中国人の解任や、中国への渡航制限、中国との貿易の制限など選択肢は無数にあろう。[29] しかしながら、対抗措置が対象とするのは、多くの場合、経済的・政治的分野での事柄である。そのため、これを実行するなら、世界経済への悪影響や措置にかかるコストを考慮するとともに、中国の報復も覚悟しなければならないだろう。

4　その他のアプローチ

以上のように、国家責任に関する既存の枠組みを活用し、新型コロナ危機における中国の国際義務違反を追及するとともに、賠償を求め、あるいは対抗措置を構ずるといった議論はある。しかし、そのために具体的手続に入った国家は、少なくとも本書執筆の時点では見当たらない。ＣＯＶＩＤ－19に限らず、19世紀中頃から始まった感染症をめぐる国際法の歴史において、国家責任の枠組みが実際に用いられたことはない。感染症がもたらす損害の証明は複雑で、また法的訴えで守られる実益を測定するのが困難だという技術的問題もあろう。だが、おそらくより本質的な理由は別にある。感染症について他国の国家責任を追及し、賠償を求めることがなかったのは、デイヴィッド・フィドラー（David Fidler）によれば、不利益についての国家間の共通理解があり、相互主義が働いた結果である。第一次世界大戦時のインフルエンザの発生地が米国であったように、感染症はどの国でも起こり得る。他国で発生し制御できなかった感染症によって損害を受けた被害国では、発生国に対して不満の声が上がることだろう。しかし将来、自国で感染症が発生した場合、それをうまく制御できないことも十分あり得る。そのため、各国は共通理解と相互主義の下、たとえ国際違法行為があっても賠償などを求めないという姿勢を維持してきた。[*30] そうだとすれば、新型コロナ危機で現出した国家責任論は、あくまで米中の覇権闘争という国際政治の文脈で例外的に構築された言説ということになろう。

以上を踏まえて現実に目を向けると、むしろ別のアプローチが模索されていることが分かる。それは、国際裁判などのように敵対的形式で特定国の過去の国家責任を追及するものではなく、事実の究明と未来にあるべき姿の模索に重きを置く方法である。２０２０年5月の世界保健総会において全会一致で採択された決議[*31]に基づき、

WHO事務局長によって「パンデミックの準備と対応のための独立委員会」が設立された。同委員会は、ニュージーランド元首相ヘレン・クラーク（Helen Clark）とリベリア元大統領エレン・ジョンソン・サーリーフ（Ellen Johnson Sirleaf）の共同議長で運営される。同委員会は、事実調査委員会の性格を備えているが、それだけにとどまらず、以下の4点を中心に扱っている。[*32]

(1) COVID－19以前のパンデミックと当時の制度・主体の地位を知る
(2) COVID－19パンデミックにおける事象や国家・WHOの行動などに関する正確な年表を分析する
(3) 保健制度や社会の対応を見直し、パンデミックと措置のインパクトを査定する
(4) 将来のパンデミックへの対応を備えた国際制度のあるべき姿などを考える

このように、「何があったのか」という事実を明らかにして検証し、COVID－19の経験から得られる教訓を探るとともに、2005年規則の将来の改定やWHOの組織整備などを含め、「どうあるべきか」を建設的に検討することがこの独立委員会の目的である。もっとも、このような委員会を設立したところで、中国からの圧力により、発生国に関する調査が十分に行われないのではないか、との疑念は当初よりあった。オーストラリア政府が2020年4月に独立調査委員会の設立を提案した時、「中国の消費者はオーストラリア産の牛肉やワインを味わう機会を失うかもしれない」と中国側は警告した。そして、事実上の報復と見られる措置をとった。[*33]

以上に加え、「パンデミックの準備と対応のための独立委員会」設立の基礎となった決議中に、中国への言及がなかったことも懸念材料となった。しかしその一方、2021年1月の本独立委員会の報告では、「[2020

年」1月に、中国中央政府と武漢の保健当局が、より強力に公衆衛生措置を適用できたであろうことは明らか」[*34]と、中国の落ち度を指摘している。同委員会はまだ始動したばかりであり、その価値と限界への評価はこれから先に預けられている。

第4節　ダイヤモンド・プリンセス号と2005年「国際保健規則」

1　感染が拡がったクルーズ船

クルーズ船の主目的がレジャーというのであれば、その起源は史実上、紀元40年頃にローマ帝国皇帝カリグラ（Caligula）がネミ湖に浮かべ、1932年にベニート・ムッソリーニ（Benito Mussolin）がその湖底から発掘した「カリグラ号」にあるという。[*35] ただし、観光産業としてのクルーズ船の歴史の始まりは19世紀の欧州にあるというのが通説である。以来、クルーズ船は、世界の人々に水上での娯楽を提供してきた。しかし、感染症をめぐる国際法の歴史が船舶とは切り離せないことからも推察できるように、クルーズ船の歴史もまた、コレラやペスト、黄熱、インフルエンザなどとの感染とは無縁ではいられなかった。[*36]

COVID－19もまた、この歴史の一頁となった。中でも「ダイヤモンド・プリンセス号」は、感染が拡がるクルーズ船の処遇という課題を提起した。「浮かぶ洋上ホテル」ダイヤモンド・プリンセス号と、2000年近く前の「浮かぶ洋上宮殿」カリグラ船が、庭園や浴場などの豪華さで共通性があるのは興味深い。[*37] しかし、2004年生まれのダイヤモンド・プリンセス号は、ディーゼルとガスタービンを組み合わせた発電機や、海に一切投棄しない廃物処理装置などを備えた時代の先端をいく大型クルーズ船である。この船が、2020年、COVID-19の脅威に晒されることとなった。3711人（乗客2666人、乗員1045人）を乗せた同船は、1月20日に横浜港を出港して鹿児島、香港、ベトナム、台湾を周遊し、2月1日に沖縄の那覇港に入港した。その時、香港で下船した乗客へのCOVID-19の感染が確認されたのだった。この時点で、水上の楽園が隔離施設に化すことを予言した者はほとんどいなかった。

2020年2月3日、日本政府はダイヤモンド・プリンセス号の横浜港への寄港を認め、検疫を開始した。日本政府の当初の見立ては楽観的だったが、5日に出たウイルス検査結果で判明した31人のうち、10人が陽性であった。感染率の高さに驚いた政府は、感染拡大を抑制するため、急遽、乗客全員に自室での待機を求め、事実上の隔離措置に踏み切った。同時に、感染制御の専門家や看護師によって構成される災害時感染制御支援チームや大学病院などの専門家に依頼し、感染管理にあたらせた。同船は3月1日まで横浜湾に停泊を続け、同日にはすべての乗客・乗員が下船した。しかし、最終的には感染者712人、少なくとも死者14人を出す事態となった。そして日本政府は、その対応が後手に回ったとして国内外から厳しく批判された。[*38]

茂木敏充外相は2020年2月21日、国際法に対する見解とクルーズ船への対応について発言した。それは、「国際法上、船舶での感染症拡大防止措置については、旗国、運航会社、寄港国のいずれかが一義的な責任を負うというルールが確立されて［おらず］」、「クルーズ船への対応は、……防疫上の必要性から……日本の国内法に基づいて行っている」という主旨であった。[*39] ただし、外相や日本政府は、ルールが確立していないと考える根拠を詳らかにしなかった。

ダイヤモンド・プリンセス号の船籍国は英国で、所有者は同国のP&O社であった。ただし、運用者はカーニバル・ジャパン社という米国のカーニバル・クルーズ・ライン社の日本事務所であったため、実質的には米国企業が運行会社であった。[*40] このように複数国が同船に関わっていたことから、国際法上、どの国家の管轄権が同船に及び、どの国家（誰）がどの局面で責任を持つのかなどが疑問点として浮上した。

1982年「国連海洋法条約」[*41] はもとより、感染リスクのある船舶に多少なりとも関与し得る条約は少なくない。例えば、船舶の構造・装備・運用の最低基準について定める1974年「海上における人命の安全のための国際条約」[*42] や、船員の最低限の能力要件達成を義務づける1978年「船員の訓練及び資格証明並びに当直の基準に関する国際条約」[*43] は、感染症の予防や対処における旗国の責任と関係がありそうである。船員の「権利章典」とも呼ばれる2006年「海上の労働に関する条約」[*44] は、船舶が位置する領域の国家に、船員が医療看護にアクセスできるよう求める。これは船員の権利に特化した条約だが、運航を司る船員の健康維持は、乗客の安全を確保し命を守る上でも不可欠である。また人権条約は、船内で感染症の危機に直面する人々の救済・保護の様々な局面で作用し得る可能性を持つ。[*45] 以上のような認識に立ちながら、しかし本節では、2005年規則に焦点をあて、感染リスクのある船舶との接点を指摘しておきたい。

2　2005年「国際保健規則」とWHOガイド

国連海洋法条約上また実践上、寄港する船舶に対する管轄権が旗国と寄港国のどちらに属し、両者がどのような関係にあるのかは自明ではない[*46]。ただし、それは、感染リスクのある船舶の措置に関する国際法が不在という意味ではない。慣習国際法上、一般の外国船舶に対し寄港や停泊を認める義務は沿岸国にはなく、それを認めるか否かは原則として沿岸国の主権の裁量に委ねられる[*47]。ただし、2005年規則はダイヤモンド・プリンセス号のような船舶への対処を想定しており、次の点から接点を持つ。まず、同規則の原則との関連性である。2005年規則の重要な特徴の一つは、国際交通と国際取引に対する不要な阻害の回避・疾病の国際的拡大防止・公衆衛生対策提供の目的に、「人間の尊厳、人権および基本的自由の完全な尊重」と「疾病の国際的拡大から世界のすべての人々を保護するために普遍的に適用する目標[*48]」の要素を加えたことである。感染リスクのある船舶の対応にかかる同規則の解釈・適用においても、新たな原則を十分考慮すべきであり、その精神から逸脱してはならない。もっとも、これら諸原則・目的間の相互調整の図り方が容易でないことは、感染リスクのある船舶への対応のみならず、同規則全般の解釈・適用を通じて言えることである[*49]。

2005年規則には、感染リスクのある船舶に対する措置を認める規定がある。まず、感染源を含む公衆衛生リスクの事実などが船舶で検知された場合には、加盟国（寄港国）の当局は、その船舶を「影響のある対象[*50]」とみなし、消毒や除染といった管理措置をとり、個別の状況に応じて公衆衛生リスクを管理する措置をとることができる。また当局は、疾病の拡大防止に必要であれば、船舶の隔離などを含む衛生上の追加措置をとれる。そのような管理措置を入域地点で実施できない場合でも、手続上の条件を満たしていれば、権限当局の監督の下で、燃料、水、食糧、供給物を積み込むことを許可しなければならない[*51]。

次に、2005年規則は、船舶の入域を認める加盟国（沿岸国）の裁量に制約をかける。加盟国は、感染リスクのある船舶に対する入域地点[*52]への寄港を、公衆衛生上の理由によって妨げてはならない。「公衆衛生上の理由」には、船内での感染者の存在やその影響の可能性も含まれよう。もっとも、入域地点が保健上の措置を適用するよう整備されていない場合には、その船舶に対し、措置可能な最寄りの適当な入域地点へ進航するよう命ずることはできる。それでも、船舶が進航を安全に行えないと思われるような運航上の問題を抱えている場合はこの限りではない。また加盟国は、船舶に感染源が検知された場合には、必要な消毒や除染といった措置や汚染の拡大防止に必要な措置を実施することを条件に、自由交通許可を付与することができる。一方、船長にも責任が課される。感染性疾病の徴候を示す病状や公衆衛生リスクが船舶で発生したことを知り得た場合には、速やかにその一切の病状または公衆衛生リスクの証拠を、行先地の港に可能な限り早急に知らせなければならない[*53]。

さらに、2005年規則は、船長が感染症を制御できない事態において、予定されていた停泊港の変更を想定し、これにある程度関与する。まず船長は、最寄りの権限当局と遅滞なく連絡をとるためにあらゆる努力をしなければならない。これに対し、権限当局には停泊を認める義務はないが、WHOが勧告する保健上の措置や同規則に定められたその他の保健上の措置をとり得ることが明記されている。また停泊後、緊急目的などの場合を除き、船舶の乗船者が、当該権限当局によって許可されない限りその付近を離れることは禁止される[*54]。

寄港国と比較すれば限られているが、2005年規則には、旗国の対応にも関係し得る定めがある。予防的側面については、自国が責任を有する船舶が感染源に侵されないよう、恒久的に維持する措置をとらなければならない。事後の側面だが、証拠が検知された場合、感染源やそれを管理するための措置の適用が要求されることもある[*55]。もっとも、旗国と船舶の間の「真正」な関係のあり方は、この規定の実効性にも影響を与えよう。

2005年規則のように拘束力を持つものではないが、運用者や船長の責任について定めたWHOの関連文書が複数ある。中でも、同規則との関係性が強いのが、『船舶衛生ガイド』[*56]である。これは、船舶内の疾病に関する各国の適切な抑制措置の促進を目的に発行され、同規則の要求の変化に応じて増補されている。本ガイドの目的は、船舶でとられる衛生措置を標準化し、旅行者・作業者の健康を保護するとともに、感染症の国際的拡散を防止することである。同時に、感染症に関する船舶の公衆衛生上の重要性を提示し、適切な抑制措置を適用することの重要性を強調している。これによれば、「船舶が乗客および乗組員に安全な環境を提供するような方法で運用可能であることを確認する責任が船舶運用者」にあり、「船長は、乗組員および乗客の健康を守るためにすべての合理的な措置を確認しければならない」[*57]。

3 課題

以上を踏まえた上、今後の課題として次の2点を提示して本節のまとめとする。まず、ダイヤモンド・プリンセス号を含め、ＣＯＶＩＤ－19の感染が拡がった船舶に対し、２００５年規則の適用について各国がどのような対応をとったかを調査すべきである。日本においては、同船と対照的な処遇を受けたのは、日本人５人を含む約２２００人を乗せたオランダ籍のクルーズ船「ウエステルダム号」であった。本船は２０２０年２月８日に那覇港に寄港予定だった。しかし、ＣＯＶＩＤ－19の発症が船内で確認されたことから、日本政府は、「出入国管理及び難民認定法」に基づき乗船していた外国人の上陸の原則拒否を決定し、那覇港に入港をしないよう要請した[*58]。結局、同船は受入先を求めて太平洋をさまよい、最終的にカンボジアのシアヌークビル港に13日に寄港した。

ＣＯＶＩＤ－19の感染が拡がったクルーズ船は日本だけにとどまらず、２０２０年４月時点において世界で50

隻以上確認されていた。[59]まず、それぞれの船舶への各国の対応について、その事実を確定した上、２００５年規則が適切に適用されたかを検証する必要がある。それは、加盟国の違反の可能性を明らかにするだけではなく、同規則の規範としての欠陥や今後のあり方を議論する上で重要な材料となろう。国際衛生条約・国際衛生規則・国際保健規則は、新たな事態を経験するたび、書き換えられてきた。ＣＯＶＩＤ－19の時のクルーズ船の経験をその例外に置く必要はなく、既存の枠組みを出発点に、また他の関連の法規範・法群との連動を図りながら、次の感染症がもたらすかもしれない事態に備えるべきだろう。

第二に、２００５年規則を基礎とした国際協力体制の具体化である。ダイヤモンド・プリンセス号の事例で懸念されたことの一つは、既に国内の感染者への対処が必要になっていた時期に、船舶の乗員乗客に対応することで生じる財政・人材へのさらなる圧迫であった。未知の感染症の危機では、たとえ経済力の高い国家であっても、医療資源の容量や医療従事者の能力に限界を感じないわけにはいかない。医療従事者の労働と国民の税金の負担が増し、国内における感染症対策全体が疎かになるおそれもあった。そこで、ＣＯＶＩＤ－19の時の教訓を糧に、多国間で負担を分担するといった装置を事前に用意するなどの試みが求められよう。ただなにも、その基礎となる合意を無から生み出す必要はない。２００５年規則は、公衆衛生上の能力の維持における技術協力や後方支援の提供、義務の履行を促進するための財政的資源の動員などについて、加盟国が相互に協働することを定めているのである。[60]

第12章　註――

（1）　ＣＯＶＩＤ－19の当時の一般的状況については次を参照。「新型コロナウイルス感染：世界の1年」朝日新聞〈https://www.asahi.com/special/corona/yearly/?iref=pc_special_coronavirus_top〉（last access: 9 March 2021）。Johns Hopkins University, "COVID-19 Dashboard by the Center for Systems Science and Engineering (CSSE) at Johns Hopkins University," <https://coronavirus.jhu.edu/map.html> (last access: 9 March 2020).

（2）　「世界経済、６年で損失３０００兆円　ＩＭＦ試算」日本経済新聞〈https://www.nikkei.com/article/DGXMZO64946710T11C20A0MM8000/〉（last access: 4 February 2021）。

（3）　ＣＯＶＩＤ－19による教育への影響については、次を参照。The World Bank, "Urgent, Effective Action Required to Quell the Impact of COVID-19 on Education Worldwide," <https://www.worldbank.org/en/news/immersive-story/2021/01/22/urgent-effective-action-required-to-quell-the-impact-of-covid-19-on-education-worldwide> (last access: 2 February 2021).「学校を失った子どもたち：〝教育の危機〟に世界はどう対応?」ＮＨＫ〈https://www3.nhk.or.jp/news/html/20200428/k10012407261000.html〉（last access: 3 February 2021）。

（4）　２０２０年３月のドイツ文化大臣の発言。

（5）　ＣＯＶＩＤ－19の症状全般については次を参照。World Health Organization, "Coronavirus Symptoms," <https://www.who.int/health-topics/coronavirus#tab=tab_3> (last access: 9 March 2021). Centers for Disease Control and Prevention, <https://www.cdc.gov/coronavirus/2019-ncov/symptoms-testing/symptoms.html> (last access: 9 March 2021).

（6）　感染の特徴については次を参照。World Health Organization, "Coronavirus Overview," <https://www.who.int/health-topics/coronavirus#tab=tab_1> (last access: 9 Match 2021). Centers for Disease Control and Prevention, "Symptoms of COVID-19," <https://www.cdc.gov/coronavirus/2019-ncov/prevent-getting-sick/how-covid-spreads.html?CDC_AA_refVal=https%3A%2F%2Fwww.cdc.gov%2Fcoronavirus%2F2019-ncov%2Fprepare%2Ftransmission.html> (last access: 9 March 2021).

（7）　感染拡大の状況については次を参照。Michael Safi, "Coronavirus from Unknown Virus to Global Crisis -timeline," The Guardian, <https://www.theguardian.com/world/ng-interactive/2020/dec/14/coronavirus-2020-timeline-covid-19> (last access: 9 March 2021). 朝日新聞、前掲。

（8）　Johns Hopkins University, *op.cit.*

（9）　中国の動向については次を参照。Bates Gill, "China's Global Influence: Post-COVID Prospects for Soft Power," *The Washington Quarterly* (Summer 2020). 天児慧「新型コロナウイルス：パンデミックと米中関係」〈https://www.nippon.com/ja/in-depth/

d00574/?pnum=1〉（last access: 9 February 2021）。「中国経済、昨年２・３％の成長　主要国で唯一プラスに」BBC News〈https://www.bbc.com/japanese/55700487〉（last access: 9 February 2021）。

（10）米国の状況については次を参照。天児、前掲。「アメリカ　２０２０年ＧＤＰ前年比マイナス３・５％　74年ぶりの低水準に」ＮＨＫ〈https://www3.nhk.or.jp/news/html/20210128/k10012838331000.html〉（last access: 9 February 2021）。「米バイデン大統領『最も重大な競争相手』中国に対抗姿勢強調」ＮＨＫ〈https://www3.nhk.or.jp/news/html/20210205/k10012851101000.html〉（last access: 9 February 2021）。

（11）Gill, *op.cit*. 天児、前掲。

（12）国家責任条文は法的拘束力を持つ条約ではないが、国家責任法の集大成として、国際裁判での活用を含めその権威は広く認められている。

（13）国家責任条文第２条。国際違法行為が成立するには、当該行為が国際法上の国際義務に違反することと、当該行為が国家の行為だとみなされることの２要件を満たす必要がある。

（14）２００５年規則第６条第１項。

（15）同第２項。

（16）同第７条。加盟国の通告・情報共有の義務については、本書第10章第３節参照。

（17）Julia Belluz, "China Hid the Severity of its Coronavirus Outbreak and Muzzled Whistleblowers: Because It Can," Vox (2020), <https://www.vox.com/2020/2/10/21124881/coronavirus-outbreak-china-li-wenliang-world-health-organization> (last access: 25 February 2021).

（18）中国の国家責任に関する議論は次を参照。Lawrence O. Gostin, Roojin Habibi and Benjamin Mason Meier, "Has Global Health Law Risen to Meet the COVID-19 Challenge?: Revisiting the International Health Regulations to Prepare for Future Threats," *Journal of Law, Medicine & Ethics,* 48 (2020). Valerio de Oliveira Mazzuoli, "International Responsibility of States for Transnational Epidemics and Pandemics: the case of COVID-19 from the People's Republic of China," *Revista de Direito Civil Contemporâneo*, 23 (2020). Oona Hathaway and Alasdair Phillips-Robins, "COVID-19 and International Law Series: WHO's Pandemic Response and the International Health Regulations" (COVID and International Law) <https://www.justsecurity.org/73753/covid-19-and-international-law-series-whos-pandemic-response-and-the-international-health-regulations/> (last access: 25 February 2021). Congressional Research Service, "Can the United States Sue China over COVID-19 in an International Court?" (24 July 2020). James Kraska, "China Is Legally Responsible for COVID-19 Damage and Claims Could Be in the Trillions," War on the Rocks (2020), <https://warontherocks.com/2020/03/china-is-legally-responsible-for-covid-19-damage-and-claims-could-be-in-the-trillions/> (25 February 2021).

(19) 常設国際司法裁判所によれば、「賠償は可能なかぎり違法行為のすべての結果を除去し、その行為がなかったならばおそらく存在したであろう状態を回復するものでなければならない」のである。ホルジョウ工場事件（管轄権判決）PCIJ Ser. A, No.9 (1927).

(20) 国家責任条文第36条。

(21) 同第39条。

(22) ガブチコボ・ナジュマロシュ計画事件（ICJ Reports 1997）。

(23) Hannah Ritchie and others, "Policy Responses to the Coronavirus Pandemic," Our World in Data (2020) <https://ourworldindata.org/policy-responses-covid> (last access: 16 February 2021).

(24) Katja Creutz, "China's Responsibility for the COVID-19 Pandemic: An International Law Perspective," *Finnish Institute of International Affairs Working Paper*, 115 (2020), p. 10.

(25) 対抗措置以外の違法性阻却事由は、相手国の同意、不可抗力及び偶発事態、遭難、緊急事態、自衛である。国家責任条文第20条–第25条。

(26) 国家責任条文第22条。

(27) 国家責任条文第3部第2章。

(28) 同第50条。

(29) Kraska, *op.cit.*

(30) 特にこの点を、貿易や渡航制限措置に関する条約規則に違反した場合の賠償を中心に説明するのが次。David Fidler, "COVID-19 and International Law: Must China Compensate Countries for the Damage?" *Just Security* (2020) <https://www.justsecurity.org/69394/covid-19-and-international-law-must-china-compensate-countries-for-the-damage-international-health-regulations/> (last access: 26 February 2021).

(31) WHA 73.1 (19 May 2020).

(32) The Independent Panel for Pandemic Preparedness and Response, "About the Independent Panel" <https://theindependentpanel.org/about-the-independent-panel/> (last access: 26 February 2021).

(33) 中国はオーストラリア産牛肉の輸入を一時停止した。また、反ダンピング調査対象となっているオーストラリア産ワインの輸入業者に対し、保証金支払い義務を課した。ASPI, "Australian call for Covid-19 inquiry like Brutus knifing Caesar: China's deputy ambassador," <https://www.aspistrategist.org.au/australian-call-for-covid-19-inquiry-like-brutus-knifing-caesar-chinas-deputy-ambassador/> (last access: 27 February 2021).「中国、豪州からの輸入ワインに補助金相殺措置」ロイター〈https://jp.reuters.com/article/china-

australia-trade-idJPKBN28K06S〉（last access: 27 February 2021）。
（34） The Independent Panel for Pandemic Preparedness and Response, "Second Report on Progress" (January 2021), p. 17.
（35） 糸澤幸子「観光考古学によるクルーズ起源の解明：クルーズツーリズム発祥の原点」『日本国際観光学会論文集』24、２０１７年。
（36） Arézou Minooee and Leland S. Rickman, "Infectious Diseases on Cruise Ships," *Clinical Infectious Diseases*, 29:4 (1999).
（37） 糸澤、前掲、１２３－１２４頁。
（38） 当時の状況については次を参照。「クルーズ船『ダイヤモンド・プリンセス号』内の感染制御策について」厚生労働省〈https://www.mhlw.go.jp/content/10900000/000598163.pdf〉（last access: 17 October 2020）。「ダイヤモンド・プリンセス号新型コロナウイルス感染症事例における事例発生初期の疫学」国立感染症研究所〈https://www.niid.go.jp/niid/ja/typhi-m/iasr-reference/2523-related-articles/related-articles-485/9755-485r02.html〉（last access: 17 October 2020）。「現場からの概況：ダイアモンドプリンセス号におけるＣＯＶＩＤ－19症例」国立感染症研究所〈https://www.niid.go.jp/niid/ja/diseases/ka/corona-virus/2019-ncov/2484-idsc/9410-COVID-dp-01.html〉（last access: 17 October 2020）。「クルーズ船で何が起きた」ＮＨＫ政治マガジン〈https://www.nhk.or.jp/politics/articles/feature/31092.html〉（last access: 17 October 2020）。
（39） 「茂木外務大臣会見記録」（令和２年２月21日）外務省〈https://www.mofa.go.jp/mofaj/press/kaiken/kaiken4_000864.html〉（last access: 27 February 2021）。
（40） Xiaofei Liu and Yen-Chiang Chang, "An Emergency Responding Mechanism for Cruise Epidemic Prevention: Taking COVID-19 as an Example," *Marine Policy*, 119 (2020), p. 6.
（41） United Nations Convention on the Law of the Sea. UN Treaty Registration Number 31363.
（42） International Convention for the Safety of Life at Sea. UN Treaty Registration Number 18961.
（43） International Convention on standards of training, certification and watchkeeping for seafarers. UN Treaty Registration Number 23001.
（44） Maritime Labour Convention. UN Treaty Registration Number 51299.
（45） 感染リスクのある船舶への国際人権条約の適用の余地については次を参照。Natalie Klein, "International Law Perspectives on Cruise Ships and COVID-19," *Journal of International Humanitarian Legal Studies*, (UNSW Law Research Paper No. 20-13, 2020), pp. 1-12. Sofia Galani, "Persons at Sea, International Law and Covid-19," EJIL Talk (2020) <https://www.ejiltalk.org/persons-at-sea-international-law-and-covid-19/> (last access: 1 February 2021).
（46） 旗国主義の原則について言えば、船舶と国家の関係を定める新たな制度の台頭などによって、旗国と船舶との関係の実態は希薄化している。その制度とは、便宜置籍制度である。便宜置籍船とは、船舶所有などに関する税制、船員労働規制、船舶安全規制などについて、より有利な扱いを認める他国に船籍を置いた船舶のことである。このような船舶は、登録上の国家との関係が「真正」ではないため、旗国が安全性や乗務員の質などを十分に監督するなど実効性を確保ができないことがある。栗林忠男『海洋法と船舶の通航海』成山堂書店、2010年、12頁。河野真理子「船舶と旗国の関係の希薄化と旗国の役割に関する一考察」『早稲田大学社会安全政策研究所紀要』3、2010年、155-179頁。他方、沿岸国の観点からすれば、沿岸国は領域主権に基づく各種の管轄権を行使できるとしながらも旗国の立場を尊重し、その行使の範囲は自制的である。通常、入港中の船舶によって港の安全が害されるような場合に限り執行される。山本草二『海洋法』三省堂、1992年、113頁。

(47) もっとも、通商条約・協定などにより、締約国が商船の入港を相互に認め合うのが一般である。また、外国船舶に対し入港の権利を認める特別条約も珍しくない。山本、前掲、112頁。

(48) 2005年規則第3条第1項、第3項。

(49) 本書第10章第3節参照。

(50) 「影響のある対象」とは、公衆衛生リスクを構成するような感染したもしくは汚染された人、手荷物、貨物、コンテナ、輸送機関、物品、郵送小包もしくは人間の遺体、または感染もしくは汚染の保因源をいう。2005年規則第1条。

(51) 同第27条第1項、第2項。

(52) 「入域地点」とは、旅行者、手荷物、貨物、コンテナ、輸送機関、物品並びに郵送小包の国境を越えた入出国のための通過点及びそれらに対して入出国に関する業務を提供する機関並びに区域をいう。2005年規則第1条。

(53) 入域地点での船舶への対応については、2005年規則第28条第1項、第2項、第4項参照。なお、「自由交通許可」とは、船舶については入港、乗船もしくは上陸、または貨物もしくは用品の荷おろしもしくは積み込みを行うことの許可である。同規則第1条。

(54) 2005年規則第28条第5項(a)-(c)。

(55) 同第24条第1項(c)。2005年規則の感染した船舶の事態への適用については次を参照。Klein, *op.cit.*

(56) World Health Organization, *Guide to Ship Sanitation* (Third Edition, WHO, 2011). 厚生労働省「世界保健機関船舶衛生ガイド(仮訳)」厚生労働省医薬食品局食品安全部企画情報課検疫所業務管理室、2011年。

(57) 同、8頁。

(58) 「日本人5人乗船、ウエステルダム号入港拒否:国交省要請」朝日新聞Digital〈https://www.asahi.com/articles/ASN273GXYN27UTIL008.html〉(last access: 27 February 2021)。

(59) Taylor Dolven and others, "Cruise ships sailed on despite the coronavirus. Thousands of people paid the price," Anchorage Daily News <https://www.adn.com/nation-world/2020/04/27/covid-cruises-ships-sailed-on-despite-the-coronavirus-and-thousands-of-people-paid-the-price/> (last access: 22 November 2020).
(60) ２００５年規則第44条第一項。

第4編　グローバル・イシュー

第13章 感染症医薬品と特許権

第1節　1980年代まで

1　医薬品と特許権

本書の第1編（1851年－1940年代中頃）では国際衛生会議の始まりと国際衛生条約の誕生、第2編（1940年代後半－1970年代）では国際衛生規則の成立と国際保健規則への変化、第3編（1980年代－2020年）では国際人権法や安全保障への連動なども含め論じた。このような軸としての系譜を踏まえつつ、第4編では複数のグローバル・イシューに光を当て、それぞれの系譜を手繰ることとする。切り口を変えることで、別のスポットから、「時を漂う感染症」を眺望することにしよう。

まず本章では、感染症医薬品にまつわる国際法の系譜を辿る。この国際規範が特許権との関連でどのように形成され展開したのか、またどのような主体がその創出や変化を主導したのかを描写する。それにより、感染症医薬品へのアクセスの国際法における位置を知り、特に、国際人権法の関与についても考えたい。本章で対象となるのは具体的に、エイズの治療・延命に必要な医薬品の特許権である。

感染症医薬品を必要としながら購入する余裕がない患者の多くは、途上国に住む。先進国で発明されたブランド医薬品があまりに高価で購入が難しかったためだが、*1 その理由は知的財産権の一部である特許権にある。特許権とは一般的に、発明を保護するための権利を意味する。発明品や製法に関する特許を受けた者には、一定期間、その品目を生産・販売する独占権を持つことが認められる。ファイザーやグラクソ・スミス・クライン、ロシュ、メルクといった欧米の大手製薬企業は、HIV／エイズを含む感染症の治療薬の特許権を持つ。これら企業によれば、主に先進国向けに開発している治療薬には多額の資金が投資されている。そのため、高い価格をつけなければ採算が合わない。

ただし、このような主張は慎重に吟味されなければなるまい。まず、投資収益が非常に高く、ひとたび「メガヒット薬品」が出れば、きわめて高い売上げを毎年継続して生むことができる。また、大手製薬企業は、研究費よりも広告費やマーケティング費にはるかに資金を投じてきたとの指摘もある。さらに、大手製薬企業5社の幹部が2001年に受け取った額が、「貧困にあえぐ多くの国々の保健衛生予算を全部合わせた額よりはるかに多い」とのNGOの報告もある。[*2]

とはいうものの、発明とそこから生まれる利益こそ、新たな医薬品をつくり出す最大のインセンティブである。特許権で発明と利益が守られるからこそ、製薬企業は落ち着いて研究を続けられ、医薬品開発に没頭できる。実際、感染症に対する新薬の開発は、保健医療を大きく変えてきた。その発展から恩恵を受け、人々は命を保ち、健康と生活の質を向上させることができている。特許権がなくなれば、安価な医薬品を複製することは容易となろう。だが、これまで人類が受けてきた恩恵までもが新薬開発の動機とともに消え去る。それに加え、特許権は本来、恒久的な権利ではなく、一定期間で消尽し、その後は他社も低額で生産可能となる。

2　前史

　感染症医薬品をめぐる知的財産権の国際法史には、特許権によって守られる利益と、これを制限することで守られる利益の衝突と葛藤、調整が刻印されている。著作権、商標権、そして特許権などを含む知的財産権を扱う国際法の実質的な始まりは、1800年代後半である。「万国工業所有権保護同盟条約」[*3]は1883年に、「文学的及び美術的著作物の保護に関するベルヌ条約」[*4]は1886年に採択された。また、知的財産権に関する条約を扱う国連の専門機関として、世界知的所有権機関（WIPO：World Intellectual Property Organization）が1970年に設立された。新国際経済秩序（NIEO：New International Economic Order）が国連資源特別総会決議で採択されたこの時代、知的財産権でも南北は対立した。技術の生産・輸出を保護・維持・強化することで収益を高めたい「北」に対し、先進的技術を吸収することで発展に繋げたい「南」は、強制実施権の強化を主張した。[*5]一般的概念として、強制実施権とは、公権的判断により、特許権者の意思に反してでも特許発明の使用を第三者に認めることをさす。後述するように、これは、感染症治療の医薬品へのアクセスにかかる重要な争点となった。

　やがて、南北の隔たりを知的財産権のフォーラム内で扱うのは難しくなり、議論の場は貿易を多国間交渉で進めるレジームに移された。即ち、「関税及び貿易に関する一般協定」（GATT：General Agreement on Tariffs and Trade）[*6]における、ウルグアイ・ラウンド交渉（1986年－1994年）である。知的財産権の交渉を貿易レジームに移すことを後押ししたのは、1970年代－1980年代に貿易赤字に転じた米国だった。同国はまず、自国の国内法における知的財産権保護の強化を図り、次にスーパー301条[*7]などの適用を通商相手国にちらつかせながら二国間交渉を進めた。これは、高水準の知的財産権保護を国際的にも普及させ、自国の知的財産の価値を維持し高めるという政策であった。また知的財産権保護には、世界から人材を囲い込み、育成し、先端技術を改革することで、米国の力の持続を支えるという側面もあった。

この政策を推進した背景の一つには、米国の産業界の影響力があった。レーガン政権下、ヒューレッドパッカードのＣＥＯであったジョン・ヤング（John Young）が「産業競争力についての大統領委員会」の委員長になると、「ヤング報告書」を１９８５年に提出した。膨張する貿易赤字にあって優等生だった知的財産に着目し、この保護を梃子に米国の国際競争力を高めることが報告書で示唆された。同時に、製薬企業を含む13の米国の大手企業が「知的財産権委員会」を組織し、欧州産業連盟や日本の経団連との国際的な企業間協力体制を構築した。当初は米国から強力な二国間交渉を受けていた諸国も、多国間交渉に期待を寄せるようになった。[*8]

第２節　１９９０年代——ＴＲＩＰＳ協定

１　ＴＲＩＰＳ協定の成立

米国の積極的な働きかけと先進国を中心とした反応は、１９９４年、「知的所有権の貿易関連の側面に関する協定」（ＴＲＩＰＳ協定：Agreement on Trade-Related Aspects of Intellectual Property Rights）として結実した。ＴＲ

IPS協定は「世界貿易機関を設立するマラケシュ協定」[*9]の一部を成す多国間協定であり[*10]、世界貿易機関（WTO：World Trade Organization）への加盟はこの協定の受諾を意味する。TRIPS協定は全7部・全73カ条から成り、内国民待遇及び最恵国待遇を原則とする。著作権や特許権、商標などが関わる貿易における知的財産権保護の最低基準を設定し、知的所有権の行使に関する措置や手続についても定めている。医薬品やバイオテクノロジー技術発明の保護も同協定の対象となる。同協定はWTO規定に基づき全加盟国を拘束するものであり、協定の内容は各国の国内法に反映されなければならない。同協定に違反した場合、加盟国はWTO内の紛争解決機関（DSB：Dispute Settlement Body）に提訴し、違反措置の是正を求めることができる。

TRIPS協定で定める特許には物質特許のみならず方法特許が含まれ、権利者に20年の独占権を認める[*11]。高い水準での知的財産権の世界共通化を目指すTRIPS協定には[*12]、当時の米国の特許制度の性質と共通する部分がある。それは、大手製薬企業に対する米国政府の配慮の反映でもあった[*13]。ただし、交渉過程で反発があったため、途上国に有利に働く規定も用意された。まず、実施遅延条項である。これにより、多くの途上国には、医薬品に対するTRIPS基準の本格適用を見合わせる猶予期間が与えられた[*14]。技術移転が必要な後発発展途上国には、2006年まで（後に2016年まで、さらに2033年までに延期）に、TRIPS協定水準の特許法の制定を義務付けている[*15]。第二に、強制実施権である。加盟国は、一定の条件を満たせば、特許権者の意思に反して強制的に実施の許諾を与えることができる。具体的には、国家緊急事態やその他の極度の緊急事態などの場合、強制実施権を設置できる[*16]。

2　ブラジルと南アフリカ共和国

１９９０年代には、「南」の国々でエイズが猛威を振るっていた。[*17] １９９０年代初頭には世界全体で８００万人程度であったＨＩＶ陽性者の人口は、２０００年には3倍以上に増え、そのうちの70％がサブサハラ・アフリカに集中していた。特に南部アフリカでは、成人の5人に1人がＨＩＶ陽性となり、地域の経済・社会が破綻に瀕するほどの危機を迎えていた。タイ、カンボジア、インドなどでも同じくＨＩＶの急速な拡大がみられたほか、世界の多くの地域で、男性間性交渉者やセックスワーカー、薬物使用者、移民といった社会的集団を中心に感染が拡大した。そして、「北」と同じように、差別を含む人権侵害の問題は「南」でも起こっていた。

そのような中、１９８８年に世界で2番目にエイズ患者数の多い国となったブラジルは、ある対策を講じていた。同国には幸い、インドから原材料を輸入することで、エイズ治療薬を国内の工場で生産する技術があった。そこで、貧困層にジェネリック（特許保護なく生産される医薬品）のエイズ治療薬を無償で提供する事業を推進していた。ところが、１９９４年にＷＴＯに加盟したことでＴＲＩＰＳ協定の拘束を受けることとなり、先進国の特許下にある医薬品の提供が困難となった。そこで、ブラジル政府は特許の強制実施を盾に、製薬企業と価格交渉を行った。この事態に反発した米国は、２０００年5月、強制実施権を定めるブラジルの国内法がＴＲＩＰＳ協定に反するとして、ＷＴＯの手続で同国を訴えた。結局、ブラジル政府が米国企業に対して強制実施権を設定する場合は、米国と事前交渉することで合意した。[*18]

より深刻だったのは、「エイズ否認主義」（エイズの原因としてのＨＩＶを疑問視したり抗ＨＩＶ薬の効果を否定する考え）に基づく国内の対応政策のまずさもあって、世界最大のＨＩＶ陽性者人口を抱えることとなった南アフリカ共和国（南ア）であった。同国は、先進国基準並の知的財産権保護法を既に有していたこともあり、エイズ治療薬は多くの人々には手の届かない高価な商品となっていた。またブラジルとは違い、南アには国内でエイズ治療薬を生産する技術がなかった。そこで、マンデラ政権下の議会は1997年に「改正薬事法」を可決し、非常事態における医薬品の特許権の制限を目指し、強制実施権の設置と同時に並行輸入に関する厚生大臣の裁量の権限を認可した。並行輸入とは、国外において特許権者によって適法に流通経路に置かれた商品が、特許権者から許諾を得ていない第三者により輸入されることである。改正薬事法の企図は、第三国で生産された低価格のジェネリックのエイズ治療薬を南アに輸入することであった。ところが、南ア医薬品製造協会と先進国製薬企業39社は、広範な裁量権を厚生大臣に与える改正薬事法が違憲であるとして、プレトリア高等裁判所で南ア政府を訴えた。[*19]

先進国の政府も概ねこれを支持したが、中でも知的財産権保護政策を強く主導した米国のクリントン政権の動きは目立った。改正薬事法がTRIPS協定違反であるとの立場をとる米国の代表はアル・ゴア（Albert Gore）副大統領で、対する南アの交渉相手は当時の副大統領タボ・ムベキ（Thabo Mvuyelwa Mbeki）だった。両者の意見は対立し、米国は時には揺さぶりをかけながら強制実施権の設置を思いとどまらせようとした。その背景には、特許権から生まれる企業の収益性を含め、米国の利益を維持したいクリントン政権の意向があった。当時、大手製薬企業の代表を務める業界団体は、米国の権力中枢の法案に影響を与えるべく、ロビイストを雇っていた。特許を受けたブランド医薬品とジェネリック医薬品との間に生じる大きな価格差をおそれたためである。[*20]先進国に集中する新薬開発系製薬企業にとっては、極端な低価格で市場を「侵略」する途上国は「脅威」に他ならず、「企業の安全保障」観に基づく生存を賭けた戦略であった。なお、ゴア副大統領は、大統領選において製薬業界からの支持を得ていた。

このような先進国の攻勢に対し、南アでは、「治療行動キャンペーン」（TAC：Treatment Action Campaign）が訴訟に反対する国際的運動を指揮した。2000年にダーバンで開催された「第3回国際エイズ会議」では、

「治療アクセスのためのグローバル・マーチ」を他と共同で企画し、最大規模のエイズ抗議デモを組織した。これに、国境なき医師団やオックスファムが加わり、マンデラ大統領もメディアを通じて製薬企業を批判するようになると、企業の広報活動に支障をきたすほどのうねりとなった。追い込まれた製薬企業は、たとえ勝訴したとしても得るものはないと判断し、2001年に訴えを取り下げた。米国国内でも同様に、HIV陽性者をはじめとする当事者や支持者、草の根の市民社会組織を中心としたグローバルな市民連帯が始まっていて、南北対立の構図を前面に打ち出した。ACTUP（AIDS Coalition to Unleash Power）は、1999年のWTOシアトル閣僚会議に2万5000人の抗議者を動員して会議を麻痺させた。次期大統領選にも影響が出かねないことに気づいたクリントン＝ゴア政権は、「南」の人々の医薬品へのアクセスについて政策転換を余儀なくされた。[*21] そして、このような事態を阻止できなかったTRIPS協定の性質も、批判の対象となったのであった。

第3節　2000年代――ドーハ宣言と国際人権法

1　ドーハ宣言とTRIPS協定改定議定書

批判を受けたTRIPS協定はその後、改正される。そのきっかけをつくったのは、「南」を中心としたグローバルな連帯運動だけではなく、意外にも、米国で起きたある事件だった。それは、２００１年同時多発テロ後の炭疽菌事件である。事件発生直後から、米国では、炭疽菌治療薬であるシプロフロキサシンを十分にかつ低価で市民に供給できないことが不安視されていた。米国でこの治療薬の特許権を持つのがドイツのバイエルだった。ジェネリック医薬品であれば安価で購入できることから、米国の官僚や議員は、この治療薬に対して強制実施権の設置を主張していた。これが追い風となり、カタールのドーハで第4回ＷＴＯ閣僚会議が開催された。

ＷＴＯは一般理事会においてＴＲＩＰＳ協定の解釈についての議論を既に始めていたが、市民社会から出された素案を下地に、第4回ＷＴＯ閣僚会議では「ＴＲＩＰＳ協定と公衆の健康に関する宣言」（ドーハ宣言）を採択した。[*22]これ自体がＴＲＩＰＳ協定に変更や新たな内容を加えたわけではなかったが、その解釈・運用における「柔軟性の確保」が確認された。これによれば、ＷＴＯ全加盟国にはその事情に応じて制度設計できる裁量があり、強制実施権を設置する権利とその理由（何が国家緊急事態かも含め）を決める自由がある、というのである。[*23]ＴＲＩＰＳ協定は、「すべての人々が医薬品にアクセスできるよう促進する加盟国の権利を支持するように」[*24]解釈されるべきとするが、これは法的メッセージであると同時に政治的メッセージでもある。法的な意味では、ＴＲＩＰＳ協定の適正な解釈・適用のために必要な基本姿勢が確認された。政治的には、「ＷＴＯ加盟国が公衆衛生を守るために措置を講じるのを、妨害してはならないと断言」[*25]したことになる。「南」による「北」への抵抗という構図化の過程で生じたこのメッセージの意義は小さくなく、強制実施権の設置が「南」にとって必要であるのみならず、可能であることを印象付けることとなった。[*26]

その一方で、強制実施権によっても必須医薬品にアクセスできないという課題の解決は一旦棚上げとし、これを以降の交渉に委ねた。サブサハラ・アフリカの途上国の多くは、複雑な医薬品を自国で製造する能力に欠けているか、強制実施権を行使して現地製造したところで市場規模はあまりに小さく、経済的に実行不能であった。[27]そのため、国内生産ができない諸国は、安価なジェネリック医薬品などを生産できる国から輸入しなければならない。ところが、TRIPS協定の規定によれば、ある国で強制実施権に基づきHIV／エイズの医薬品を生産した場合、それは「主として」その国家の市場への供給のためでなくてはならず、輸出は認められない。[28]

ドーハ宣言はこのような困難があることをまず認識した上で、TRIPS理事会に対し、迅速な解決方法を見出し、2002年末までに一般理事会に報告することを求めた。これを定めた本宣言の段落の箇所から、関連する問題は「パラグラフ6問題」と称された。たしかに同宣言で、強制実施権を設置して自国内で医薬品を生産し、患者に安価で供給することへの道筋は見えた。しかし、輸出の課題を含むパラグラフ6問題をめぐっては、「主として」の解釈をめぐり各国の意見が対立し、複数の提案がなされた。最終的には、2005年のTRIPS理事会で採択された「知的所有権の貿易的側面に関する協定を改正する議定書」（TRIPS協定改正議定書）で一応の決着を見ることとなる。同議定書はドーハ宣言を受け、医薬品の特許保護が途上国の人々に必要な医薬品へのアクセスを封じるという理由から、強制実施権の許諾の拡大を企図したものだった。同議定書により例外的に、一定の条件さえ満たせば、「主として国内市場への供給のために許諾される」という要件が適用されず、国外への輸出を目的とした強制実施許諾が認められることとなった。[29]「資格のある輸入国」の定義も付属書で示されているが、これによると、後発開発途上国などのうちこの制度を利用する意思をTRIPS理事会に報告した国家である。[30]

2　国際人権法による制限

南アの訴訟において、感染症医薬品へのアクセスの問題で重要な役割を果たしたTACは、人権の尊厳を謳った南ア憲法のみならず、国際法にも依拠した。そして、生命に関わる権利を制限する場合には相当な正当性が求められるとの趣旨の主張をした。1998年の世界人権デーに誕生したTACは、人権アドボカシー、デモ、訴訟を組み合わせることで、健康への権利と社会正義をグローバルに訴えて人々を動員するようになった。[*31]

このような市民運動と歩調を合わせていたのが、国連の人権フォーラムであった。知的財産権を定めたTRIPS協定と国際人権法が衝突する可能性は、国連機関でも問題視され始めていたのである。2000年8月、国連人権委員会の人権保護推進小委員会は、「知的財産権と人権」に関する決議を採択した。[*32] この決議は、科学的進展からの利益を享受することや健康に対する権利、食料に対する権利、自決権などを十分に反映していないTRIPS協定の実施と社会権の間に摩擦があることを指摘している。その上で、すべての政府に対しては、経済条約や経済政策に優越する人権法の義務を確認することを求めた。WTOとTRIPS理事会に対しては、TRIPS協定の見直し作業において人権法上の国家の義務を十分に考慮することなどを求めた。知的財産権と人権の関係についての調査は続き、翌年、「TRIPS協定が人権に及ぼす影響に関する国連人権高等弁務官報告書」[*33]が人権保護推進小委員会に提出された。本報告書には、医薬品へのアクセスが人権であること、またTRIPS協定はアクセスを促進するために柔軟に解釈されるべきことが記されている。

国連機関の場でのこのような指摘や言及は、知的財産権の権利者がそれを行使する場合、国際人権法によって制限され得ることを示唆した。しかし問題は、どのような局面での制限が正当化され得るかである。当時、これについて、他の社会権とともに健康への権利も含めた観点から応えようとしたのが、社会権規約の「自己の科学的、文学的又は芸術的作品により生ずる精神的及び物質的利益が保護されることを享受する権利」の解釈にかかる社会権規約委員会の「一般的意見第17」（２００５年）であった。これによると、知的財産権の権利者の私的利益は過度に優遇されてはならず、著作物への広範なアクセスを享受するという公共の利益が十分に考慮されなければならない。「結局のところ、知的財産は社会の産物であり社会的機能を有する」ものなのだから、「必須医薬品……へのアクセスが不当に高価となることで人口の大半の健康への権利［など］が損なわれる」場合には、社会権規約締約国はこれを「防ぐ義務」がある。[*34] もっとも、健康への権利が何であるかは少なくとも当時においては自明ではなく、歯止めとして作用する鍵概念としては抽象的であった。

3　ＴＲＩＰＳプラスによる揺り戻し

このように、ドーハ宣言を生み出す契機の一つとなったのは米国の新たな動きであったが、強制実施権の下で製造された医薬品が本来の目的国から他国の市場に流れることも同時に警戒していた。そのため同国は、ＴＲＩＰＳ協定改正の動きには常に厳しい態度で臨んだ。しかし結局、国際的に孤立し、妥協を余儀なくされた。このような背景の中、２００５年に採択されたＴＲＩＰＳ協定改正議定書が２０１７年に発効した。議定書では強制実施権に関する条件が緩和されたので、医薬品へのアクセスについては、一応の区切りが法的にはついたかのように思えた。

ところが、ドーハ宣言とＴＲＩＰＳ協定改正議定書が医薬品特許の保護を弱体化させたと評価した米国は、ここから巻き返しを図る。同国はその実践において、TRIPS協定から自由貿易協定（FTA：Free Trade Agreement）に軸足を移し、自国の医薬品保護を目指すようになる。これを主導したのは、再び、米国の医薬業界だった。新薬開発系製薬企業とその連合体である「米国研究製薬工業協会」（PhRMA）は、ロビー活動を積極的に仕掛けた。通商交渉・貿易において大統領を補佐する米国通商代表部（USTR）が産業界の情報に依拠していたこともあり、複数の経路から政策立案に関与しこれに影響を与えることができた。[*35] 産業界の意向と影響を受けた米国政府は、自由貿易協定・経済連携協定の交渉において、知的財産権保護についてTRIPS協定より厳しい水準の導入を図った。このような二国間や地域貿易協定を「TRIPSプラス」という。

まず前提として、知的財産権の保護の強化を狙うTRIPSプラスは、TRIPS協定と抵触するものではない。TRIPS協定が基本的に、要求される保護よりも広範な保護を国内法令において実施することができることを認めているからである。[*36] 懸念されたのは、より厳しい水準の設定が、途上国政府に負担となることであった。「環太平洋パートナーシップ」（TPP：Trans-Pacific Partnership）の交渉で顕在化した新たな手法が複数ある。例えば、「エバーグリーニング」（evergreening）である。これは、既存薬の形態や使い方に細微かつ重要でない変更を加えた医薬品を、たとえ効果に変化がなくても新薬として特許申請する方法である。これにより、既存薬から生ずる利益の独占を延長できる。エバーグリーニングが導入されると、ジェネリック薬品の市場参入が遅れ、あるいは排除される可能性がある。[*37]

また、「データ保護」も保護水準を高める方法として知られるところである。ジェネリック薬品の製造には、特許権保有者が持つ安全性や有効性に関する臨床試験データが必要である。販売の認可を申請する際、既存薬と同質であることを証明するためである。しかし、データ保護が導入された場合、既存薬の特許が切れていてもジェネリック薬を製造できない。「薬のレシピ」である臨床試験データへのアクセスが、一定期間認められないためである。よって、ジェネリック製薬企業は、独占期間の満了を待つか、莫大な費用と長い時間をかけて自ら臨床試験を再現しないかぎり、ジェネリック薬品の製造はできない。独占権の延長が、先進国製薬企業の新薬開発の新たな誘因となっているのは明白である。[*38] 医薬品の保護基準の上限をTRIPS協定レベルで抑えたい途上国の政府は一般的に、知的財産権保護強化の動きには消極的である。

第13章　註——

(1) 本書第9章第4節。

(2) アリグザンダー・アーウィン／ジョイス・ミレン／ドロシー・ファローズ『グローバル・エイズ：途上国における病の拡大と先進国の課題』明石書店、2005年、147–149頁。

(3) Paris Convention for the Protection of Industrial Property.

(4) Berne Convention for the Protection of Literary and Artistic Works.

(5) 山口直樹「南北間自由貿易協定とTRIPS協定」『産業経済研究所紀要』18、2008年、56頁。

(6) 1947年1月に成立したGATTは、ブレトン・ウッズ体制の下、西側の経済体制の規範的・実践的支柱であった。GATTは、関税や補助金などの貿易障壁や非関税障壁を削減・排除することにより、国際自由貿易の推進と世界貿易の拡大を図るための条約であった。その基本原則は、関税・課徴金以外の輸出入障壁の廃止、関税の軽減、無差別待遇の確保だった。GATTは1947年以降、一連の紛争解決と交渉期間を経て展開し、さまざまな製品の関税の引き下げを交渉するレジームの一部となっていた。

(7) 1988年に成立した包括通商法の条項で、不公正な貿易への対処や報復を目的としている。1974年制定の通商法301条を強化するものである。

(8) 当時の米国の戦略と内部・周辺の動きについては次を参照。大澤俊彦「米国のTRIPS-Plus戦略：2レベルゲームによる検証」『日本知財学会誌』5(1)、2008年、57頁。山根裕子『知的財産権のグローバル化：医薬品アクセスとTRIPS協定』岩波書店、2008年、39–48頁。佐藤辰彦「『知的財産立国宣言』の背景と経緯：特許制度を中心として」『パテント』60(11)、2007年、74–75頁。木棚照一『国際知的財産法入門』日本評論社、2018年、27頁、59頁。

(9) Marrakesh Agreement Establishing the World Trade Organization. UN Treaty Registration Number 31874.

(10) WTO設立協定付属書1C。

(11) 特許についてはTRIPS協定第27条–第34条。

(12) TRIPS協定第27条(1)は、「特許は、新規性、進歩性及び産業上の利用可能性のあるすべての技術分野の発明（物であるか方法であるかを問わない）について与えられる」と定める。

(13) アーウィン／ミレン／ファローズ、前掲、150頁。

(14) TRIPS協定第65条。

(15) 同第66条。

(16) ただし、権利者に対し、可能な限り迅速に通告を行うなどの条件も付されている。ＴＲＩＰＳ協定第31条。
(17) ＨＩＶ／エイズについては本書第９章第４節参照。
(18) ブラジルについては次を参照。World Trade Organization, DS199: Brazil: Measures Affecting Patent Protection, <https://www.wto.org/english/tratop_e/dispu_e/cases_e/ds199_e.htm> (last access: 14 February 2021). Amy Nunn, *The Politics and History of AIDS Treatment in Brazil* (Springer, 2008).
(19) Erika George, "The Human Right to Health and HIV/AIDS: South Africa and South-South Cooperation to Reframe Global Intellectual Property Principles and Promote Access to Essential Medicines," *Indiana Journal of Global Legal Studies*, 18:1 (2011), pp. 182-183.
(20) アーウィン／ミレン／ファローズ、前掲、１４８－１５３頁。The Guardian, "Gore accused of working against cheap Aids drugs," <https://www.theguardian.com/world/1999/aug/10/uselections2000.usa> (last access: 28 December 2020).
(21) 当時の南アの状況と米国の政策転換については次を参照。牧野久美子「ＨＩＶ／エイズ政策とグローバル・ガバナンス」『南アフリカの経済社会変容』６０４、日本貿易振興機構アジア経済研究所、２０１３年、２９１－２９３頁。アーウィン／ミレン／ファローズ、前掲、１５５－１５９頁。
(22) WT/MIN (01)/DEC/2, (20 November 2001).
(23) ドーハ宣言パラグラフ５。
(24) 同パラグラフ４。
(25) アーウィン／ミレン／ファローズ、前掲、１５９頁。
(26) 山根、前掲、１５１頁。
(27) アーウィン／ミレン／ファローズ、前掲、１６０頁。ドーハ宣言パラグラフ４も参照。
(28) ＴＲＩＰＳ協定第31条（ｆ）。
(29) ＴＲＩＰＳ協定改正議定書の付属文書。Laurence R. Helfer and Graeme W. Austin, *Human Rights and Intellectual Property: Mapping the Global Interface* (Cambridge University Press, 2011), pp. 123-124.
(30) ＴＲＩＰＳ協定改正議定書・付属書Ｉ（ｂ）。
(31) Mark Heywood, "South Africa's Treatment Action Campaign: Combining Law and Social Mobilization to Realize the Right to Health," *Journal of Human Rights Practice*, 1:1 (2009). Laurence R. Helfer and Graeme W. Austin, *Human Rights and Intellectual Property: Mapping the Global Interface* (Cambridge University Press, 2011), pp. 146-147.
(32) E/CN.4/Sub.2/RES/2000/7.

（33） E/CN.4/Sub.2/2001/13.

（34） E/C.12/GC/17, para 35.

（35） 大澤、前掲、57－58頁。

（36） ＴＲＩＰＳ協定第一条（一）。Peter K. Yu「国際的な囲い込みの動きについて（3）」『知的財産法政策学研究』18、２００７年、3頁。

（37） Mohammed K. El-Said, "TRIPS-Plus, Public Health and Performance-Based Rewards Schemes Options and Supplements for Policy Formation in Developing and Least Developed Countries," *American University International Law Review*, 31:3 (2016), pp. 392-398.

（38） WHO, South-East Asia, "Data exclusivity and other 'trips-plus' measures," <https://apps.who.int/iris/handle/10665/272979> (last access: 30 December 2020). なお、ＴＲＩＰＳプラス全般とこれに関する米国の政策については次も参照。Bryan Mercurio, "TRIPS-Plus Provisions in FTAs: Recent Trends" in Lorand Bartels and Federico Ortino (eds), *Regional Trade Agreements and the WTO Legal System* (Oxford University Press, 2012), pp. 215-237.

第14章

ワクチン

第１節　２０１１年――パンデミックインフルエンザ事前対策枠組み（ＰＩＰ）

途上国が医薬品にアクセスできない問題は、２０００年代になると、ワクチンで顕在化した。ワクチンとは、生物学的製剤の一種で、この接種により病原体に対する免疫をつける、あるいは免疫を強くする作用を持つ医薬品のことである。語源はラテン語の *variolae vaccinae*（牛痘）であり、これはエドワード・ジェンナー（Edward Jenner）の天然痘予防の実証に由来する。ワクチン接種は有効な予防であるが、各国は１９５２年より、「グローバル・インフルエンザ・サーベイランス対応制度」（ＧＩＳＲＳ：Global Influenza Surveillance and Response System）という非公式なネットワークを通じてインフルエンザの検体を共有している。ＧＩＳＲＳの役割は、インフルエンザの世界的動向を監視し、世界各国から病原体を収集するとともに、遺伝的多型から流行株を推測して毎年のワクチン株を選定することである。製薬企業は各国から提出された検体の情報を入手してワクチンを開発するが、それは主に先進国で備蓄・販売されるため、価格が途上国にとって手が届かないほどの高額になる。

２００６年の鳥インフルエンザ（Ｈ５Ｎ１）のアウトブレイクで、インフルエンザウイルス検体の無償共有をめぐるある出来事があった。インドネシアは２００７年、Ｈ５Ｎ１ウイルス標本の世界保健機関（ＷＨＯ：World Health Organization）への提供を拒否し、ワクチン開発技術の自国への提供を要求した。無償提供した検体をもとにワクチンが製造され、それを高額で購入しなければならない不条理を搾取と解したのである。また同国は、自国領域内に存在するウイルスに対する主権を主張した。その法的根拠の一つは、自国の生物資源に対し主権的権利を有することを再確認した１９９２年「生物多様性条約」[*1]であった。このインドネシアの主張は他の途上国からも支持されたが、パンデミックへの国際的対応が遅れるとの危機感が先進国の間で高まった。

２００９年、国際社会は、新たな感染症に向き合うこととなる。それはインフルエンザＡ（Ｈ１Ｎ１）であった。ワクチンがおそらく唯一の有効な予防手段であることが明らかになると、製薬企業はその年の春から夏にかけてその開発・製造を急いだ。そこで先進国は、供給の見込みのある製薬企業各社と契約を結び、製造されるワクチンを買いとる約束でこれを事前に確保した。先進国による大量の事前囲い込みによって、ワクチンにアクセスする機会を大きく減じられた途上国はこの事態を憂慮した。ＷＨＯもこれを重く見て、先進国政府やワクチン開発企業と交渉を開始し、国連とともに義援金の提供を訴えた。これによって途上国にも一定のワクチンは届いたが、先進国と比較すれば、限られた量でしかなかった。[*2]なお、先進国によるワクチンの事前囲い込みは、ＣＯＶＩＤ－19でも再現されるのであった。

ただし、インフルエンザＡ（Ｈ１Ｎ１）・パンデミック前にも、世界保健総会（２００７年５月開催）ではインドネシアの要求に応える形で、検体共有の維持を目指すと同時に、ワクチンへの公平・衡平なアクセスを確保するための国際的メカニズムの必要性が確認されるなどしていた。[*3]またこれを契機に、この確立に向け国家間交渉が始まった。ＷＨＯ事務局長は交渉を基礎に「パンデミックインフルエンザ事前対策枠組み」（PIP：Pandemic Influenza Preparedness Framework）を提案し、２０１１年５月に世界保健総会はこれを承認した。[*4]ＰＩＰは、ワクチンへのアクセスの公平性を念頭に置いた上で、生物物質の移転（提供国、ＷＨＯ、研究機関やワクチン関連企業の間のそれ）をＧＩＳＲＳによって追跡し、この流れを透明化するものである。また、利益共有のための仕組みも用意する。例えば、企業は生物物質に関するデータを入手できる代わりに、途上国の支援に資するようＧＩＳ

RSの経費の一部を負担し、ワクチンの共同備蓄や寄付などを行う。[*5]

PIPについては、規範の観点から次の特徴を指摘できる。まず、これは条約ではなく、WHOの準立法的権限の行使によって創設された規則でもない。あくまで政策上の合意に基づく枠組みであり、これ自体に法的拘束力はない。しかし、PIPに基づけば生産者と利用者の間で法的合意（契約）が進められるので、規範創出的一面を持った枠組みである。次に、PIPは、ワクチンへアクセスする力に差がある国際関係に、ウイルスの提供とそれに見合う利益の交換という取引に近い概念を導入することで、二つの要素を結びつけている。このような価値交換を制度化した条約は近年顕著だが、PIPも、遺伝資源へのアクセスと同価値の交換を認めた国際法の傾向を反映している。[*6]

このように、ワクチンの公平・衡平な分配に関する申し立てを受け、GISRSという既存のネットワークの機能をある程度明文化し、生物物質の移転・流れを透明化するとともに、利益共有に資する工夫を提示したのがPIPである。この経験が今後、途上国へのワクチンの分配に関する国際法やグローバル政策に何らかの作用を及ぼすことがあるかもしれない。しかし、その参照としての価値は制限的である。PIPは、H5N1やその他パンデミックのおそれのあるインフルエンザウイルスに特化しており、通常の季節性インフルエンザなどは対象外である。ましてや、感染症一般を想定したものではない。あくまで対象範囲を限定した経験に過ぎないため、PIPで提唱されたメカニズムの援用が他の感染症で通用する保証はない。

第2節　2020年－2021年——COVAX

1　ワクチン・ナショナリズムとワクチン外交

武漢でCOVID－19が発生してから約1年後の2020年12月より、米国やカナダ、フランス、ドイツ、イタリアなどで、ファイザーやモデルナが開発・製造したワクチンの接種が始まった。COVID－19の恐怖から1日でも早く逃れたい国々は、早い段階で大量の供給契約を進めていた。2021年2月5日時点で接種率世界一（人口あたり58・8％）のイスラエルは、高額な料金（EUの約2倍）と接種に関する医療データ提供の約束で製薬企業と契約し、早期にワクチンを入手した。G7の中でも最も動きが鈍かった日本でも、2020年7月に数社とワクチン供給で基本合意ができており、2021年にはファイザーとアストラゼネカ、モデルナからワクチンを調達予定である。

ほどなく、国家間・地域間でワクチン争奪戦が始まった。ドナルド・トランプ（Donald Trump）大統領は、朝鮮戦争時に成立した1950年「防衛生産法」を掘り起こし、その再起動を図った。同法は、国防に資する物資の生産に関する契約やその増産を企業に求める大統領の権限を認めるものである。自国内での接種を最優先させるのがその目的だった。*7 トランプが外交で掲げた「アメリカ第一主義」を葬り去るのではと期待されたジョー・バイデン（Joe Biden）大統領だったが、*8 COVID－19ワクチン政策に関する限り前大統領の方針を継承し、防衛生産法の利用を支持する大統領令に署名した。[*9]このような米国の自国優先主義が、ファイザー製ワクチンの囲い込みに繋がることを危惧する声もあった。[*10]

２０２１年１月末にアストラゼネカはＥＵに対し、当初合意したワクチンの４割程度しか供給できないと通達した。ケンブリッジに本社を置くアストラゼネカが、英国への供給を優先しているとも言われた。これに対し、ＥＵ保健衛生担当ステラ・キリヤキデス（Stella Kyriakides）委員は、「近所の精肉店では通用するかもしれないが契約においてはあり得ない」と強く抗議した。[*11]そして、ワクチン開発資金を同社に提供したことへの見返りを求めた。自身もＣＯＶＩＤ－19に感染したクロアチアのアンドレイ・プレンコビッチ（Andrej Plenković）首相は、契約を無視してワクチンを「乗っ取る」行為を「ワクチン・ハイジャック」と強く非難し、製薬企業を法的に訴えることも辞さない姿勢を見せた。苛立ちを隠さないＥＵは、域内で製造するワクチンを域外に輸出する際、加盟国の承認を義務づける許可制の導入に踏み切った。[*12]

ＣＯＶＩＤ－19ワクチンを国家・地域同士で奪い合い、これを囲い込む現象は、自国（民）第一主義の意味で「ワクチン・ナショナリズム」[*13]と呼ばれた。ワクチン・ナショナリズムが勢いを増せば増すほど、ワクチンに与れない途上国の人々への関心は遠のく。ただ、天然痘とポリオのワクチンがそうであったように、またＨＩＶ／エイズの治療薬がそうであったように、経済力の高い諸国でワクチンや治療薬が行き渡った後、それ以外の諸国にもやがて届く。しかし、後回しのタイムラグの間に命を落とす人々もいる。また、世界人口の多数を抱える「南」でＣＯＶＩＤ－19ワクチンの接種が遅れれば遅れるほど、世界レベルでの感染症の制御が遅れるとの見方もある。

これを打開する方法はあるのか。過去の歴史の中で思い浮かぶのは、１９６０年代－１９７０年代に米ソが友好的に競争・協力してワクチンを製造・提供した天然痘根絶計画である。対立する米中間で勢力均衡が図られればその可能性は皆無ではないかもしれないが、冷戦時代とコロナ時代では背景・国際制度などが大きく異なる。天然痘根絶計画が実施された時、これを主導した米ソは国内で天然痘を比較的制御できており、この感染症が自国にとって急迫した危機とは考えていなかった。そのため、途上国を主な対象としたワクチン生産と接種活動に投資できるだけの経済的余裕のみならず、精神的余裕があった。また、天然痘根絶計画では、米ソの力が拮抗する中、両国はそれぞれの事情から、単独の行動よりも協力の方に価値を見出していた。[*14]

冷戦期のような二極対立下での協力とは異なるものの、COVID－19でも各国間で競争が展開された。ワクチンを開発・製造する力のある諸国による「ワクチン外交」である。中国は早々に、52の国・地域（パキスタン、ブルネイ、ネパール、フィリピン、ミャンマー、ジンバブエなど）へのワクチンの無償提供を明らかにした。ロシアは、国際政治で優先順位を高める保健の舞台から退場したわけではなかった。旧ソ連圏諸国のほか、中南米や中東の新興国など17カ国・地域がスプートニクVの導入を承認した。医薬品生産能力を強化してきたインドは国産のCOVID－19ワクチンも開発し、対抗する中国のワクチン外交を睨みながら、ミャンマーやバングラデシュなど7カ国へのワクチンの無償提供を決めた。[*15] このようなワクチン外交が刺激となり、欧米諸国がワクチン外交の攻勢に出るかもしれない。あるいは、ワクチン外交とは別に、途上国へのワクチンの公平・衡平な分配を推進しようとするグローバルな動きが加速するかもしれない。

2 COVAXとその動向

Gaviワクチンアライアンス[*16]と感染症流行対策イノベーション連合[*17]、WHOの主導によるCOVAX（COVID-19 Vaccine Global Access Facility）について記しておく。これは、COVID-19ワクチンを複数国で共同購入し、公平・衡平に世界にこれを分配するためのアドホックなプラットホームである。2021年末までに、20億回分のCOVID-19ワクチンを参加国すべての国の人々に公平に分配することを目標に掲げる。自国民や領域内の市民の命をまず優先してワクチンで守ることは当然であり、ワクチンの十分な確保はその国家の市民の命を守る憲法や安全保障政策に対して誠実な態度なのかもしれない。しかし、パイが世界で限られている段階で、経済力のある国家が自国民・市民の安全を高めようとすればするほど、経済力の低い国家の「生きる」はますます縮減する。この状況を、グローバルな観点から調整しようと試みるのがCOVAXである。

その仕組みだが、経済力のある国家が自ら資金を拠出して自国用にワクチンを購入する柱と、ドナー（国家や団体など）からの拠出金により途上国にワクチンを供給する柱の組み合わせから成る。また、ワクチンの事前買取り制度（AMC：Advance Market Commitment）も導入されている。AMCとは、経済力のある国がある一定の金額（人口の20%分のワクチン費用の15%）を前払いすることでワクチン購入の権利を得る一方、その資金を研究開発の加速化と開発途上国へのワクチン供与に回す制度である。国家にとってのCOVAXの利点は、投資リスク低減である。製薬企業との直接交渉では、その企業のワクチン開発が失敗した場合、資金は一般的に返金されない。しかし、COVAXは複数のワクチンを対象としているので、当初のワクチン候補が失敗しても、他で成功する見込みが残り資金は無駄にならない。さらに、大量の回数分のワクチン接種を目指して共同購入するため、各国が個別交渉するより価格を抑えやすい。[18]

当初、COVAXに対し消極的だった大国も、参加を表明するようになった。米国のトランプ政権は、「堕落したWHOや中国の影響を受ける多国間組織の制約は受けない」とCOVAX不参加を表明し、国内での早期接種を最優先に掲げていた。[19] しかし、2021年1月に発足したバイデン政権は方向転換し、参加を表明した。[20] 中国政府は2020年10月にCOVAXへの参加を決定したが、翌年1月20日には国内の製薬企業であるシノバック・バイオテック（科興控股生物技術）とシノファーム（中国医薬集団）、カンシノ・バイオロジクス（康希諾生物）が、COVAXを通じたワクチンの供給を申請したことを公表した。[21] そのわずか2日後、ファイザーのアルバート・ブーラ（Albert Bourla）CEOはWHOのテドロス・アダノム（Tedros Adhanom）事務局長らと会見し、同社が年内に製造する20億回分のうち、COVAXに供給する分は「利益を度外視する」と述べ、今後も追加供給する意向を明らかにした。[22] 2021年2月3日の報道によれば、COVAXを通じ、2021年の前半までに145の国・地域の総人口の3・3%に相当するワクチンを供給するとの暫定計画が明らかにされた。[23]

だが、COVAXには不確定要因も多い。まずこれは、先進国が個別に製薬企業と直接取引することを禁ずるものではない。ワクチン・ナショナリズムの中で、先進国は結局、独自の契約などでワクチンを確保する方法をまず優先するだろう。また、最終目的を達成するだけの予算と速度を計画通りに確保できるか、その確証はない。さらに、輸送方法という実施面での課題もある。COVID－19ワクチンの中には希釈して配分するまでマイナス70度で冷凍保存し、接種するまで2度－8度での冷蔵保存が不可欠なものがある。そのため、コールドチェーン（ワクチンを適温で運送するための低温物流）が不可欠となる。ところが、配送の目的地には、熱帯下で電気の整備もなければ、自動車を使える道路もないかもしれない。COVAXにおいて調達を主導する国連児童基金（U

NICEF：United Nations Children's Fund）にはワクチンの調達・輸送の経験やノウハウがあるが、これだけの規模での実施は未知数であった。[*24]

3　ワクチンと人権と正義

COVAXはあくまでグローバルな政策的観点からつくられた枠組みであり、国際法上の拘束力をもって国家の行為を規制するものではない。ただし、このような取り組みの慈善的・政策的性質を、義務的性質に読み替えていこうとする試みがある。そのような見解はまず、ワクチンの公平・衡平な分配を明示的に定める国際法規の不在を認める。事実、WHO憲章にしても2005年国際保健規則にしても、ワクチンの分配に関する個別具体的定めはない。その上で、社会権に一般に分類される健康への権利という包括的概念や、その構成規範である「すべての者が到達可能な最高水準の身体及び精神の健康を享受する権利」[*25]を迂回することで、公平・衡平な分配の実現を図ろうとする。規範の要請として、国内的には、COVID－19ワクチンについての利用可能性（必要な量の供給）、アクセス可能性（脆弱な立場や周辺に配置された人々などの障壁の考慮を含む）、購入可能性の確保が求められる。

健康への権利を立論の起点とする見解が意識を向けるのは、国家と個人の権利義務関係にとどまらない。健康への権利の途上国での実現に向け、先進国が積極的に関与する責任を導くことで、途上国に対して援助する義務を先進国に課す道を探る。その根拠には、法的なものと正義に関するものがある。まず法的根拠だが、この見解は、1966年「経済的、社会的及び文化的権利に関する国際規約」（社会権規約）第2条第1項における国際的援助・協力の義務を指摘する。

［社会権］規約の各締約国は、立法措置その他のすべての適当な方法によりこの規約において認められる権利の完全な実現を漸進的に達成するため、……国際的な援助及び協力、特に、経済上及び技術上の援助及び協力を通じて、行動をとることを約束する。

社会権の保障では一般に、国家による積極的関与が期待される。その実現は経済的・財政的・社会的状況に左右されるため、国家に求められるのは、漸進的達成である。そうはいっても、単独の国家の力と行動だけでは、どれほど時をかけても実現できないことがある。この規定は、国力の圧倒的格差という前では、国際的援助・協力を通じた行動なくして世界規模での社会権の保障を果たし得ないという現実を突きつけているかのようである。それもあって、国際的援助・協力の義務を示す社会権規約には、自由権を中心に定めた諸条約より脱-領域的性格が滲み出ている。[*26] 社会権の漸進的達成における国際的援助・協力の必要は社会権規約では織り込み済みであり、社会権規約委員会などでもその義務は確認されてきた。[*27] 以上のことから、経済的・科学的・技術的事情により感染症の予防接種や治療が十分に施されず、健康への権利を実現できない国家に対しては、国際的援助・協力を提供できる諸国がそれを実行しなければならない。[*28] そして一度、国際的援助・協力の提供に踏み切った国家は、自由無軌道に振る舞えるわけではなく、社会権規約ほか人権条約で示される諸原則にしたがって計画・実行・査定しなければならない。[*29] もっとも、このような見解については、条文解釈の適正といった観点から検証されなければならない。

次に、正義の根拠からも見ておこう。正義に関わる思想的根拠は、法的根拠に正当性を与える土台にもなるからである。先進国による途上国への援助義務を正当化するのは、先進国・途上国間の購買力の差だけではない。むしろ、先進国による（購買）力の行使が原因でワクチンの分配に不公平が生じている。つまり、途上国の人々の「生きる」に直に作用する要因は、途上国側の富の不足というより、先進国側の力の行使の仕方にある。[30] 換言すれば、ワクチンの量が世界的に十分ではない時、それを力によって多く囲い込む先進国の行為によって、途上国の人々の「生きる」が規定される状態を不正義と見る。

また、先進国・途上国に拘らず、各国領域内の人々の「生きる」は、世界全体の安全によっても規定される。感染症は基本的に国境を簡単に越えて侵入するので、国家・領域の単位に分割された管理体制だけに期待するのでは不十分である。仮にある一つの国家・領域が感染症の制御に失敗すれば、国家・領域といった単位とは無関係に、人類すべてに感染症が襲来（あるいはウイルス・細菌が変異して再襲来）するおそれが生まれる。そこに、ある国家（特に相対的に余裕のある国家）が他国に介入しなければならないという正当性が生まれる余地がある。[31] このような思考はなにも荒唐無稽ではなく、2005年国際保健規則におけるサーベイランスなどは、「一国の安全は世界の安全に依存する」という発想の上に築かれたものである。[32] しかもその気づきは、同規則採択時よりかなり前に得られていた。1916年、レナード・ウルフ（Leonard S. Woolf）はその著書の中で、19世紀に各国が個別で自衛策を講じた結果について、次のように評している。[33]

……欧州の六大流行病に関する前世紀の歴史は、孤立・独立した国家による孤立・独立した行動がまったく無益であることを証明した。

第3節　医薬品へのアクセス——感染症治療薬とワクチン

前章（感染症治療薬）と本章（ワクチン）はともに、医薬品へのアクセスについての課題だった。ここでは、両者の国際法上の系譜を比較し、もってまとめに代えたい。

ＨＩＶ／エイズ治療薬は、１９８０年代に国際競争力を高めようとした米国によって結びつけられた知的財産権の領域に配置された。１９９０年代になって南北対立の構図が鮮明化すると、グローバルな市民連帯が展開され、２００１年にはドーハ宣言、２００５年にはＴＲＩＰＳ協定改正議定書が採択された。これと並行し、国連の人権フォーラムは、知的財産権にかかる権利行使を国際人権法が制限し得ることを示そうとした。翻って２０００年代になると、新たな問題が浮上した。感染症ワクチンの途上国への分配である。２０１１年のＰＩＰと２０２０年のＣＯＶＡＸは政策的枠組みであって、感染症医薬品の分配を統括する国際法は不在である。ただし、ＣＯＶＡＸが形成されたことを契機に、ワクチンの公平・衡平な分配に向け、人権的思考からの接近を試みる言説も登場している。

まず、治療薬へのアクセスとワクチンの配分の歴史を見ると、両者の国際規範への関与の度合いは対照的である。各国は、前者についてはは貿易レジームの条約でルールを設定することで、国家の裁量を制限して行動を統制することに合意した。対して後者では、拘束力を持つ規則の下での行動の制御を選ばず、主権に基づく行動の自由の維持の方を好んだ。[*34] 自国領域内にある資源（ウイルス検体）の管理・処分の自由を訴えたインドネシアの行動がそうであったように、少なくともＣＯＶＩＤ－19発生前までは、この態度に「北」と「南」で差異はなかった。

次に、両分野における国際人権法の役割である。南北対立の構図化が進むと、治療薬を受領できない人々の存在が可視化され、彼らがアクセスするための権利論まで展開した。その局面で、国際人権法と、それを動力としたグローバルな市民連帯が大国と対峙し、当時の国際規範の運用・内容の見直しに結びついた。ワクチンのアクセスについても、国際人権法のインパクトは無視できない。ＣＯＶＡＸの成り立ちや目的からして、平等や無差別といった人権の基本原則を切り離すような運用に至れば、批判は免れないだろう[*35]。

国際人権法はたしかに、ＴＲＩＰＳ協定の運用・内容を変更に向かわせた原動力であったし、ＣＯＶＡＸの実施においても国家の行動に制約をかける基準になるかもしれない。しかしながら、それは、この分野におけるパラダイムシフト（例えば、感染症医薬品の商品からグローバル公共財への転換など[*36]）をもたらすほどの威力をまだ見せてはいない。国際人権法との直接・間接の接触によって国家の行動が制御される場面が歴史上あったにせよ、その基準や手続を体系的に導入した、感染症医薬品へのアクセス・分配にまつわる国際規範が登場する気配すら今のところない。

第14章　註——

（1）Convention on Biological Diversity. UN Treaty Registration Number 30619.

（2）David P. Fidler, "Negotiating Equitable Access to Influenza Vaccines: Global Health Diplomacy and the Controversies Surrounding Avian Influenza H5N1 and Pandemic Influenza H1N1," *PLoS Medicine*, 7: 5 (2010), p. 1.

（3）Sixtieth World Health Assembly of World Health Organization, "Pandemic Influenza Preparedness: Sharing of Influenza Viruses and Access to Vaccines and Other Benefits," WHA 60.28.6 (2007).

（4）Sixty-fourth World Health Assembly of World Health Organization, "Pandemic influenza preparedness: sharing of influenza viruses and access to vaccines and other benefits," WHA 64.5 (24 May 2011).

（5）PIPについては次を参照。Lawrence O. Gostin, *Global Health Law* (Harvard University Press, 2014), pp. 100-103.

（6）Michelle F. Rourke, "Access by Design, Benefits if Convenient: A Closer Look at the Pandemic Influenza Preparedness Framework's Standard Material Transfer Agreements," *The Milbank Quarterly*, 97:1 (2019), p. 95.

（7）CNN, "Trump invokes Defense Production Act to expand production of hospital masks and more," <https://edition.cnn.com/2020/03/18/politics/trump-defense-production-act-coronavirus/index.html> (last access: 13 February 2021).

（8）The New York Times, "The End of 'America First': How Biden Says He Will Re-engage With the World," <https://www.nytimes.com/2020/11/09/us/politics/biden-foreign-policy.html> (last access: 11 February 2021).

（9）CNN, "Biden administration to use Defense Production Act for Pfizer supplies, at-home tests and masks," <https://edition.cnn.com/2021/02/05/politics/defense-production-act-pfizer-masks/index.html> (last access: 13 February 2021).

（10）DW, "Opinion: With COVID vaccines, Joe Biden keeps America First stance," <https://www.dw.com/en/opinion-with-covid-vaccines-joe-biden-keeps-america-first-stance/a-56483371> (last access: 11 February 2021).

（11）「欧州ワクチン計画、なぜ頓挫したか」The Wall Street Journal（日本語版）〈https://jp.wsj.com/articles/SB11205368569890704049204587262323775083582〉(last access: 7 February 2021)。

（12）The Voice of Croatia, "PM Plenković: Vaccine diplomacy has turned into hijacking," <https://glashrvatske.hrt.hr/en/news/politics/pm-plenkovic-vaccine-diplomacy-has-turned-into-hijacking/> (last access: 10 February 2021).

（13）David P. Fidler, "Vaccine nationalism's politics," *Science*, 369 (2020), p. 749.

（14）本書第8章第一節参照。

(15) 2021年1月・2月のワクチン外交などの動きは次を参照。Koya Jibiki and others, "China pushes 'vaccine diplomacy' in Southeast Asia," IBIKI NIKKEI Asia <https://asia.nikkei.com/Spotlight/Coronavirus/China-pushes-vaccine-diplomacy-in-Southeast-Asia> (last access: 25 January 2021). Austin Bodetti, "China's Vaccine Diplomacy in the Middle East," The Diplomat <https://thediplomat.com/2021/01/chinas-vaccine-diplomacy-in-the-middle-east/> (last access: 25 January 2021). CNN, "China keeps promising its African allies that coronavirus vaccines for the continent are a priority. But where are they?" <https://edition.cnn.com/2021/01/09/china/china-vaccine-diplomacy-africa-dst-intl-hnk/index.html> (last access: 25 January 2021).「ワクチン外交強化：中国は52カ国・地域に無償、ロシアは高い有効性追い風」SankeiBiz〈https://www.sankeibiz.jp/macro/news/210205/mcb2102052018025-n1.htm〉(last access: 7 February 2021)。

(16) 2000年にジュネーブで設立された官民パートナーシップであり、平等なワクチンの導入・普及と接種率の上昇の加速化や各国の予防接種プログラムの持続可能性の改善などを目的に活動している。WHOやUNICEF、ビル&メリンダ・ゲイツ財団などと連携して事業を実施している。

(17) 2017年の世界経済フォーラム年次総会（ダボス会議）で設立された官民連携パートナーシップで、日本や英国、ビル&メリンダ・ゲイツ財団が拠出している。パンデミックとなる恐れのある感染症のワクチンの開発を促進し、低中所得国においてもアクセス可能な価格でのワクチン供給を目的としている。

(18) COVAXについては次を参照。World Health Organization, "COVAX: Working for global equitable access to COVID-19 vaccines," <https://www.who.int/initiatives/act-accelerator/covax> (last access: 24 January 2021). Gavi, "COVAX," <https://www.gavi.org/covax-facility> (last access: 24 January 2021).「コバックス」UNICEF〈https://www.unicef.or.jp/kinkyu/coronavirus/covax/〉(last access: 24 January 2021)。國井修「日本人が知らない新型コロナワクチン争奪戦：ゼロから分かるその種類、メカニズム、研究開発最前線」Newsweek〈https://www.newsweekjapan.jp/stories/world/2020/10/post-94748.php〉(last access: 7 February 2021)。

(19) 「米、ワクチン購入の国際枠組みに不参加…『堕落したWHOなどの制約受けない』」読売新聞〈https://www.yomiuri.co.jp/medical/20200902-OYT1T50186/〉(last access: 24 January 2021)。

(20) 下司佳代子「米、ワクチン共同調達・公平分配に参加へ：WHOは歓迎」朝日新聞 Digital〈https://www.asahi.com/articles/ASP1Q3DJHP1QUHBI002.html〉(last access: 24 January 2021)。

(21) ロイター編集「中国医薬品3社、COVAXにコロナワクチン供給を申請＝外務省」ロイター〈https://jp.reuters.com/article/health-coronavirus-china-who-idJPKBN29P16K〉(last access: 24 January 2021)。

(22) 「『COVAX』ワクチン、2月から供給開始　WHO発表　ファイザーと合意」毎日新聞〈https://mainichi.jp/articles/20210123/k00/00m/030/021000c〉(last access: 24 January 2021)。

(23) Stephanie Nebehay and Kate Kelland, "COVAX allocates first tranche of 330 million vaccine doses to poor countries," Reuters <https://www.reuters.com/article/us-health-coronavirus-vaccines-covax/covax-poised-to-issue-vaccine-distribition-plan-gavi-who-idUSKBN2A31FY> (last access: 7 February 2021).

(24) コールドチェーンについては次を参照。「ファイザーの新型コロナワクチン『コールドチェーン』が供給の障壁に」AnswersNews〈https://answers.ten-navi.com/pharmanews/19723/〉(last access: 7 February 2021)。國井、前掲。

(25) 社会権規約第12条。

(26) Todd Howland, "The Multi-State Responsibility for Extraterritorial Violations of Economic, Social and Cultural Rights," *Denver Journal of International Law & Policy*, 35:3/4 (2006-2007), p. 405.

(27) CESCR General Comment No. 14: The Right to the Highest Attainable Standard of Health (Art. 12), E/C.12/2000/4, para. 45.

(28) COVID-19ワクチンと人権との関係については次を参照。OHCHR, "Human Rights and Access to COVID-19 Vaccines," Human Rights at the Heart of Response (17 December 2020). OHCHR, "Statement by UN Human Rights Experts Universal access to vaccines is essential for prevention and containment of COVID-19 around the world," <https://www.ohchr.org/EN/NewsEvents/Pages/DisplayNews.aspx?NewsID=26484&LangID=E> (last access: 8 February 2021). Lawrence O. Gostin, Safura Abdool Karim and Benjamin Mason Meier, "Facilitating Access to a COVID-19 Vaccine through Global Health Law," *The Journal of Law, Medicine & Ethics*, 48 (2020).

(29) Howland, *op.cit.*, pp.106-107.

(30) Philippe Reyniers, "COVAX, Pandemic Vaccines and Duties of International Assistance Based on Human Rights," Global Campus of Human Rights, <https://gchumanrights.org/preparedness/article-on/covax-pandemic-vaccines-and-duties-of-international-assistance-based-on-human-rights.html> (last access: 8 February 2021).

(31) これを「共同責任」の視点から言及したものは次を参照。CESCR General Comment No. 14, *op.cit.*, para. 40.

(32) 本書第10章第3節参照。

(33) Leonard S. Woolf, *International Government* (Brentano's, 1916), p. 224.

(34) Fidler, *op.cit.*, "Negotiating Equitable Access to Influenza Vaccines," pp. 2-3.

(35) COVAXは関連諸原則を尊重して運営されるべきとの批判と提言は次を参照。Amnesty International, *A Fair Shot: Ensuring Universal Access to COVID-19 Diagnostics, Treatments and Vaccines*, Report (2020), p. 16.

(36) 人類にとって甚大なダメージを及ぼすような感染症については、その治療や予防に使う医薬品をグローバルな公共財とみなし、世界の誰もが自由にアクセスでき、利益を平等に享受できるようにすべきとのアイディアが人権論の観点から提起されている。

Gostin, Abdool Karim and Meier, *op.cit.*, p. 623.

第15章

生物兵器とバイオテロ

第1節　第二次世界大戦以前——感染症の武力化とその制限

生物兵器とは、戦争目的で開発された兵器としての病原体やその毒素のことを指す。生物兵器に利用される微生物やその毒のことを生物剤といい、人、動物、植物を問わず、主に生きているものに効果がある。生物剤は、空気が循環する場所であれば侵入でき、衣服、食物、水などを汚染し、人体に感染して発病させる。人間の健康のみならず、動植物を含めた環境に害を及ぼす。安価な投資で比較的容易に製造できる生物兵器は、「貧者の核兵器」の一つである。標的とする地域に致死率の高い生物剤を少量撒けばいいので、低価格で簡単かつ秘密裏にこれを遂行できる。また生物剤の効果は遅効的で、攻撃者の追跡が遅れ、あるいはその判明が困難となる。さらに、細菌やウイルスは不可視なので探知されにくく、兵器が一旦使用されれば制御にも時間がかかる。なにより、多数を殺傷するか、無力化できる。つまり、感染症の武力化は比較的容易であると同時に、大量破壊の効果を携える。

戦史を紐解けば、感染症は古くから武力化され、人類はこれを繰り返し行ってきたことが分かる。紀元前400年頃のスキタイの射手は、矢を糞便や腐敗した死体に浸して放った。はるかに時が経った後、南ベトナム解放民族戦線も、人間の排泄物で汚染された棒を武器にしていた。14世紀には、モンゴルの皇帝ジャニベグ・ハン（Janybek Khan）が、ペストに感染した死体をクリミアの町カッファの城壁内に投げ込むよう命じた。今なお、「噴霧できる状態にしたペスト菌」は有効な兵器となり得るため、その使用が懸念されている。18世紀には、天然痘が武力化された。フレンチ・インディアン戦争時（1755年-1763年）には、「先住民国家の根絶」を目論む英国軍士官が、天然痘のウイルスに汚染された毛布やシーツを「贈り物」として彼らに送り感染させた逸話が残っている。その軍事的効果は極めて限定的だったようだが、感染症の武力化の歴史における象徴的出来事として度々引用される。その天然痘は1980年に根絶が宣言されたが、ウイルスは依然として米国とロシアに保管されている。生物兵器実用化の技術を持ち、時には関係が緊張する大国に天然痘ウイルスが残っているのは不気味である。日本も、感染症の武力化の歴史と無縁ではない。関東軍防疫給水部本部（七三一部隊）が、中国大陸で、細菌戦に使用する生物兵器の研究・開発を行っていた。そこで得られたデータは、軍幹部の戦犯免責と引き換えに、戦勝国の米国に引き渡された。[*1]

武力化された感染症、即ち、生物兵器は、やがて国際人道法[*2]の下で制限の対象となる。[*3] 国際人道法の役割の一つは、敵対行為を律し、交戦の方法や手段に制限を課すことである。この目的に資する国際文書には1899年・1907年「陸戦の法規・慣例に関するハーグ条約」、1907年「海戦を規律する様々な条約」、1907年「毒ガスやダムダム弾の使用を禁止する宣言」などがあるが、1925年には「窒息性ガス、毒性ガス又はこれらに類するガス及び細菌学的手段の戦争における使用の禁止に関する議定書」（1925年ジュネーブ議定書）が成立した。同議定書の交渉は、第一次世界大戦期の化学兵器の使用に鑑みて始まったが、ポーランド代表団は生物兵器の危険性と入手の容易性を主張した。これを受け、予防的観点から、議定書の範囲が生物兵器にまで拡張された。

1925年ジュネーブ議定書は生物兵器禁止に関する初めての国際的合意だったが、20世紀の戦争において生物兵器使用の実例は乏しかった。また議定書の交渉の経緯から分かるように、生物兵器はあくまで副次的扱いにとどまった。結果、次の点において限定的であった。まず同議定書は、戦争における生物兵器の使用を禁止しただけで、生産や所持、研究、開発については制約をかけなかった。第二に、この禁止は同議定書締約国間でのみ有効であり、締約国と非締約国の間の戦争には適用されない。第三に、報復での兵器の使用や適用について留保をつけた署名国があり、「戦時下での先制使用」を禁じただけの国際規範となった。つまり事実上、報復における生物兵器使用の正当性は否定されなかった。この根底には、「相互確証破壊」の論理の類推があった。即ち、生物兵器の開発・生産を許された状況で、もし一方がそれを先制使用すれば、最終的に双方が完全に破壊し合うことを互いに確証している、という推論が働いていた。なお、主要国の米国は、化学兵器を重視した陸軍や化学学会が生物兵器の禁止に反対したため、同議定書への参加を見送った。同国がこれを批准するのは、それからおよそ半世紀後の１９７５年のことだった。*4

第２節　１９６０年代以降——生物兵器禁止条約

１　交渉と成立

冷戦期、生物兵器の軍事的効果への期待から、その研究開発が東西の大国で進んでいた。米国は第二次世界大戦前より生物兵器の開発に取り組んでいたが、戦後は生物剤の製造を工場から実験室の規模へと縮小した。しかし、陸・空軍における運搬システム（生物剤を目標に送り届けるシステムで、一例は「蚊」）の開発はめざましかった。その他、ブルセラ菌の産生や野兎病菌のエアロゾル散布（空中散布）実験などをはじめ、7種の生物剤について開発を進めていた。実施された場所は米国本土だけではない。その統治下にあった1960年代初頭の沖縄では、稲作に深刻な打撃を与える生物兵器の研究開発のため、米軍が屋外実験を繰り返していた。一方、ソ連も生物兵器の軍事的価値を重視し、長期間にわたり研究・開発を続けていたが、このことは長く伏せられた。1992年になり、ロシアのボリス・エリツィン（Boris Yeltsin）大統領が、事実上これを認めた。*5

大量破壊兵器として人類・動植物に致命的打撃を与える生物兵器は、戦後、軍縮の対象となっていった。1968年に「核兵器の不拡散に関する条約」（NPT：Treaty on the Non-Proliferation of Nuclear Weapons）が署名開放され、翌年、ウ・タント（U Thant）国連事務総長より「化学・細菌（生物）兵器とその使用の影響」の報告がなされると、化学兵器・生物兵器の全面禁止に関する審議が、「ジュネーブ軍縮会議」で開催された。その間、英国は、生物兵器を化学兵器から切り離して検討することを提言した。米国のリチャード・ニクソン（Richard Nixon）大統領も、生物兵器の実用化が化学兵器と比較して遅れていたことから、前者の禁止は比較的容易であると考え、両者を個別のスキームで建て付けることを考えていた。そこで英国案に賛成し、生物兵器禁止に関する交渉のための提案をした。米国がここで積極的に動き出した背景には、1969年になって自国の生物兵器開発計画の中止を決定したという政策転換があった。それは、不安定で即効性を欠く生物兵器の軍事的有用性・信用性に厳しい評価を与えた上で、ベトナム戦争での枯葉剤散布に対する世論の強い反発をも考慮して下された決断だった。これにより、同国は1971年－1972年の間に、当時保有していた生物兵器を一方的に廃棄した。

ただし、防衛のための生物兵器研究は継続した。[*6]

ここに、生物兵器を規制するための、新たな条約を生み出す動機が国際的に整った。米国・英国はともに、化学兵器と生物兵器を別個の禁止条約として個別に交渉することを主張したが、当初、この分離方式に反対する国家は少なくなかった。だが、流れを変えたのはソ連だった。同国は七つの社会主義国を代表し、生物兵器禁止に関する条約の作成を提案した。交渉が進展する中で米ソがそれぞれ作成し、しかし内容がほぼ同じ条約案を、1971年の軍縮委員会は検討した。軍縮委員会は同年、国連総会に条約案を提出し、第26回国連総会決議で「細菌兵器（生物兵器）及び毒素兵器の開発、生産及び貯蔵の禁止並びに廃棄に関する条約」（生物兵器禁止条約）[*7]が採択された。[*8] 同条約は1972年に署名開放され、1975年に発効した。同条約は、一つの部類の兵器を違法化し、貯蔵禁止と廃棄を通じて軍縮を進めた初の条約であり、その意味で画期的だった。[*9] 2020年時点で、同条約の締約国は、米国、ロシア、英国、フランス、中国の五大国を含む183カ国である。ちなみに日本は1982年にこの条約に批准し、同条約の実施に関する法律を制定した。

2 内容

1925年ジュネーブ議定書が戦時下での生物兵器の使用禁止に特化した規範だったのに対し、生物兵器禁止条約は、「全人類のため、兵器としての細菌剤（生物剤）及び毒素の使用の可能性を完全になくすこと」[*10]を目的に採択された国際文書であり、生物兵器を包括的に禁止するための唯一の法的枠組みである。よって、同条約は系譜的に1925年ジュネーブ議定書の後継にあたるのだが、網羅する内容・範囲は議定書と比較して広い。

生物兵器禁止条約の条文数は15条とコンパクトである。まず、同条約が扱う生物剤や毒素の種類・範囲についてだが、その原料や製造の如何を問わず、生物兵器の開発・生産・貯蔵・取得及び保有を禁止する。[*11] 禁止の対象は、防疫など平和目的による正当化ができない種類と量の微生物剤その他の生物剤または毒素の他、これらの敵対的使用のために設計された兵器、装置または運搬手段も含む。[*12] 同条約は次に、廃棄と転用について定める。締約国は、自国で保有しまたはその管轄下にある禁止対象を廃棄し、または平和目的のために転用しなければならない。これはできるだけ速やかに、遅くとも条約発効時から9カ月以内に実施されなければならない。[*13] 同条約はさらに、締約国に不拡散を求める。締約国は、生物剤などの禁止対象をいかなるものに対しても直接・間接に移譲してはならず、製造などに関わる援助、奨励、勧誘をしてはならない。[*14]

生物兵器禁止条約は、締約国間の紛争解決の手段を定める。締約国は、条約の目的と適用に関する問題の解決に当たって相互に協議し協力する。[*15] これらの協議・協力は、国連の枠組みや国連憲章に従い、適当な国際的手続により行うことも可能である。条約違反への対応も規定されている。締約国は、他の締約国が条約に違反していると認められるときは、国連安保理に苦情を申し立てることができる。[*16] 加えて、条約違反によって締約国が危険にさらされていると安保理が決定する場合、国連憲章に従い、援助・支援を求める締約国に対しそれを行うことを約束する。[*17]

2005年「国際保健規則」(2005年規則)との関係についても付言しておく。安全保障も視野に入れ形成された同規則は、生物兵器と接点を持つ。同規則のキャッチオール・アプローチは、感染症か非感染性疾患か、原因が自然発生的か人為的か事故かを選ばず対象とする。[*18] したがって、意図的攻撃であるか否かにかかわらず、生物兵器を原因に発生した疾患についても同規則は適用される。つまり、生物兵器の攻撃や兵器の事故・誤用、バイオテロなどが起こった場合、同規則に定められたサーベイランスや通告・情報共有などが活用され、WHOは規則上の権限・機能に基づき活動できる。生物兵器の使用をなくすことを目的とする生物兵器禁止条約が疾患をそもそも発生させないという予防措置にあたるなら、サーベイランスを柱とする同規則では主として事後的措置の効果が期待されるといった役割の違いを見ることができる。

3 検証のメカニズムの不在

生物兵器禁止条約の欠陥として幾度も指摘されてきたことは、生物兵器の廃棄・転用その他の関連活動の禁止を検証するメカニズムの不在である。たしかに同条約は、実施確保のため、自国の憲法上の手続に従い、禁止・防止するために必要な措置をとることを締約国に求めている。[*19] また同条約発効後、条約の実現・遵守を確保するよう運用を検討すべく、アドホックの運用検討会議の開催を求めている。[*20] さらに、軍縮義務の遵守状況の情報を提出する義務は同条約に置かれてはいないが、検討会議の実行を通じ、締約国は様々な情報の提供を求められる。[*21] 加えて、複数の締約国はその実践上、条約実施を調整し、見直すための手続やプロセスをその関係官庁間で確立している。[*22] しかしながら、査察などで履行確保を図る核拡散防止条約とは異なり、生物兵器禁止条約には、締約国内の関連施設などで履行状況を検証する術がない。また、条約の実施を監視・監督するための常設の国際機関もない。生物兵器を保有する国は存在しないとの建前の下で同条約が起草されたことが、検証メカニズムを欠いた理由に挙げられている。[*23] 結果的に、ソ連は条約加入後も、容易かつ秘密裏に生物兵器の維持・生産を継続できたとも言える。[*24]

しかし、生物兵器禁止条約の実施確保のメカニズムを是正しようという声が鎮まることはなかった。ソ連で起きた1979年の集団吸入炭疽発生事件（スベルドロフスク市の軍事工場から炭疽菌が漏出し多数の周辺住民が肺炭疽を発症した事件）や、1990年の湾岸戦争時のサダム・フセイン（Saddam Hussein）による生物兵器の装塡など、国際社会に不安の種が尽きなかったためである。1991年の第3回運用検討会議は、アドホックの政府専門家会合を設置した。その報告を受け、1994年に開催された締約国特別会議は、検証手段を導入するための議定書を作成することを目的に、拘束力を持つ新たな国際文書、即ち、「検証措置を含めた新たな法的枠組み」（検証議定書）の検討を決定した。21世紀に入ると、バイオテクノロジーの進化速度も上がり、それが悪意で生物兵器の開発・製造に使われる危機感が一層高まった。それもあり、議定書をめぐる長い交渉は続けられているが、履行を検証するメカニズムは2020年現在、実現していない。その背景には米国の動きがある。2001年、ジョージ・W・ブッシュ（George W. Bush）大統領は、検証議定書に対する米国の支持を撤回した。NPTのようなメカニズムは生物兵器禁止の実施を確保する手段にはそぐわず、むしろ国家安全保障や企業秘密の保護を害するというのが理由であった。この立場は、バラク・オバマ（Barack H. Obama II）大統領とドナルド・トランプ（Donald Trump）大統領の各政権においても変わることはなかった。[*25] 生命科学やバイオ技術などの進歩と同時にバイオテロの危機が現実味を帯びる中、生物兵器を禁止する意義は国際的に高まっているとみていい。ただし、同条約を有効化する方法として検証メカニズムは妥当性を欠くというのが、米国の立場である。

第3節　冷戦終結以降――バイオテロの脅威

1　条約と非対称性

生物兵器が使われるのは、国家や交戦団体を主体とする戦争・武力紛争だけではない。特に冷戦終結以降に懸念されているのは、テロリストによるその使用である。オウム真理教の登場は「ニュー・テロリズム」時代の到来を思わせ、日本のみならず国際社会を震撼させた。[*26] オウムは、炭疽菌を使った生物兵器の開発も試みていた。1993年の亀戸異臭騒ぎが実は炭疽菌による無差別テロの未遂であった事実が、地下鉄サリン事件をめぐる捜査で明らかとなった。米国で注目されたのは、2001年の同時多発テロから1カ月もしないうちに起こった炭疽菌事件である。米国のテレビ局や出版社、上院議員に対し、炭疽菌が封入された容器の入った封筒が送りつけられ5人が死亡、17人が負傷した。事件の衝撃は大きく、バイオテロにかかる米国の安全保障政策に影響を与えることとなった。

伝統的国際法がそうであるように、生物兵器禁止条約が対象とするのは主に国家とその行為である。だが、特に冷戦終結以降、既述したような事件を通じて問題視されてきたのが、生物兵器の製造技術を持つ非国家主体である。冷戦構造が崩壊すると、安全保障の概念は、もはや「敵国」を想定した枠組みでは収まらなくなった。感染症自体が脅威とみなされ、また、生物兵器を使用するかもしれないテロ組織などが脅威の源泉に位置付けられた。生物兵器禁止条約は、国家が「敵」であることを前提に相互確証破壊が働くことを期待するなど、バランス・オブ・パワーが機能していた冷戦期の軍縮と整合するものだった。しかし、非国家主体は国家とは異なる計算に基づいて独自の目的を達成すべく、生物兵器を使用する。国家の行動を規制していた規範は通用しそうにない。[*27] だからといって、国家中心的な同条約のアプローチが非対称性を全く予定していないわけではない。１９８６年の第2回運用検討会議では、同条約の範疇でバイオテロを扱うことが確認されていたし、[*28] 同条約における国内実施義務は国家の義務を通じて締約国管轄下・自国領域内にある私人や法人まで及ぶと理解されている。[*29]

冷戦終結以降の国際法の流れとの兼ね合いでより注目したいのは、生物兵器の使用を含む行為を犯罪化し、個人を処罰する動きである。１９９８年「国際刑事裁判所に関するローマ規程」[*30] が２０１７年に改定され、生物兵器の使用が戦争犯罪の一つに加えられた。[*31] このことは、特定のテロ行為を犯罪化し、個人を刑事手続に置くシーバーン（ＣＢＲＮＥ）[*32] 関連の国際文書と同じ潮流にあった。１９９７年「テロリストによる爆弾使用の防止に関する国際条約」[*33]（爆弾テロ防止条約）では、対象とする爆発物その他の「致死装置」に生物兵器が含まれる。[*34] また、２０１０年「国際民間航空についての不法な行為の防止に関する条約」[*35]（北京条約）の企図は、１９９９年「国際航空運送についてのある規則の統一に関する条約」[*36]（モントリオール条約）にテロ行為に関わる規定を加えることである。空気や水、食料の経路を使って人に細菌・ウイルスの感染を拡げる手段となり得ることから、生物兵器も同条約の対象となっている。

爆弾テロ防止条約と北京条約に共通する点は、生物兵器の使用といった行為の犯罪化であり、それを行う個人の訴追・処罰である。爆弾テロ防止条約では、公共の場所や輸送機関などに対して生物兵器を含む致死装置を到達させ、そこから生物剤を発散させるような行為が犯罪に該当する。[*37] 締約国は、これを国内法上の犯罪とし、犯罪の重大性を考慮した刑罰を科す措置をとらなければならない。[*38] 北京条約では、化学兵器・核兵器とともに生物兵器の放出や使用、輸送などが条約上の新たな犯罪として列挙されており、[*39] 締約国はこれに対し厳しい刑罰を科さなければならない。[*40] 第二に、両条約とも、締約国に対し、容疑者を関係国に引き渡すか、自国の当局によって訴追するかを求める。[*41] これは、テロの容疑者が刑事手続から免れることを防ぐためである。したがって、バイオテロを含む犯罪が自国民によって行われた場合や犯罪行為が締約国領域内で行われたなどの場合、締約国は裁判権を設定して必要な措置をとることとなる。[*42] 以上に伴い、容疑者の抑留[*43]や犯罪人引渡し[*44]などの措置も規定されている。[*45]

2 国連安保理決議

条約以外の国際規範の動きで明記しておくべきは、国連憲章第7章の下で採択された安保理決議である。[*46] 2001年9月の米国の同時多発テロのすぐ後、国連安保理は、決議1373で国際テロリズムの行為を「平和に対する脅威」と認定した。そして安保理は、2004年には決議1540を全会一致で採択し、バイオテロの制御に関与するようになった。生物兵器を含む大量破壊兵器の拡散が国際の平和及び安全に対する脅威を構成すると断言したこの決議は、非国家主体、とりわけテロ組織への大量破壊兵器の拡散防止に焦点を当てた初の安保理決議であった。具体的には、生物兵器など大量破壊兵器とその運搬手段の開発、取得、製造、所持などを企図する非国家主体への支援の禁止を各国に求めた。また、大量破壊兵器と運搬手段の拡散を防止するための国内輸出入管理の措置の採択・実施も求めた。

ここで、決議1540と他の国際文書との関係性について簡潔に触れておこう。まず、同決議が他の条約の権利・義務に影響を与えないという意味での消極性である。同決議におけるいかなる義務も、生物兵器禁止条約を含む大量破壊兵器に関する条約上の権利・義務と抵触し、あるいはそれを変更するように解釈されてはならない。第二に、既存の条約に連動することでそれを強化するという積極性も同決議には同時に内在する。同決議が各国に求める措置は、シーバーンの国際文書、生物兵器においては爆弾テロ防止条約や北京条約などの実施（テロ行為の犯罪化と刑事手続での個人の処罰）を促進し、その効果を高めることとなる。[*47]

なお、国連安保理は、決議1540の実施を確保するための委員会（1540委員会）の設置を決定したが、2011年にその期限が2年間から10年間に延長された。1540委員会の任務は複数の決議を通じて拡張され、監視と国内実施、援助、国際機関との協力という四つのワーキング・グループが用意された。

3 「防衛」の国際規範

バイオテロを犯罪化する条約やこれを補強する国連安保理決議の主眼は、国家や社会、そこに属する人々の「防衛」である。人々の命や健康、共同体の生存を確保・維持することの重大性と、それへの規範の貢献に異議をはさむ者はほとんどいないだろう。しかし、その目的に対し、国際規範はどの程度の効果を持つのだろうか。少なくとも次のような論点があろう。まず、これら規範には、バイオテロ行為を犯罪化することでその企てを抑止に向かわせるという期待が伏在しているが、その作用は限定的である。テロリストやテロ組織の多くは、自らが信じる「法と正義」にしたがって行動する。これまでも各国の刑法や処罰を意に介さなかった人々や集団が、国際規範をことさら重く見て、自らの行動を律するとは思えない。[48]

第二に、関連の国際規範は「防衛」することに注力する一方、バイオテロを受ける時、受けた後の対応・管理の要素が希薄である。[49] 実際にバイオテロが始まった場合、まず最前線で試されるのは、その国家の保健インフラの強固さや国内の公衆衛生能力の高さである。ここに、２００5年規則との制度的連動を模索する余地がある。例えば、生物兵器などの大量破壊兵器の使用が疑われる特定の事態が生じ、国連安保理がこれを「国際の平和及び安全」への脅威と認定したとしよう。その場合、国際的オペレーションにおいて同規則を戦略的に位置付け、その役割を明確にし、これを各国の行動の柱の一つに据えることもできよう。

第三に、「防衛」の国際規範は、テロリストを生み出した構造やプロセスには立ち入らない。発展の機会を徹底的に奪われ、激しい差別の対象となった人々が向かう先は、往々にしてテロ組織のような非市民社会である。そして、国際法には、排除と貧困の構造・プロセスを規範面から支えてきた一面がある。「防衛」の規範は重要かつ必要である。だが同時に、暴力が発生しない政治社会環境を創出すべく、国際社会は、脆弱な国家や地域に中長期的に関わらなければならない。思想や行動の先鋭化を緩和することで脆弱な国家に安定性を育もうとする政策は、国際的に高まる緊張すら緩和するはずである。そうであるなら、国際法もまたそこで役割を果たすべきである。

第15章　註——

（1）感染症の武力化の歴史は次を参照。サンドラ・ヘンペル『ビジュアル　パンデミック・マップ：伝染病の起源・拡大・根絶の歴史』日経ナショナルジオグラフィック社、2020年、141頁。E.クロディー『生物化学兵器の真実』シュプリンガー・フェアラーク東京、2003年、225−226頁。David P. Fidler and Lawrence O. Gostin, *Biosecurity in the Global Age: Biological Weapons, Public Health, and the Rule of Law* (Stanford Law and Politics, 2007), pp. 45-46.

（2）国際人道法とは、国際武力紛争または非国際武力紛争に適用される法規であり、人道的理由から、敵対行為、兵器の使用、戦闘員の行動、復仇の行使についての制限を定めた条約上・慣習法上の規則群である。例えば次を参照。藤田久一『新版　国際人道法（再増補）』有信堂高文社、2003年。

（3）ただし、感染症と国際人道法の関係は生物兵器に限ったことではない。例えば、傷病者の保護については、紛争当事国の軍隊の構成員などを、伝染・感染の危険に晒してはならない（「戦地にある軍隊の傷者及び病者の状態の改善に関するジュネーヴ条約：第一条約」・「海上にある軍隊の傷者、病者及び難船者の状態の改善に関するジュネーヴ条約：第2条約」各第12条）。また、公衆衛生というより広い文脈での関係性については次を参照。David P. Fidler, *International Law and Infectious Diseases* (Oxford University Press, 1999), pp. 233-234.

（4）1925年ジュネーブ議定書については次を参照。四ノ宮成祥「生物兵器禁止条約と生命科学領域のデュアルユース研究」『CISTEC Journal』130、2010年、61頁。

（5）クロディー、前掲、32−37頁。「生物兵器実験　真相を徹底究明せよ」琉球新報（2014年1月14日）〈https://ryukyushimpo.jp/editorial/prentry-217835.html〉(last access: 10 January 2021)。

（6）当時の米国の動向については次を参照。Jeanne Guillemin, *Biological Weapons: From the Invention of State-sponsored Programs to Contemporary Bioterrorism* (Colombia University Press, 2006), pp. 112-147.

（7）Convention on the Prohibition of the Development, Production and Stockpiling of Bacteriological (Biological) and Toxin Weapons and on their Destruction. UN Treaty Registration Number 14860.

（8）生物兵器禁止条約の交渉過程については次を参照。The United Nations Office for Disarmament Affairs and the European Union, *The Biological Weapons Convention: An Introduction* (UN, 2017), pp. 4-6.

（9）Fidler and Gostin, *op.cit.*, pp. 47-48.

（10）生物兵器禁止条約前文。

(11) 生物兵器の使用禁止は既に1925年ジュネーブ議定書に規定されており、また、現在では慣習国際法の一部となっている。
(12) 生物兵器禁止条約第1条。
(13) 同第2条。
(14) 同第3条。
(15) 同第5条。
(16) 同第6条。
(17) 同第7条。
(18) 本書第10章第3節参照。
(19) 生物兵器禁止条約第4条。
(20) 同第12条。
(21) 阿部達也『大量破壊兵器と国際法：国家と国際監視機関の協働を通じた現代的国際法実現プロセス』東信堂、2011年、93－96頁。
(22) The United Nations Office for Disarmament Affairs and the European Union, *op.cit.*, p. 16.
(23) 阿部、前掲、34頁。
(24) Guillemin, *op.cit.*, p. 127.
(25) 検証議定書の交渉とその過程については次を参照。阿部、前掲、358－361頁。Glenn Cross and Lynn Klotz, "Twenty-first century perspectives on the Biological Weapon Convention: Continued relevance or toothless paper tiger," *Bulletin of the Atomic Scientists*, 76:4 (2020), p. 186. Caitríona McLeish, "Status Quo or Evolution: What next for the Intersessional Process of the Biological and Toxin Weapons Convention?," *Bulletin of the Atomic Scientists*, 67:3 (2011). Kirk C. Bansak, "Enhancing Compliance With an Evolving Treaty: A Task for an Improved BWC Intersessional Process," *Arms Control Today*, 41:5 (2011).
(26) エドワード・スピアーズ『化学・生物兵器の歴史』東洋書林、2012年、192頁。
(27) Fidler and Gostin, *op.cit.*, pp. 30-31.
(28) M. Yasin Aslan, "Biological Weapons Convention: Problems and Prospects" in S. Çankaya and M. Kibaroğlu (eds), *Bioterrorism: Threats and Deterrents* (IOS Press, 2010), p. 92.
(29) 阿部、前掲、35頁。
(30) Rome Statute of the International Criminal Court. UN Treaty Registration Number 38544.

(31) C.N.116.2018.TREATIES-XVIII.10 (Amendment to Article 8: Weapons which use microbial or other biological agents, or taxins).
(32) 化学（chemical）、生物（biological）、放射性物質（radiological）、核（nuclear）、爆発物（explosive）の頭文字を繋げた表現。
(33) International Convention for the Suppression of Terrorist Bombings. UN Treaty Registration Number 37517.
(34) 爆弾テロ防止条約第1条第3項（b）。
(35) Convention on the Suppression of Unlawful Acts Relating to International Civil Aviation.
(36) Convention for the Unification of Certain Rules for International Carriage by Air. UN Treaty Registration Number 39917.
(37) 爆弾テロ防止条約第2条第1項。
(38) 同第4条。
(39) 北京条約第1条第1項（g）（h）（i）。
(40) 同第3条。
(41) 爆弾テロ防止条約第8条。北京条約第10条。
(42) 爆弾テロ防止条約第6条。北京条約第8条。
(43) 爆弾テロ防止条約第7条、第13条、第14条。北京条約第9条、第11条。
(44) 爆弾テロ防止条約第9条-第12条。北京条約第12条-第14条。
(45) 言うまでもなく、バイオテロを規範面から制御しようとする試みは条約だけではない。特定の行為の規制や犯罪化、公衆衛生上の対応の準備を遂行するために、新たな国内法を制定する必要性が、炭疽菌事件後の米国で強調された。具体的には、米国疾病予防管理センター（CDC）は2001年、外部の資金援助や起草で専門家の助力を受け、立法化を目指し、「緊急健康権限モデル州法」を提案した。このモデル法案の目的は、バイオテロなどに対抗するため、非常時において州の権限を強化することであった。Fidler and Gostin, *op.cit.*, pp. 195-196. モデル法への批判は例えば次を参照。ACLU, "The Model State Emergency Health Powers Act," <https://www.aclu.org/other/model-state-emergency-health-powers-act> (last access: 5 January 2020).
(46) 拘束力の根拠については国連憲章第25条、第48条。
(47) United Nations Office on Drug and Crime, "The International Legal Framework against Chemical, Biological, Radiological and Nuclear Terrorism" (UN, 2016), p. 14.
(48) 同様の趣旨として次を参照。David P. Fidler, "Bioterrorism, Public Health, and International Law," *Chicago Journal of International Law*, 3:1 (2002), p. 15.
(49) David P. Fidler, "From International Sanitary Conventions to Global Health Security: The New International Health Regulations," *Chinese*

Journal of International Law, 4:2 (2005), p. 342.

第16章

時を漂う感染症
――レジーム論から見る国際法の軌跡

第1節　1851年−1940年代中頃――欧州レジーム

感染症は時間軸という名の気流に乗り、過去から現在へと絶え間なく運ばれてきた。天然痘に打ち勝つことで「感染症の時代は終わった」と状況を楽観していた世界を襲ったのは、HIV／エイズ・パンデミックだった。まるで、時の流れの中で、順番待ちでもしていたかのような登場だった。その後もエボラ出血熱やCOVID−19（新型コロナウイルス感染症）など、新興・再興の感染症が時の流れとともに入れ替わり立ち替わり現れてきた。人類はそのたび、公衆衛生の向上や科学・医学の進化、国際政策の実行といった様々なスタンスからこれに対抗し、対応してきた。国際法もその一つであった。本書はここまで、「時を漂う感染症」と国際法との関わりの歴史を、系譜によって可視化してきた。そして、この最終章では、感染症という特定領域におけるレジーム（感染症レジーム）をいくつかの時代によって分類し、レジーム論の観点から感染症をめぐる国際法の軌跡を俯瞰することで、本書の全体のまとめに代える。

まず前提として、「レジーム」とは、「国際関係の特定領域において、主体の期待が収斂する明示的・黙示的な原則、規範、規則、政策決定手続のセット」[*1]のことである。感染症レジームの形成が始まったのは、19世紀中頃である。それから1940年代中頃まで続いた感染症レジームを、ここでは「欧州レジーム」と呼ぼう。このレジームにおいて、具体的な条約として国際規範が現出するまでには時を要した。最初に発効したのが1892年「国際衛生条約」であった。以降、19世紀に生まれた四つの国際衛生条約は20世紀に入って統合され、その後も多くの国際衛生関連の条約・協定・議定書が採択され発効した。

欧州レジームにおいて国際規範の形成を推進した主体は、欧州の国家、とりわけ19世紀の列強であった。そのため、欧州レジームにおける初期の国際規範は、欧州の列強を中心とした諸国が概念化した脅威や国益保護のあり方によって構築された。換言すれば、当時の国際衛生条約は、欧州列強の認識が収斂するところを規範に翻訳したものだった。これら諸国にとって、東方から欧州に侵入する特定の感染症は脅威であった。その脅威から欧州各国の公衆衛生や経済的利益を守るためには、各国の行動に協調性を持たせることで利益を調整する必要があった。協調すべき行動の内容として制定されたのは、通告・情報共有や、検疫などを中心とした措置の程度（上限）であった。調整の支点となったのは「最小限の制約による最大限の保護」であり、これは後の国際規範の原則となっていく。

一方、欧州レジームの時代には国家主権の原則が強調されていた。そのため、公衆衛生上の能力の向上といった、ともすれば自国領域内の管轄事項に他国が干渉する口実にもなりかねない事柄が、国際規範に本格的に含まれることはなかった。また、欧州列強の脅威観と国益観を基礎とし、これら諸国を調整するために構成された国際規範が、資源に余裕のない周縁の諸国に関心を向けることはなかった。以上のことから、感染症にまつわる国際規範は、基本的に欧州の国際関係を調整するための機能となり、個々の国内の能力強化への視点は微弱であった。[*2]

ただし、欧州レジームにおいて国際規範を操作したのはかつての欧州列強だけではなかった。規範の変容のプロセスは、このレジームの中心が欧州から徐々に他に移り、規範に影響を及ぼす支配的な主体の顔ぶれが変わっていく様も映し出している。特に顕著だったのは、第一次世界大戦後に行われた１９２６年「国際衛生条約」に関する交渉・起草過程だった。米国や日本がその存在感を示し、ソ連もこの分野に本格的に参加したことは、国際体制が移行していたことの反映でもあった。この時代になると、感染症をめぐる国際法の内容を、欧州の列強だけで決定することは既にできなくなっていた。特に欧州レジーム末期に結ばれた1940年代の国際衛生条約・議定書が、米国の主導なしで実現できたことを想像するのは難しい。

また、20世紀に入ってからの欧州レジームには、国際社会の組織化も映し出されている。それは、公衆衛生国際事務局（OIHP：*Office International d'Hygiène Publique*）や汎米衛生局（PASB：Pan American Sanitary Bureau）、国際連盟保健機関（LNHO：League of Nations Health Organization）といった国際・地域機関の登場だけではない。ここで指摘したいのは、欧州レジーム時代における国際法の役割への期待の高まりである。20世紀以降の欧州レジームの意義は、19世紀に登場したアイディアを国際衛生条約として統合し、これを一般的規範として昇華させるとともに、次世代に引き渡したことにある。この時代、感染症の新たな問題や科学上の新たな発展、国際体制の新たな変化が見られるたび、国際衛生会議が開催され、国際衛生条約は上書きされ最新化されていった。国際社会が組織化され始めたこの時代、各国の対感染症行動に基準を与えることで、ほとんどアナーキーだった分野に国際秩序を導入できるとの期待があったのかもしれない。いずれにせよ、感染症をめぐる国際法の構築が最も熱心に行われた時代であったのはたしかである。

第2節 1940年代後半－1970年代——国際レジーム

第二次世界大戦後、感染症レジームは、欧州という地域の中心性から解放され国際化する。欧州レジームから「国際レジーム」への変容である。国際レジームにおいて国際規範の主軸となったのは、一般的な条約ではなく、戦後に誕生した世界保健機関（WHO：World Health Organization）がその憲章の下で1951年に採択した国際衛生規則であった。この国際衛生規則は、欧州レジームで生まれた規範のアイディアを再統合した国際文書であった。なお国際衛生規則は、1969年に「国際保健規則」（1969年規則）に改名された。

国際衛生規則と1969年規則の最大の特徴は、脱・欧州化とそれに伴う国際化である。これらの規則から、巡礼やヒジャーズに向けられた特別規定は徐々に姿を消し、欧州レジームにあった「欧州の防衛」の基本構図を引き継ぐことはなかった。WHOという普遍的国際機関の憲章を根拠とし、非欧州諸国も交渉過程に参加して生まれたこれら規則は、欧州だけを保護し、欧州諸国の関係だけを調整するものではない。公衆衛生における「国際協力」の主たる目的が疾病の根絶であることを考慮し[*3]、疾病の「国際的拡大」に対抗するための規範として定立されたものである。[*4]

これは大きな変化であったものの、これら規則は、国際衛生条約で形成された原則や枠組みを基本的に継承している。1969年規則は、貿易・国際交通の保護を重視した「最小限の制約による最大限の保護」の目的を明確化し、国内の公衆衛生にかかる能力向上といった内的事柄にはあまり深く立ち入らず、また周縁にある諸国の資源的限界には関心を払わない。要するに、欧州の中心性が消えた以外では、欧州レジームと国際レジームの国際規範の内実には大差はなかった。

このような国際レジームの国際規範であったが、欧州レジーム時代に国際社会がかけた熱量や期待は失われ、やがて現実世界との距離が拡がり、国際関係の周辺で沈滞することとなる。まず、１９６９年規則では、対象となる感染症がしだいに制限された。過去に起こった感染症に限定した同規則は、将来の新興感染症などには基本的に適用されなかった。また、通告・情報共有に関する規定の不遵守が一般化していた。加えて、加盟国がとる過剰な措置を防ぐこともできなかった。このようなことから、その存在意義が疑われるようになった。

以上が国際規範衰退の内在的要因だとすると、外的な要因にもまた目を向けなければならない。まず、１９６９年規則の軽視と反比例するかのごとく、感染症に対する国際的対応については政策が一層重視されるようになった。脆弱な途上国については、技術支援などを通じて早期に関与し、感染症を封じ込むことの方がより効果的と考えたWHOが、これを戦略として推進するようになった。ただし、このような介入主義が、規範として一般に定立されることはなかった。大国を含む先進国も、それに拘束されるリスクを負うからである。他方、主に途上国に向けた援助政策であれば、内政干渉などに繋がる危惧を先進国が持つ必要はない。その先進国側もまた、貿易や国際交通を保全するために国家間の行動を調整する国際規範よりも、各国の国内政策をより重視するようになった。国際レジームの時代、下水道などのインフラ整備や医療サービス制度の拡充、ワクチン開発・普及の促進といった公衆衛生・医療政策のおかげで、感染症発生の脅威は先進諸国では大幅に減じた。「感染症の時代は終わった」とまで過信した先進諸国が、欧州レジームでつくられた前時代的骨格の国際規範に、政治経済的利点を見出すことはもはやなかった。[*5] このようなことから、感染症に対抗するための現実的手段としての国際規範は、現実世界から縁遠いものとなり、衰退の道を歩んでいった。

第3節　1980年代-2020年――グローバル・ガバナンスへ？

1851年-1940年代中頃の欧州レジーム、1940年代後半-1970年代の国際レジームと比較し、1980年代以降の感染症レジームには、グローバル・ガバナンス化（ガバナンス化）の予兆がより強く見られる。前提として、グローバル・ガバナンスには様々な定義がある。[*6] 本節ではひとまず、「共通の事項を管理するため、様々な主体（国家のみならず非国家主体も含む）が、様々な方法（遵守の強制から非公式な枠組みまで）により、行動規範（目的や利益の調整のため）に基づき取り組む過程や方法、制度の全体」を、その基本概念としておく。グローバル・ガバナンスの形成様式もまた様々だが、例えば、単一のレジームから成長する場合もあれば、複数のレジームが合併・吸収・融合しながらそうなる場合もある。いずれにせよ、共通事項の範囲は広く、複数の特定領域が併存・混在する傾向がある。また、主体は国家に制約されず、非国家主体も参画する。方法には、規則だけではなく、共同プロジェクトなどの国際実践も含まれる。

まず、感染症レジームにおける特定領域の拡張についてである。欧州レジームと国際レジームの時代の国際規範では、その時々に応じて対象となる感染症を増やしたり、減らしたりする一覧化の様式がとられていた。しかし、2005年規則では感染症の一覧化をやめ、原因（病原・源泉）を問わないキャッチオール・アプローチが採用された。このアプローチの特徴である非限定性により、再興・新興の感染症に対しても同規則が適用されることとなった。またより革新的なのは、19世紀から感染症のみを問題領域として扱ってきたレジームの国際規範が、非感染性疾患（化学・放射性物質に起因した疾患）の国際拡散をその射程に入れたことである。このことは、感染症への対応に限定して構築されてきた国際規範が、それ以外の公衆衛生リスクにまで拡張したことを意味する。

第二に、感染症にまつわる複数のレジームの併存と、それぞれのレジームの作用や役割である。国際衛生条約や国際保健規則などを国際規範の軸とする感染症のレジームの他にも、感染症以外を特定領域として扱ってきたレジームがこれに積極的に関わるようになった。例えば、2001年の同時多発テロと炭疽菌事件を契機に「感染症の安全保障化」（securitisation of infectious diseases）を国内で加速させた米国は、エボラ危機の時に国連安保理決議の次元にこれを持ち込んだ。それも作用し、「国連エボラ緊急対応ミッション」（UNMEER：United Nations Mission for Ebola Emergency Response）が創設されることとなった。安全保障レジームの国際規範が、感染症に関与した歴史的場面であった。そして、このレジームは、国際保健規則が機能していない部分を補完した。具体的には、2005年規則上の「国際的に懸念される公衆衛生上の緊急事態」（PHEIC：Public Health Emergency of International Concern）認定の遅れや、WHOの能力・資源の不足によって生じた事態に対処する役割を引き受けた。また同じ安全保障レジームの「細菌兵器（生物兵器）及び毒素兵器の開発、生産及び貯蔵の禁止並びに廃棄に関する条約」（生物兵器禁止条約）における、武力化した感染症をなくす（つくらない）という予防的価値は、事態発生後の措置に重きを置く2005年規則を補完するものとなっている。

第三に、関連のレジームが相互作用する中、それぞれの規範の原則に共鳴と同調が生まれ、同一化に進む傾向が見られるようになった。進む先に見えるのは、人権の価値である。１９８０年代にＨＩＶ／エイズが流行し、各国が強制的な公衆衛生措置をとったとき、人権保護の視座からこれに抵抗して是正を促すことを正当化したのは国際人権レジームの規範であった。この時、国際人権レジームは、感染症レジームに対し補完的な機能を果たしたわけだが、その影響はこれに止まらない。その経験後に生まれた２００５年規則では、人権尊重が原則として明記された。これは、貿易・国際交通の阻害要因の最小化という19世紀以来の古典的目的に、人々の健康や命の保護という新たな使命が加わったことを意味する。また、人権価値の浸潤は知的財産権レジームでも見られ、国際人権法の関与によって、「知的所有権の貿易関連の側面に関する協定」（ＴＲＩＰＳ協定）のあり方そのものが問われるようになった。

第四に、非国家主体の包摂である。２００５年規則では、ＮＧＯや個人といった非国家主体が、情報提供者としてサーベイランスに参加することが公に認められている。また安全保障レジームでは、生物兵器の使用行為の犯罪化と、個人の訴追・処罰が規範上整備された。これは、国家のみを主体として扱っていた古典的なレジームの国際規範とは対照的に、グローバルな統治空間で個人を管理する一例である。

以上のガバナンス化の徴候があるにせよ、それは、感染症という特定領域を含むグローバル・ガバナンスの構造が現出し、装置として作動していることと同義ではない。ガバナンス化が現在、どの過程や位置にあるのかという評価についてさえ、慎重でなければならない。それを正確に把握するには、環境や貿易、その他の健康に関するレジームとの交差・相互作用を総合的に検討しなければなるまい。

さらに、ＣＯＶＩＤ－19パンデミックの初期より、国家の復権と自由主義の終焉の時代が「コロナ後」に到来するとの予測があった。[*7] 本書執筆時点においても、ガバナンス化がこれまでのように進展するのかという見通しは不透明である。むしろ、感染症の侵入を防ぐための国境管理体制強化や、輸入に頼らないための国産ワクチンの開発技術力の向上といった、各国ごとの単独行動に関心が向かう気配が漂う。各国の能力強化は、２００５年規則がサーベイランスの一環として求めるところでもあり、それ自体は大切である。しかし、もしそのような動きが自国優先主義に終始することにでもなれば、周縁に置かれた諸国や地域は放置され、世界的な能力格差は拡がることとなろう。そうなれば、未来の感染症に対する地球規模の備えとしては極めて不十分である。ＷＨＯ憲章案が議論された国際保健会議で議長を務めたトマス・パラン（Thomas Parran）は、第二次世界大戦末期に発行した論文で、戦争と感染症を並べてこう記している。[*8]

自分たち以外の世界が炎に包まれているうちは、我々も平和ではいられないことを、二度の世界大戦の結果から学んだ。同様に、自分たち以外の土地で疫病が猛威を振るっているうちは、我々もそれから逃れることはできないと思う。

本書執筆時点でＣＯＶＩＤ－19パンデミックは収束しておらず、感染症をめぐる国際法が、「コロナ後」に変化を遂げているのか（あるいは、いないのか）、知る由もない。だが、国際体制が大きく変動するかもしれない時代であればなおのこと、国際法にも大胆な構想が求められるのはたしかだろう。仮にこれからまったく新しい包括的な国際規範を創るにせよ、そのための思考の源泉の一つが、歴史の中にあることは疑いない。感染症が漂う時の中で、我々は何を残し、何を引き継ぎ、何を加えたのか。そして我々は、何を忘れ、何を捨てたのか。なぜ、そうしたのか。歴史は、「今」が抱える問題の起源の一端が「過去」にあることを想起させると同時に、「過去」の忘却と廃棄の中に「今」を再生させる手がかりが潜んでいることを我々に静かにささやく。歴史の聲を聞き逃さないことが、「過去」と「今」を「未来」に紡ぐ第一歩なのだと思う。

第16章　註

（1）Stephen D. Krasner, *International Regimes* (Cornell University Press, 1983), p. 1.

（2）David P. Fidler, "Fighting the Axis of Illness: HIV/AIDS, Human Rights, and U.S. Foreign Policy," *Harvard Human Rights Law*, 17 (2004), pp. 108-110.

（3）国際衛生規則前段。

（4）１９６９年規則前段。

（5）Fidler, *op.cit.*, pp. 110-112. David P. Fidler, "From International Sanitary Conventions to Global Health Security: The New International Health Regulations," *Chinese Journal of International Law* (2005), pp. 333-336.

（6）一例としては次を参照。山本吉宣『国際レジームとガバナンス』有斐閣、２００８年、１６８－１７１頁。

（7）細谷雄一「『コロナ後』の世界秩序：加速するリベラルの後退」Wedge、２０２０年（5月号）、15－17頁。

（8）Thomas Parran, "Public Health Implications of Tropical and Imported Diseases: Strategy against the Global Spread of Disease," *American Journal of Public Health and The Nation's Health*, 34:1 (1944), p. 6.

主要文献一覧

【外国語文献】

Agnew, Alison, "A Combative Disease: The Ebola Epidemic in International Law," *Boston College International & Comparative Law Review*, 39:97 (2016), pp. 97-128.

Allen, Charles E., "World Health and World Politics," *International Organization*, 4:1 (1950), pp. 27-43.

Arrey, Agnes Ebotabe, Johan Bilsen, Patrick Lacor and Reginald Deschepper, "Perceptions of Stigma and Discrimination in Health Care Settings towards Sub-Saharan African Migrant Women Living with HIV/AIDS in Belgium: A Qualitative Study," *Journal of Biosocial Science*, 49:5 (2017), pp. 578-596.

Aslan, M. Yasin, "Biological Weapons Convention: Problems and Prospects" in S. Çankaya and M. Kibaroğlu (eds), *Bioterrorism: Threats and Deterrents* (IOS Press, 2010).

Bansak, Kirk C., "Enhancing Compliance With an Evolving Treaty: A Task for an Improved BWC Intersessional Process," *Arms Control Today*, 41:5 (2011), pp. 13-19.

Birn, Anne-Emanuelle, and Nikolai Krementsov, "'Socialising' Primary Care? The Soviet Union, WHO and the 1978 Alma-Ata Conference," *BMJ Global Health*, 3: Suppl 3 (2018), pp. 1-15.

Brown, Theodore M., and Elizabeth Fee, "100 Years of the Pan American Health Organization," *American Journal of Public Health,* 92:12 (2002), pp. 1888–1889.

Budd, Lucy, Morag Bell and Tim Brown, "Of Plagues, Planes and Politics: Controlling the Global Spread of Infectious Diseases by Air," *Political Geography*, 28:7 (2009), pp. 426-435.

Burci, Gian Luca, and Brigit Toebes (eds), *Research Handbook on Global Health Law* (Edward Elgar Publishing, 2018).

Buzan, Barry, Ole Wæver and Jaap De Wilde, *Security: A New Framework for Analysis* (Lynne Rienner Publishers, 1997).

Caitríona, McLeish, "Status Quo or Evolution: What next for the Intersessional Process of the Biological and Toxin Weapons

Convention?," *Bulletin of the Atomic Scientists*, 67:3 (2011), pp. 34-43.

Carvalho, Simon, and Mark Zacher, "The International Health Regulations in Historical Perspective" in A. Price-Smith (ed), *Plagues and Politics: Infectious Disease and International Policy* (Palgrave Macmillan, 2001).

Codding, George A. Jr., "Contributions of the World Health Organization and the International Civil Aviation Organization to the Development of International Law," *American Society of International Law Proceedings*, 59 (1965), pp. 147-153.

Creutz, Katja, "China's Responsibility for the COVID-19 Pandemic: An International Law Perspective," *Finnish Institute of International Affairs Working Paper,* 115 (2020).

Crosby, Richard A. and Ralph J. DiClemente (eds), *Structural Interventions for HIV Prevention: Optimizing Strategies for Reducing New Infections and Improving Care* (Oxford University Press, 2018).

Cross, Glenn, and Lynn Klotz, "Twenty-first century perspectives on the Biological Weapon Convention: Continued relevance or toothless paper tiger," *Bulletin of the Atomic Scientists*, 76:4 (2020), pp. 185-191.

Cueto, Marcos, Theodore M. Brown and Elizabeth Fee, *The World Health Organization: A History* (Cambridge University Press, 2019).

Cumming, Hugh S., "The International Sanitary Conference," *American Journal of Public Health*, 16:10 (October 1926), pp. 975–980.

Davies, Sara E., "Securitizing infectious disease," *International Affairs*, 84:2 (2008), pp. 295-313.

Davies, Sara E., Adam Kamradt-Scott and Simon Rushton, *Disease Diplomacy: International Norms and Global Health Security* (Johns Hopkins University Press, 2015).

Declich, S. and A. O. Carter, "Public health surveillance: historical origins, methods and evaluation," *Bulletin of the World Health Organization*, 72:2 (1994), pp. 285-304.

Delton, P. J., and World Health Organization, *The International Health Regulations: A Practical Guide* (World Health Organization, 1975).

Eckl, Julian, "The Power of Private Foundations: Rockefeller and Gates in the Struggle Against Malaria," *Global Social Policy*, 14:1 (2014), pp. 91-116.

El-Said, Mohammed K., "TRIPS-Plus, Public Health and Performance-Based Rewards Schemes Options and Supplements for Policy Formation in Developing and Least Developed Countries," *American University International Law Review*, 31:3 (2016), pp. 373-444.

Fee, Elizabeth, Marcu Cueto, and Theodore M. Brown, "At the Roots of The World Health Organization's Challenges: Politics and

Regionalization," *AJPH*, 106:11 (2016), pp. 1912-1917.

Fidler, David P., *International Law and Infectious Diseases* (Oxford University Press, 1999).

Fidler, David P., "Bioterrorism, Public Health, and International Law," *Chicago Journal of International Law*, 3:1 (2002), pp. 7-26.

Fidler, David P., "Fighting the Axis of Illness: HIV/AIDS, Human Rights, and U.S. Foreign Policy," *Harvard Human Rights Law*, 17 (2004), pp. 99-136.

Fidler, David P., "From International Sanitary Conventions to Global Health Security: The New International Health Regulations," *Chinese Journal of International Law*, 4:2 (2005), pp. 325-392.

Fidler, David P., "Negotiating Equitable Access to Influenza Vaccines: Global Health Diplomacy and the Controversies Surrounding Avian Influenza H5N1 and Pandemic Influenza H1N1," *PLoS Medicine*, 7:5 (2010), pp. 1-4.

Fidler, David P., and Lawrence O. Gostin, "The New International Health Regulations: An Historic Development for International Law and Public Health," *The Journal of Law, Medicine & Ethics*, 34:1 (2006), pp. 85-94.

Fidler, David P., and Lawrence O. Gostin, *Biosecurity in the Global Age: Biological Weapons, Public Health, and the Rule of Law* (Stanford Law and Politics, 2007).

Fluss, Sev S., "The Development of National Health Legislation in Europe: The Contribution of International Organizations," *European Journal of Health Law*, 2:3 (1995), pp. 193-237.

Frau, Robert, "Law as an Antidote? Assessing the Potential of International Health Law Based on the Ebola-Outbreak 2014," *Goettingen Journal of International Law*, 7:2 (2016), pp. 225-272.

George, Erika, "The Human Right to Health and HIV/AIDS: South Africa and South-South Cooperation to Reframe Global Intellectual Property Principles and Promote Access to Essential Medicines," *Indiana Journal of Global Legal Studies*, 18:1 (2011), pp. 167-197.

Goodman, Neville M., *International Health Organizations and Their Work* (Churchill Livingstone, 1971).

Gostin, Lawrence O., "A Tribute to Jonathan Mann: Health and Human Rights in the AIDS Pandemic," *The Journal of Law, Medicine & Ethics*, 26:3 (1998), pp. 256-258.

Gostin, Lawrence O., *Global Health Law* (Harvard University Press, 2014).

Gostin, Lawrence O., and Zita Lazzarini, *Human Rights and Public Health in the AIDS Pandemic* (Oxford University Press, 1997).

Gostin, Lawrence O., Devi Sridhar and Daniel Hougendobler, "The Normative Authority of the World Health Organization," *Public*

Health, 30 (2015), pp. 1-10.

Gostin, Lawrence O., Roojin Habibi Benjamin Mason Meier, "Has Global Health Law Risen to Meet the COVID-19 Challenge?: Revisiting the International Health Regulations to Prepare for Future Threats," *The Journal of Law, Medicine & Ethics*, 48 (2020), pp. 376-381.

Guillemin, Jeanne, *Biological Weapons: From the Invention of State-sponsored Programs to Contemporary Bioterrorism* (Colombia University Press, 2006).

Harrison, Mark, "Disease, diplomacy and international commerce: the origins of international sanitary regulation in the nineteenth century," *Journal of Global History,* 1 (2006), pp. 197-217.

Helfer, Laurence R., and Graeme W. Austin, *Human Rights and Intellectual Property: Mapping the Global Interface* (Cambridge University Press, 2011).

Henderson, Donald A., "Smallpox eradication: a cold war victory," *World Health Forum*, 19 (1998), pp. 113-119.

Henderson, Donald A., *Smallpox: The Death of a Disease: The Inside Story of Eradicating a Worldwide Killer* (Prometheus, 2009).

Heywood, Mark, and Dennis Altman, "Confronting AIDS: Human Rights, Law, and Social Transformation," *Health and Human Rights*, 5:1 (2000), pp. 149-179.

Heywood, Mark, "South Africa's Treatment Action Campaign: Combining Law and Social Mobilization to Realize the Right to Health," *Journal of Human Rights Practice*, 1:1 (2009), pp. 14-36.

Hotez, Peter J., "Russian-United States vaccine science diplomacy: Preserving the legacy," *PLoS Negl Trop Dis*, 11:5 (2017), pp. 1-4.

Howard-Jones, Norman, "Origins of International Health Work," *British Medical Journal* (May 1950), pp. 1032-1037.

Howard-Jones, Norman, *The scientific background of the International Sanitary Conferences* (WHO, 1975).

Howland, Todd, "The Multi-State Responsibility for Extraterritorial Violations of Economic, Social and Cultural Rights," *Denver Journal of International Law & Policy*, 35:3/4 (2006-2007), pp. 389-411.

Jones, Hart Helen, "Amending the Chicago Convention and Its Technical Standards: Can Consent of All Member States Be Eliminated," *Journal of Air Law and Commerce*, 16:2 (1949), pp. 185-213.

Kamradt-Scott, Adam, "Responding to Health Emergencies: The Ethical and Legal Considerations for Militaries" in Mark Eccleston-Turner and Iain Brassington, *Infectious Diseases in the New Millennium: Legal and Ethical Challenges* (Springer, 2020).

Kinkela, David, *DDT and The American Century: Global Health, Environment Politics, and the Pesticide That Changed the World* (The University of North Carolina Press, 2011).

Klein, Natalie, "International Law Perspectives on Cruise Ships and COVID-19," *Journal of International Humanitarian Legal Studies*, (UNSW Law Research Paper No. 20-13, 2020), pp. 1-12.

Langmuir, Alexander D., "The surveillance of communicable diseases of national importance," *The New England Journal of Medicine*, 268 (1963), pp. 182-192.

Leary, Virginia A., "The Right to Health in International Human Rights Law," *Health and Human Rights*, 1:1 (1994), pp. 24-56.

Lederberg, Joshua, Robert E. Shope and Stanley C. Oaks, Jr. (eds), *Emerging Infections: Microbial Threats to Health in the United States* (National Academies Press,1992).

Lee, Kelley, and Jennifer Fang, *Historical Dictionary of the World Health Organization* (Scarecrow Press, 2012).

Leive, David M., *International Regulatory Regimes: Case Studies in Health, Meteorology, and Food: Vol. 1* (Lexington Books, 1976).

Liu, Xiaofei, and Yen-Chiang Chang, "An Emergency Responding Mechanism for Cruise Epidemic Prevention: Taking COVID-19 as an Example," *Marine Policy,* 119 (2020), pp. 1-10.

Łotysz, Sławomir, "A 'Lasting Memorial' to the UNRRA?: Implementation of the Penicillin Plant Programme in Poland, 1946-1949," *Journal of the International Committee for the History of Technology*, 20:2 (2014), pp. 70-91.

Lupel, Adam, and Michael Snyder, *The Mission to Stop Ebola: Lessons for UN Crisis Response* (International Peace Institute, 2017).

Manela, Erez, "A Pox on Your Narrative: Writing Disease Control into Cold War History," *Diplomatic History*, 34:2 (2010), pp. 299-323.

Mangili, Alexandra, and Mark A. Gendreau, "Transmission of Infectious Diseases during Commercial Air Travel," *The Lancet*, 365 (2005), pp. 989-996.

Mann, Jonathan, "Health and human rights: Protecting human rights is essential for promoting health," *BMJ*, 312 (1996), pp. 923-924.

Mann, Jonathan, Lawrence Gostin, Sofia Gruskin, Troyen Brennan, Zita Lazzarini and Harvey V. Fineberg, "Health and Human Rights," *Journal of Health and Human Rights*, 1:1 (1994), pp. 7-23.

Mann, Jonathan, Daniel Tarantola and Thomas Netter (eds), *AIDS in the World* (Harvard University Press, 1992).

Mazzuoli, Valerio de Oliveira, "International Responsibility of States for Transnational Epidemics and Pandemics: the Case of COVID-19 from the People's Republic of China," *Revista de Direito Civil Contemporâneo*, 23 (2020), pp. 1-36.

Meier, B. M., and D. P. Evans and A. Phelan, "Rights-based Approaches to Preventing, Detecting, and Responding to Infectious Disease" in B. M. Meier and L. O. Gostin (eds), *Human Rights in Global Health: Rights-Based Governance for a Globalizing World* (Oxford University Press, 2018).

Mercurio, Bryan, "TRIPS-Plus Provisions in FTAs: Recent Trends" in Lorand Bartels and Federico Ortino (eds), *Regional Trade Agreements and the WTO Legal System* (Oxford University Press, 2012), pp. 215-237.

Minooee, Arézou, and Leland S. Rickman, "Infectious Diseases on Cruise Ships," *Clinical Infectious Diseases*, 29:4 (1999), pp. 737-743.

Nájera, José A., Matiana González-Silva and Pedro L. Alonso, "Some Lessons for the Future from the Global Malaria Eradication Programme (1955-1969)," *PLoS Medicine*, 8:1 (2011), pp. 1-7.

Parran, Thomas, "Public Health Implications of Tropical and Imported Diseases: Strategy against the Global Spread of Disease," *American Journal of Public Health and The Nation's Health*, 34:1 (1944), pp. 1-6.

Reinhardt, Bob H., *The End of a Global Pox* (University of North Carolina Press, 2018).

Rourke, F. Michelle, "Access by Design, Benefits if Convenient: A Closer Look at the Pandemic Influenza Preparedness Framework's Standard Material Transfer Agreements," *The Milbank Quarterly*, 97:1 (2019), pp. 91-112.

Schepin, Oleg P., and Waldemar V. Yermakov, *International Quarantine* (International Universities Press, 1991).

Sealey, Anne, "Globalizing the 1926 International Sanitary Convention," *Journal of Global History*, 6:3 (2011), pp. 431-455.

Sharp, Walter R., "The New World Health Organization," *American Journal of International Law*, 41:3 (1947), pp. 509-530.

Siddiqi, Javed, *World Health and World Politics: The World Health Organization and the UN System* (University of South Carolina Press, 1995).

Simons, Savilla Millis, "U.N.R.R.A. on the Threshold of Action," *Social Service Review*, 18:4 (1944), pp. 433-443.

Special Staff under the Direction of George Woodbridge, *UNRRA: The History of the United Nations Relief and Rehabilitation Administration Vol. I* (Columbia University Press, 1950).

Special Staff under the Direction of George Woodbridge, *UNRRA: The History of the United Nations Relief and Rehabilitation Administration Vol. II* (Columbia University Press, 1950).

Staples, J. Erin, and Thomas P. Monath, "Yellow Fever: 100 Years of Discovery," *JAMA*, 300:8 (2008), pp. 960-962.

Stemple, Lara, "Health and human rights in today's fight against HIV/AIDS," *AIDS*, 22 (2008, NIH Public Access version).

Stock, P. G., "The International Sanitary Convention of 1944," *Proceedings of the Royal Society of Medicine*, 38 (1945), pp. 309 (17)-316(24).

Tatem, A. J., D. J. Rogers and S. I. Hay, "Global Transport Networks and Infectious Disease Spread," *Advances in Parasitology*, 62 (2006), pp. 293-343.

Tobin, John, *The Right to Health in International Law* (Oxford University Press, 2012).

Tognotti, Eugenia, "Program to Eradicate Malaria in Sardinia, 1946-1950," *Emerging Infectious Diseases*, 15:9 (2009), pp. 1460-1466.

Woolf, Leonard S., *International Government* (Brentano's, 1916).

World Health Organization, *The First Ten Years of the World Health Organization* (WHO, 1958).

World Health Organization, *The Second Ten Years of the World Health Organization, 1958-1967* (WHO, 1968).

World Health Organization, *The Third Ten Years of the World Health Organization, 1968-1977* (WHO, 2008).

World Health Organization, *Tuberculosis and Air Travel: Guidelines for Prevention and Control (Third Edition)* (WHO, 2008).

World Health Organization, *World Malaria Report 2019* (WHO, 2019).

【邦語文献】

アーウィン、アリグザンダー／ジョイス・ミレン／ドロシー・ファローズ『グローバル・エイズ：途上国における病の拡大と先進国の課題』明石書店、２００５年。

阿部達也『大量破壊兵器と国際法：国家と国際監視機関の協働を通じた現代的国際法実現プロセス』東信堂、２０１１年。

有馬雄三／島田智恵「西アフリカのエボラウイルス病発生状況」『ウィルス』65（1）、２０１５年、47－54頁。

石弘之『感染症の世界史』ＫＡＤＯＫＡＷＡ、２０１８年。

植木俊哉「国際組織による感染症対策に関する国際協力の新たな展開」『国際問題』６４２、２０１５年、17－27頁。

大澤俊彦「米国のＴＲＩＰＳ-Ｐｌｕｓ戦略：2レベルゲームによる検証」『日本知財学会誌』５（1）、２００８年、52－66頁。

岡義武『国際政治史』岩波書店、２００９年。

小川眞里子『病原菌と国家：ヴィクトリア時代の衛生・科学・政治』名古屋大学出版会、２０１６年。

勝田吉彰『パンデミック症候群』エネルギーフォーラム、２０１５年。

加藤茂孝「天然痘の根絶：人類初の勝利：ラムセス5世からアリ・マオ・マーランまで」『モダンメディア』55（11）、２００９年、２８３－２９４頁。

加藤茂孝『人類と感染症の歴史：未知なる恐怖を超えて』丸善出版、２０１３年。

加藤茂孝『続・人類と感染症の歴史：新たな恐怖に備える』丸善出版、２０１８年。

金山敦宏／神谷元／山岸拓也／神垣太郎「エボラウイルス病流行への疫学的支援：シエラレオネにおける活動経験から」『感染症雑誌』90（40）、２０１６年、４９９－５０６頁。

河口明「予防概念の史的展開：中世・ルネサンス期のヨーロッパ社会と黒死病」『北海道大学大学院教育学研究院紀要』１０２、２００７年、15－53頁。

木棚照一『国際知的財産法入門』日本評論社、２０１８年。

木原正博（監訳）『エイズ・パンデミック：世界的流行の構造と予防戦略』日本学会事務センター、１９８８年。

栗林忠男『海洋法と船舶の通航海』成山堂書店、２０１０年。

クロディー、E.『生物化学兵器の真実』シュプリンガー・フェアラーク東京、２００３年。

河野真理子「船舶と旗国の関係の希薄化と旗国の役割に関する一考察」『早稲田大学社会安全政策研究所紀要』3、２０１０年、１５５－１７９頁。

小長谷正明『世界史を変えたパンデミック』幻冬舎、２０２０年。

小松志朗「世界政府の感染症対策：人の移動をめぐる国境のジレンマ」（第2章）大庭弘継（編）『超国家権力の探求：その可能性と脆弱性』南山大学社会倫理研究所、２０１７年、25－59頁。

酒井正子「変容する世界の航空界：日本の航空１００年（上）」『帝京経済学研究』44（1）、２０１０年、93－１２４頁。

佐々木雄太『国際政治史：世界戦争の時代から21世紀へ』名古屋大学出版会、２０１１年。

佐藤辰彦「『知的財産立国宣言』の背景と経緯―特許制度を中心として―」『パテント』60（11）、２００７年、74－86頁。

島崎晋『人類は「パンデミック」をどう生き延びたか』青春出版社、２０２０年。

ジョンソン、スティーヴン『感染地図』河出書房新社、2017年。

白岩千枝「史料から探る黒死病：イギリスを中心に」『年報新人文学』7、2010年、322－379頁。

鈴木淳一「世界保健機関（WHO）・国際保健規則（IHR2005）の発効と課題─国際法の視点から」『獨協法学』84、2005年、159（292）－262（189）頁。

鈴木淳一「2014年の西アフリカにおけるエボラ出血熱の流行への国際社会の対応─国際法の視点から─」『獨協法学』98、2015年、29－66頁。

スピアーズ、エドワード『化学・生物兵器の歴史』東洋書林、2012年。

セイトル、ベルナール『エイズ研究の歴史』白水社、1998年。

詫摩佳代『人類と病：国際政治から見る感染症と健康格差』中央公論新社、2020年。

詫摩佳代「先進国の保健外交：フランスとWHOの連携を中心に」（第7章）山城英明（編著）『グローバル保健ガバナンスの構造』東信堂、2020年、168－194頁。

田畑茂二郎『国際化時代の人権問題』岩波書店、1988年。

永田尚見『流行病の国際的コントロール：国際衛生会議の研究』国際書院、2010年。

ハンセン、ウィリー／ジャン・フレネ『細菌と人類：終わりなき攻防の歴史』中公文庫、2008年。

藤田久一『新版　国際人道法（再増補）』有信堂高文社、2003年。

ヘンペル、サンドラ『ビジュアル　パンデミック・マップ：伝染病の起源・拡大・根絶の歴史』日経ナショナルジオグラフィック社、2020年。

牧野久美子「HIV／エイズ政策とグローバル・ガバナンス」『南アフリカの経済社会変容』604、日本貿易振興機構アジア経済研究所、2013年、285－321頁。

増田道明「国境を超える感染症：エボラ出血熱／エボラウイルス病」『Dokkyo Journal of Medical Sciences』42（3）、2015年、171－177頁。

マン、ジョナサン／ダニエル・タラントゥーラ（編著）『エイズ・パンデミック：世界的流行の構造と予防戦略』日本学会事務センター、1998年。

村上陽一郎『ペスト大流行』岩波新書、1983年。

安田佳代『国際政治のなかの国際保健事業：国際連盟保健機関から世界保健機関、ユニセフへ』ミネルヴァ書房、2014年。

山口直樹「南北間自由貿易協定とＴＲＩＰＳ協定」『産業経済研究所紀要』18、２００８年、55－80頁。

山越裕太「ヘルス・ガバナンスの胎動と国際連盟保健機関―機能的協力、国際機関の併存、世界大恐慌―」『国際政治』１９３、２０１８年、44－59頁。

山根裕子『知的財産権のグローバル化：医薬品アクセスとＴＲＩＰＳ協定』岩波書店、２００８年。

山本草二『海洋法』三省堂、１９９２年。

山本太郎『感染症と文明：共生への道』岩波新書、２０１１年。

山本吉宣『国際レジームとガバナンス』有斐閣、２００８年。

四ノ宮成祥「生物兵器禁止条約と生命科学領域のデュアルユース研究」『CISTEC Journal』１３０、２０１０年、59－67頁。

ライト、ジェニファー『世界史を変えた13の病』原書房、２０１８年。

Yu, Peter K.「国際的な囲い込みの動きについて（３）」『知的財産法政策学研究』18、２００７年、１－29頁。

おわりに

古代から今に至るまで、感染症は、納得できる理由もなく唐突に訪れる死の不条理を人類に伝えてきた。反面、死と不可分の不条理を教えることで、何気ない日常を慈しみ、他者を愛し、命を賛美することの価値を人類に悟らせてもきた。そうであるから、感染症は人類から切り離せない事象なのである。

本書のほとんどは、２０２０年４月から２０２１年２月までの期間、即ち、ＣＯＶＩＤ‐19（新型コロナウイルス感染症）パンデミックの最中に書かれた。人類とは切り離せない感染症という事象に国際法がどう関わってきたのかを、系譜という形で、あえてこの時期に書き残したいというのが執筆の動機だった。ＣＯＶＩＤ‐19の震度は、世界においても、筆者個人においても、計り知れないほど大きかった。しかし、日常の風景をすっかり変えてしまったＣＯＶＩＤ‐19も、読者が本書に目を通す頃にはそのままの姿ではないだろう。そして、時の経過とともに、ＣＯＶＩＤ‐19もやがて歴史の中の一頁となる。このような認識から、本書執筆中には、世界や筆者個人が置かれた事態を、歴史の一コマとして相対化する意識を保つよう努めた。

感染症をめぐる国際法の史的変遷を知るためには、国際政治の動きはもちろん、感染症そのものや実際の政策・対策といった様々な課題にまで踏み込まなければならなかった。浅学を自覚し、多角的アプローチによる執筆に躊躇していた筆者の背中を押してくれたのは、勤務先である国際基督教大学（ＩＣＵ）のキャンパスに自然に流れるリベラル・アーツの空気であったように思う。

本書の一部は、２０２０年‐２０２１年２月に発表した次の論文やペーパーが基盤になっている。ただし、大幅に加筆修正されたことを付記しておく。

第２章－第４章
「感染症をめぐる国際法：１９００－１９３０年代の国際衛生条約」『法学志林』１１８(１)、２０２０年、23－49頁。
第５章
「感染症をめぐる国際法：１９４０年代の国際衛生条約」『法学志林』１１８(２)、２０２０年、１－17頁。
第６章－第７章
「感染症をめぐる国際法：１９５１年国際衛生規則」『法学志林』１１８(３)、２０２０年、33－56頁。
第８章第１節、第11章
「感染症をめぐる米国とＷＨＯの関係」沖縄対外問題研究会・ラウンドテーブル（Background Paper）２０２０年12月19日。
第13章－第14章
「感染症医薬品へのアクセスと米国・南北問題：ＨＩＶ／エイズからＣＯＶＩＤ-19（新型コロナウイルス感染症）までの系譜」沖縄対外問題研究会（Proceedings Paper）２０２１年２月15日。

本書の執筆にあたり、次の方々より、資料収集・整理やデータのまとめ、校正などで多大なご助力をいただいた。心よりお礼申し上げる。

（五十音順・敬称略）
阿部莉沙穂、新垣俊、安住汐織、ブライアン・エイコック（Brian Aycock）、數井麗紗、関聡介、ケイド・モズリー（Cade Mosley）、山崎智尋、山寄楓、山本晃生また、本書の企画から完成まで筆者と並走し、励まし続けて下さった慶應義塾大学出版会の岡田智武氏に、感謝を申し上げる。

2021年3月

新垣　修

筆者を長く見守り支え続ける両親に本書を捧げる。

ま行

ら行

わ行

人名

さ行

た行

な・は行

あ行

か行

索　引

数字（年）

欧文（略語等）

新垣　修（あらかき おさむ）
沖縄出身
国際基督教大学（ICU）教養学部教授
PhD in Law (Victoria University of Wellington)
国連難民高等弁務官事務所（UNHCR）法務官補、国際協力機構（JICA）ジュニア専門員、ハーバード大学ロースクール客員フェロー、東京大学大学院総合文化研究科客員准教授、関西外国語大学外国語学部教授、広島市立大学国際学部教授などを経て現職
主著
Refugee Law and Practice in Japan（Ashgate Publishing, 2008）
The UNHCR and the Supervision of International Refugee Law (chapter contribution, Cambridge University Press, 2013)
The Oxford Handbook of International Refugee Law (chapter contribution/co-author, Oxford University Press, 2021)
「無国籍条約と日本の国内法—その接点と隔たり」（UNHCR 報告書、2015 年）
『「難民」をどう捉えるか—難民・強制移動研究の理論と方法』（共著、慶應義塾大学出版会、2019 年）

時を漂う感染症
——国際法とグローバル・イシューの系譜

2021 年 8 月 20 日　初版第 1 刷発行

著　者————新垣　修
発行者————依田俊之
発行所————慶應義塾大学出版会株式会社
〒 108-8346　東京都港区三田 2-19-30
ＴＥＬ〔編集部〕03-3451-0931
〔営業部〕03-3451-3584〈ご注文〉
〔　〃　〕03-3451-6926
ＦＡＸ〔営業部〕03-3451-3122
振替 00190-8-155497
https://www.keio-up.co.jp/
装　丁————鈴木　衛
印刷・製本——中央精版印刷株式会社
カバー印刷——株式会社太平印刷社

Printed in Japan ISBN978-4-7664-2762-2